날씨가 바꾼 익사이팅 세계사

날씨는 인류의 역사를 만들고 지배한다

날씨가 바꾼
익사이팅
세계사

반기성 지음

플래닛미디어

여는 말

1982년, 공군교육사령부에서 기상학 교수로 근무할 때의 일이다. 어떻게 하면 장교들이 흥미를 가지고 기상학을 배우게 할 것인가 고민을 했다. 어느 날 우연히 책을 읽다가, 일본의 진주만 공격이 성공한 배경에는 날씨가 있다는 사실을 알게 되었다. 일본 전함의 항로와 항공기들의 기습까지 날씨를 철저히 이용한 이야기에 전율에 휩싸였다.

"아, 전쟁의 승패에 날씨가 큰 역할을 하는구나!"

이때부터 자료를 모으기 시작했다. 그러나 전쟁의 역사 중에서 날씨가 전쟁의 승패에 영향을 준 내용은 거의 없었다. 고대전에서 현대전에 이르기까지 기상 관련 자료는 거의 전무했다. 전쟁에서 날씨 덕에 승리했다는 것은 승자의 입장에서는 공을 삭감하는 것이기에 기록할 수 없었을 것이다. 또 자연적 요소를 역사 분석에 적용하는 결정론적 사관이 부정적으로 취급되어온 것도 하나의 원인일 것이다. 그때부터 지금까지 근 30년간 자료를 모았다. 우리나라에는 이와 관련된 책자가 없었기 때문에 전적으로 외국의 자료에 의존했다. 미국으로부터 영국, 독일, 프랑스, 일본, 칠레까지 기상저널, 논문, 서적 등을 참 오랜 시간 찾아 헤맸다. 이렇게 수집한 자료들을 데이터베이스화하고 글을 쓰기 시작했다. 마침 1999년 《국방일보》에서 '전쟁의 승패에 미친 날씨'에 관한 칼럼을 게재할 기회를 주었다. 제갈량의 적벽대전부터 나폴레옹의 모스크바 공방전, 알렉산드로스의 인도 원정, 이순신의 명량해전 등 국가의 역사를 바꾼 전쟁에서 날씨의 역할을 써갔다. 이 칼럼을 바탕으로 2001년 『전쟁과 기상』이라는 책을 펴내기도 했다.

2007년, 30년의 군 생활을 마무리하고 연세대학교에서 학생들을 가르치면서 고기후학을 공부하기 시작했다. 전쟁에서 날씨가 승패를 좌우하는 요소였다면 기후는 문명을, 아니 역사를 바꾸는 큰 요소였다. 기원전 2350년경, 메소포타미아 문명이 꽃핀 티그리스 강과 유프라테스 강 사이에 '아카드Akkad'라 불리는 도시국가가 세워졌다. 아카드 제국은 사르곤과 그 후계자들의 성공적인 통치 아래 번영을 구가했으나, 어느 날 갑자기 역사에서 사라지고 만다. 아무런 기록도 남기지 않은 아카드 제국의 멸망은 역사가들에게 미스터리였다.

멕시코 남동부와 과테말라의 좁은 지역에 수백만의 사람들이 모여 찬란한 마야 문명을 세웠다. 마야인은 관개시설을 이용해 농사를 지었고 신전과 궁전 등 석조 건축물이 3,000개 이상 있는 화려한 도시를 만들었다. 그런데 서기 900년경 마야 문명은 흔적도 없이 사라졌다. 외계인들이 데려갔다는 이야기가 나올 만큼 마야의 증발은 미스터리였다. 도대체 무엇이 마야 문명을 사라지게 했을까?

캄보디아에 위치한 앙코르와트Angkor Wat 사원은 1118년 앙코르의 왕이 된 수리아바르만 2세가 30년간 만들었다. 운하와 저수지로 관개를 했고, 여름 홍수를 막았으며, 중앙집권적인 종교적 유토피아를 건설했다. 그러나 지금 앙코르와트에는 금을 입힌 탑도, 밝게 채색된 신전도 없다. 섬세한 조각으로 장식된 왕의 행사나 행차와 군대의 행진, 기묘하게 춤을 추는 무희들의 매혹적인 모습은 있지만, 정작 그곳에는 생명이 없다.

많은 문명이 사라진 뒤에는 대가뭄이 있다. 아카드 제국이 멸망한 것도, 마야 문명이 사리진 것도, 앙코르와트의 찬란한 문명이 우림 속에 숨어버린 것도 다 대가뭄이 원인이었다. 고고학과 기후학은 가뭄으로 인한 대기근이 침묵의 살인자였음을 보여주고 있다.

궁금증은 더해갔다. 지구상에 살고 있던 공룡은 왜 사라졌을까? 삼엽충은 왜 멸종한 것일까? 약 5억 5,000만 년 전에 지구에 산소가 폭발적으로 늘어나면서 다양한 동식물이 등장한다. '지구의 봄'이라 불리는 캄브리아기의 일이다. 지구의 육지와 바다에는 온갖 생물이 가득 차기 시작했다. 산호, 암모나이트, 삼엽충이 바닷속을 꽉 메웠다. 육지에서도 덩치 큰 동물들의 숫자가 도를 넘으면서 생태계 균형이 무너지기 시작했다. 동물의 배설물이 산소를 고갈시키면서 지구를 썩게 만들었다. 대기 중 이산화탄소가 증가하면서 급격한 지구온난화가 진행되었다. 외부 충격까지 더해지면서 생물 대멸종사건이 발생한다. 지구 전체를 통틀어 90퍼센트의 생물이 죽어 없어졌다. 삼엽충과 암모나이트가 멸종한 것도 바로 이때다. 2억 5,000만 년 전에 일어난 이 사건을 '페름기 대멸종'이라고 부른다.

어느 날 외계로부터 소행성이 날아와 지구와 충돌했다. 충격으로 지진과 화산 폭발이 지구를 흔들었고 재와 연기가 지구를 뒤덮었다. 지구 전체가 재로 덮이면서 태양빛을 가려서 긴 겨울이 찾아왔다. 갑자기 닥친 빙하기로 생태계의 균형이 깨지고 공룡 등이 멸종했다. 6,500만 년 전에 일어난 '백악기 대멸종'이다.

사람들은 역사에 있었던 대멸종사건이 영화에서처럼 한순간에 벌어진 일이라고 생각한다. 그러나 생물이 실제로 멸종하기까지는 수십만 년이 걸렸다. 기후변화에 적응하지 못한 생물 개체수가 서서히 줄면서 멸종한 것이다. 기후변화의 무서움이 실감나게 다가왔다. 그런데 기후변화에 대한 우리의 인식은 어떤가? 마침 2010년 《국방일보》에서 다시 기후와 문명에 관한 글을 쓸 기회를 주었다. 이집트 문명의 멸망은 왜 일어났으며, 잉카 문명의 멸망은 엘니뇨 때문이었다는 글을 쓰면서 사람들에게 기후변화에 대한 경각심을 일깨워 주고 싶었다. 독자들로부터 너무 좋은 글이라는 호평을 받았다.

현재 대학에서 후배들을 가르치면서 기상회사의 예보센터장을 겸임하고 있다. 예보를 낼 때마다 기후의 변화에 전율을 느낀다. 2011년 우리나라는 혹한으로 시작했다. 2010년 12월 하순부터 시작된 혹한은 39일간 지속되면서 한파기록을 갈아치웠다. 평년보다 낮은 기온은 4월까지 이어졌다. 봄에는 황사가 전국을 뒤덮었다. 여름은 호우로 몸살을 앓았다. 서울은 관측사상 3일 연속(4월 26~28일) 강수량의 최고치를 갈아치웠다. 서울 우면산 일대에서 산사태가 발생하면서 16명이 숨지고 867억 원의 재산피해가 발생했다. 2011년 11월 말에 시작된 동해안 지역의 폭설은 평년 강설량의 2배를 훌쩍 넘으면서 많은 피해를 가져왔다. 2012년 여름에 접어들면서는 엄청난 폭염이 한반도를 강타했다. 강한 열대야 및 폭염으로 전력대란 직전까지 갔다. 폭염이 끝나면서 닥친 게릴라성 호우는 전국을 휩쓸면서 물바다로 만들었다. 8월 말부터 '볼라벤', '산바' 등 강태풍과 함께 비태풍인 '덴빈'이 연이어 제주와 남부 지방을 강타했다.

우리나라만 기상재해가 줄을 이은 것은 아니다. 동아프리카의 경우 극심한 가뭄과 기근으로 어린이들이 3만 명 이상 사망했다. 태국은 2011년 대홍수로 수도 방콕까지 물에 잠기는 굴욕을 맛보았다. 국토의 83퍼센트가 물에 잠기고 주민 980만 명이 피해를 입었다. 호주에서는 1월에 기록적인 폭우가 쏟아지면서 300억 달러 규모의 피해와 35명의 사상자를 냈다. 콜롬비아에 4월 쏟아진 호우는 116명의 사망자와 함께 GDP의 2퍼센트에 해당하는 58억 달러의 피해를 가져왔다. 마누엘 산토스$^{Manuel\ Santos}$ 콜롬비아 대통령은 "우리나라 역사상 이와 같은 스케일의 비극은 없었다"라고 폭우가 남긴 참상을 묘사했다. 12월 필리핀을 덮친 태풍 와시Washi는 필리핀 역사상 두 번째로 피해가 큰 기상재해였다. 브라질에서는 홍수로 902명이 사망하면서 브라질 역사상 가장 끔찍한 자연재해로 기록되었다. 파키스탄에 쏟아진 폭우는 GDP의 1.1퍼센트에 해당하는 무려 20억 달러의 재산피해와 함께 456명의 목숨을 앗아갔는데, 이는 파키스탄 사상 두 번째에 해당하는 재난이었다. 거의 기록적인 자연재난이 전 세계를 휩쓴 원인은 지구온난화로 인한 기후변화 때문이다.

이런 기상재해보다 더욱 심각한 것은 강력한 가뭄이 지구촌을 덮치고 있다는 것이다. 미국 중·남부의 극심한 가뭄으로 100억 달러 이상의 피해와 함께 세계 식량가격이 급등했다. 러시아·호주·중국·스페인·인도네시아 등 식량수출국가에서 가뭄이 들어 식량 수출을 중단하자 식량가격이 폭등했다. 밀 가격이 60년 만에 최대 상승폭을 기록하며 2010년 7월 한 달 동안 무려 44.4퍼센트나 상승했다. 블룸버그 통신은 2011년 초 몰아닥친 재스민 혁명이 2010년의 기후변화 때문이라고 주장한다. 전 세계적인 이상기후로 식량생산이 줄어들면서 발생한 식량가격 폭등이 원인이 되었다는 것이다. 폭동이 일어난 튀니지·알제리·이집트·리비아·시리아·예멘 등 중동과 아프리카 국가들의 공통점은, 다수의 국민이 하루에 1~3달러로 생활하는 극빈층이라는 점이다. 밀 가격이 폭등하면서 빵 가격이 상승하자 생존의 위협을 느낀 국민들이 들고 일어날 수밖에 없었다는 것이다.

세계사를 보면 기후변화로 인한 식량감산이 역사를 바꾼 경우가 많다. 엘즈워스 헌팅턴Ellsworth Huntington은 1907년에 발간한 저서 『아시아의 맥박The Pulse of Asia』에서 "유럽에서의 민족 대이동은 날씨 때문이었다"라고 주장했다. 중앙아시아의 목초지가 가뭄으로 말라버리자 이 지역의 유목민족은 살기 위해 서쪽으로 이동했다. 이들에게 쫓긴 게르만족이 서유럽과 로마로 이동하게 된 것이 일명 '게르만족의 대이동'이다. 게르만족의 대이동이 있은 후 700년이 흐른 12세기, 칭기즈 칸$^{Chingiz\ Khan}$에 의해 통일된 몽골 제국이 중동, 러시아와 동유럽을 침공한 것도 대가뭄 시기와 일치한다. 가뭄으로 인한 식량감산이 역사를 바꾼 것이다.

"21세기 지구촌의 최대 비극인 수단의 다르푸르 분쟁은 지구온난화로 인한 기후변화로 초래했습니다. 수단 남부 지역에는 1980년 초에 대비해서 강수량이 40퍼센트나 줄었고, 이로 인해 건기^{乾期}에 다르푸르에 폭력 사태가 발생하게 된 것입니다."

반기문 유엔 사무총장이 《워싱턴 포스트$^{Washington\ Post}$》에 기고한 "다르푸르에서의 기후 범인$^{A\ Climate\ Culprit\ in\ Darfur}$"이라는 글 중에 나오는 말이다. 아프리카에서는 기후변화로 초지가 줄어들고 식량감산이 이루어지면서 내전이 확산되고 있다. 다르푸르만 아니라 베르베르 분쟁, 에티오피아와 에리트레아 분쟁으로 인해 수백만 명이 죽어갔다. 아프리카만이 아니다. 아프가니스탄에도 중남미에도 동남아에도 날씨변화로 인한 식량감산은 테러를 양산하고 있다.

2013년 2월 12일 국제사면위원회$^{Amnesty\ International}$는 국제무기거래조약(ATT)을 체결해야 할 강력한 이유로 "분쟁에서 소년병 모집을 중단시켜야 하기 때문"이라고 밝혔다. 많은 나라에서 소년병이 전투에 동원되고 있는데, 이것은 무기거래가 통제되지 않는 상황 때문이라는 것이다.

피터 싱어$^{Peter\ Singer}$는 『전쟁중인 아이들$^{Children\ at\ War}$』이라는 책에서 지난 몇 십 년 사이에 소년병의 숫자가 엄청나게 늘어났다고 말한다. 왜 소년병들이 기하급수적으로 증가하는 것일까? 가장 큰 이유는 식량문제다. 한 열두 살짜리 콩고 소년병은 말한다.

"먹을 게 아무것도 없어서 소년병에 들어왔어요."

아프가니스탄에서는 소년들이 소똥을 주워 말려서 판다. 식량을 구하기 위해서다. 그러나 빵 한 조각을 구하기가 너무 힘들다. 탈레반 테러리스트들은 그런 소년들을 노린다. 밥을 주겠다는 것이다. 소년들이 저항하기에는 현실이 너무 비극적이다. 이들은 죽기보다는 소년병으로 들어가 밥을 먹기를 원했다. 《포린폴리시 Foreign Policy》에 따르면, 2004년부터 2007년 사이에만 19개 국가 내 70개 이상의 군사조직이 10대들을 신병으로 끌어들였다. 아프리카의 일부 분쟁지역에서는 소년병이 전체 병사의 4분의 1에 이를 정도다. 비참함의 극치다.

아프가니스탄 원주민 부족의 수입 중 가장 큰 부분을 차지하는 것이 양귀비다. 아편의 원료인 양귀비는 환금성이 뛰어나다. 가뭄이 들면서 양귀비 수확이나 곡물 수확이 형편없어졌다. 살려면 빵을 주는 탈레반 저항세력에 합류할 수밖에 없다. 캐나다인 저널리스트 그래엄 스미스Graeme Smith는 "배고픔과 전쟁은 불가분의 관계에 있다. 아프가니스탄 사태가 더 심각해지는 원인은 배고픔과 기후변화다"라고 말한다. 희망이 있는 사람들은 자기 몸에 폭약을 둘러메고 군중 속에 들어가 자폭하지 않는다. 극심한 기후변화와 대가뭄이 모든 희망을 앗아가 버렸다. 아무런 희망이 없는 어린아이들이 빵 한 조각에 자살폭탄테러로 내몰리고 있다.

지구촌의 기근과 테러 위협은 많은 부분 날씨와 기후의 변화 때문이다. 미 국방성의 미래보고서는 가장 먼저 핵전쟁이 벌어질 나라로 인도와 파키스탄을 꼽고 있다. 기온상승으로 히말라야의 빙하가 녹아 물 공급이 이루어지지 않으면 핵전쟁이 불가피하다는 것이다. 이 보고서에서는 일본, 독일, 한국이 근간 핵무장을 할 것이라고 예견한다. 기후변화로 인한 국제정세의 불안감이 핵무장을 촉발한다는 것이다. 2009년 미 중앙정보국(CIA) 내에 기후변화센터가 설립되었다. 정보국에 왜 기후전문가들이 필요할까? 미국은 이제 2001년 9·11테러보다 기후변화가 국가안보에 더 위험하다고 믿고 있다. 기후변화에 적절하게 대응하지 못하면 국가의 미래는 없다는 것이다. 소빙하기가 닥쳤을 때 그린란드에 살던 바이킹들은 다 죽었으나 이누이트족은 살아남았다. 기후변화에 최대한 적응했기 때문이다. 지구온난화로 빙하가 녹고 해수온도가 상승하고 해수면이 올라가면 북극곰은 슬프다. 그러나 돌고래와 알바트로스는 신난다. 돌고래는 바닷물이 더워지면 활동범위가 더 넓어지고 알바트로스는 강해진 바람 덕분에 쉽게 날아 먹이를 구할 수 있기 때문이다. 날씨와 기후변화는 대책이 없는 민족에게는 엄청난 위기이다. 그러나 잘 준비하고 적응하는 민족에게는 엄청난 기회일 수도 있다.

　이 책은 역사를 바꾼 기후이야기와 전쟁터에서 승패를 가른 날씨이야기를 단편적으로 썼다. 그러나 글의 이면에는 다른 뜻이 있다. 전쟁의 위협에 시달리는 우리 국군에게는 승패에 영향을 주었던 날씨 사례를 통해 전쟁에 대비하는데 조그만 도움이 되기를 바란다. 국가나 기업을 경영하는 사람들에게는 미래의 큰 리스크로 다가오는 기후변화의 예를 보여주고 싶었다. 대학의 최고위경영자과정, 기업의 CEO과정·미래지도자 과정의 특강을 하면서 나는 미래의 희망을 이야기한다. 우리가 '역지사지易地思之'의 지혜로 미래를 대비한다면 미래는 우리의 것이다. 귀한 글을 연재하도록 허락해 준 《국방일보》의 정남철 팀장님과 김용호 기자님에게 특별히 고마운 마음을 담아 보낸다. 아울러 플래닛미디어 김세영 사장님께도 감사한 마음을 전한다. 나의 사랑하는 어머니에게 이 책을 바친다.

　　　　　　　　　　　　　　　　　　　　　　　백양로에서
　　　　　　　　　　　　　　　　　　　　　　　반기성

차례

여는 말 · 4

I. 스러져간 문명

기후 건조화와 아카드 제국의 멸망 · 16   비로 무너진 우바르, 가뭄으로 붕괴한 악숨 · 24   그린란드의 비극은 소빙하기 때문 · 33   티와나쿠와 아나사지 문명을 무너뜨린 대건조기 · 41   핏케언과 이스터 섬의 문명 붕괴 · 51

II. 날씨를 이용하는 자가 승리를 얻는다

수공작전을 펼친 관우 · 64   돌궐 정복과 이정 장군 · 72   오스만 제국의 영광, 술레이만 1세 · 79   러시아의 희망, 알렉산드르 넵스키 · 86   도요토미 히데요시와 수공전술 · 94   영국의 역사를 바꾼 두 윌리엄 · 102   추위와 가뭄과 넬슨 제독 · 111   나폴레옹의 화려한 승리, 아우스터리츠 전투 · 119   명장의 조건, 아라비아의 로렌스 · 128

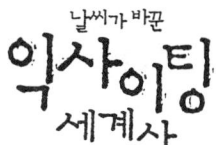

III. 자연은 아무도 예측하지 못한다

물과 전염병으로 이긴 히즈키야 · 138　페르시아의 악몽, 살라미스 해전 · 146　고구려를 이기지 못한 부여 · 156　조류와 추위와 폭풍으로 지켜낸 비잔틴 제국 · 163　무더위의 굴욕, 십자군 전쟁 · 172　모세의 기적을 이용한 왜구 토벌 · 181　무적함대도 어찌하지 못한 폭풍 · 190　추위가 결정지은 임진왜란과 병자호란 · 200　바다가 얼어 위기에 처한 스웨덴 · 209　볼가 강에 떠내려간 히틀러의 꿈 · 216

IV. 또 다른 전장, 기후

로마를 지켜준 안개, 베르켈라이 전투 · 226　바다로 싸우게 하라, 네덜란드 전쟁 · 232　교황을 셋으로 만든 폭풍우와 번개 · 239　미국 독립전쟁을 도운 날씨 · 246　나이팅게일과 크림 전쟁과 폭풍우 · 254　비구름이 감춰준 삼십육계의 승리 · 263　박명과 코로넬 해전 · 271　제2의 나폴레옹을 꿈꾸다, 알프스 전쟁 · 278　제2의 칸나이라 불리는 타넨베르크 전투 · 285　잔인한 조선인 사냥, 관동대지진 · 294　독일의 자존심, 구스타프 방어선 · 302　산악사단의 용맹을 보인 이탈리아 전투 · 310　개처럼 살고 귀신처럼 나는 공수 코만도 · 317　바람이 불어간 머나먼 다리 · 326　폭염과 폭우가 가른 승패 · 336

참고문헌 · 344

I

스러져간 문명

기후 건조화와
아카드 제국의 멸망

"태초에 민물의 신 아프수^{Apsu}와 바다의 신 티아마트^{Tiamat}만 있었다. 둘이 결혼하여 하늘의 신과 땅의 신을 낳았다. 땅의 신은 비의 신을 낳았다. 용의 형상을 한 바다의 신은 매우 악했다. 아름답고 선한 생명체가 많으면 자신에게 위협이 될 것이라고 생각하여 착한 신들과 전쟁을 준비했다. 이 사실을 알게 된 착한 신들이 바다의 신을 설득했으나 실패로 돌아가자 비의 신에게 악한 신과 싸워줄 것을 부탁했다."

메소포타미아^{Mesopotamia} 창조신화에 나오는 이야기이다. 다른 문명과 달리 메소포타미아 문명에서는 민물과 바닷물의 신이 여러 신들 중 가장 중요하다. 이것은 기후와 지리적인 영향 때문이다. 메소포타미아 지역에서 발생한 최초의 문명은 기원전 5000년경에 유프라테스^{Euphrates} 강가에서 시작되었다. 이곳은 육지와 바다가 만나는 경계에 위치해 있다. 민물과 바닷물이 섞이는 습지 지역에서 문명이 탄생하다 보니 민물과 바닷물의 신이 가장 잘 만날 수 있는 신이었다.

인근에 위치한 이집트의 나일 문명도 메소포타미아 문명과 비슷한 시기에 탄생했다. 그런데 두 지역은 지리적으로 생판 다르다. 이집트의 경우 주변이 사막지대라 외적이 쉽게 침략하기 어려웠다. 그러나 메소포타미아의 탁 트인 평야지대는 누구든지, 어떤 군대든지 자유롭게 침략할 수가 있었다. 때문에 메소포타미아 지역은 외적의 침략과 정복에 시달리는 험난한 역사를 겪어야 했다. 또 나일 강은 물의 양에 거의 변화가 없었다. 그러나 티그리스^{Tigris} 강과 유프라테스 강은 매년 수량의 변동이 극심했다. 농사를 지속적으로 짓기에 믿을 만한 수자원이 되지 못했다. 또 강이 범람할 때마다 강줄기가 자주 바뀌었다. 날씨의 영향도 컸다. 낮에는 40도를 오르내리고 밤에는 영하권까지 떨어지는 황야 기후에서 물은 생존에 절대적이었다. 그러다보니 사람들이 가장 먼저 정착한 곳이 물을 쉽게 구할 수 있는 강 하류의 습지였다. 이곳에서는 가뭄이 들어도 물을 구할 수 있고 농사도 지을 수 있었다.

기원전 5000년경에 유프라테스 강 하류의 에리두^{Eridu*}라는 곳에 정착촌이 형성되기 시작했다. 이곳은 육지가 바다와 만나는 경계인 습지 근처에 위치했다. 사람들은 도시를 건설하고 제사를 지낼 성전도 지었다. 민물과 바닷물이 만나는 이 습지는 메소포타미아 창조신화의 기초가 되었다. 건조하고 뜨거운 광야에서 살아가기 위해서는 물이 필수적이므로, 메소포타미아 창조신화에서 땅과 모든 생명이 물속에서 탄생했다고 하는 것도 억지는 아니다. 원래 신화라는 것이 사람들의 모듬살이에서 비롯했다는 것을 생각해보면 당연한 일이다.

메소포타미아 신화에 대한 이해를 바탕으로 중동지역의 역사를 살펴보기로 하자. 서구 문명의 모태가 된 중동지역은 현세^{現世**}로 들어서면서 따뜻하고 습윤한 기후를 보이기 시작했다. 농사짓기에 적당하다 보니 식량생산이 증가하고 인구가 급증했다. 이제 농업은 많은 사람들을 먹여 살

---

* 에리두('먼 곳에 지어진 집')는 우르(Ur)에서 남서쪽으로 7마일 떨어진 고대도시이다. 수메르 전설에 의하면 에리두는 후에 아카드인에 의해 '에아'로 알려진 수메르 신 '엔키'가 설립했다.

** 신생대 제4기의 마지막 시기. 약 1만 년 전부터 현재까지를 이른다.

리기 위해 들판에서 거저 수확하는 방식이 아닌 파종하고 재배하고 수확하는 방법으로 발전해 나갔다. 밀과 보리와 콩이 재배되기 시작했다. 곡식을 재배하는 사람들이 늘어나면서 새로운 경작지가 만들어졌다. 8,000년 전쯤에는 터키 지역에 농사를 짓는 작은 마을들이 생겨났다. 이런 마을들이 최근 유적으로 발견된다. 오늘날 '텔 레일란$^{Tell\ Leilan}$'이라 부르는 작은 마을에서는 지금으로부터 4,400~4,600년 전에 도시가 만들어졌다. '세칸^{Shekhna}'이라 불린 이 도시는 세계 최초의 계획도시였다. 약 2만 명이나 되는 사람이 풍성한 밀과 보리에 의존하여 살았을 것으로 추정한다. 그런데 아무런 제약도 받지 않고 자유롭게 살던 사람들이 왜 도시로 모여들어 세칸과 같은 도시국가에서 살게 되었던 것일까?

후빙기 고온기는 3,000년 동안 계속되다가 5,000년 전부터 차차 기온이 내려가기 시작했다. 수렵시대가 아닌 농경시대를 살고 있던 당시 사람들에게 기온저하는 치명적이었다. 더 큰 영향은 기후의 건조화였다. 약 5,000년 전부터 시작한 건조화는 심한 가뭄을 가져오면서 농경생활을 하던 사람들에게 어려움을 주었다. 후빙기 고온기에는 기후적으로 생활하기에 적합했고 농사짓기에도 좋았다. 사람들은 특정한 지역에 모일 필요 없이 각자 흩어져 농경생활을 했다. 그런데 건조하고 추운 기후는 사람들이 흩어져 살기에는 어렵도록 만들었다. 이런 현상이 발생한 것에 대해 기상학자들은 건조화와 저온현상이 메소포타미아 지역에 비를 가져오던 적도 서풍이 불어오지 않았기 때문이라고 추정한다. 비가 내리지 않으면서 기온이 내려가자 농지가 말라붙기 시작했다. 사막이 확대되고 농사를 지을 수 있는 땅은 줄어들었다. 가뭄으로 폐허화된 땅에서 떠난 사람들은 풍부한 물이 있는 큰 강 유역으로 모여들 수밖에 없었다. 바로 이것이 문명의 발상지인 유프라테스 강 유역에 최초의 도시국가인 세칸이 세워진 이유다. 많은 사람들이 강 유역으로 몰려들자 인구가 급증했다.

개인의 힘으로 건조화를 막을 방법은 없었다. 많은 사람들이 기존의 방법으로 살아갈 수도 없었다. 국가 체제를 만들 필요가 있었다. 국가의 힘으로 위기를 극복해야만 했다. 고대 도시국가가 탄생하게 된 배경이다. 국가는 대규모 관개농업을 시작했다. 그리고 살기 위해 모여든 사람들을 노예로 삼아 신전이나 피라미드 등의 대규모 건축물들을 만들기 시작했다. 신에게 비를 달라고 빌기 위해서였다.

바로 이러한 때인 기원전 2350년경, 메소포타미아 문명을 낳은 티그리스 강과 유프라테스 강 사이에 '아카드Akkad'라 불리는 도시국가가 세워졌다. 아카드의 사르곤Sargon 왕은 메소포타미아 지역의 여러 도시국가를 정복했다. 그중에는 세칸도 들어있었다. 그 후 150여 년 동안 아카드 제국은 사르곤과 그 후계자들의 성공적인 통치 아래 번영을 구가했다. 제4대 왕 나람신Naram-Sin(B.C.2255~2219)은 반란을 진압하고 전쟁을 벌여 아카드 역사상 가장 넓은 땅을 차지했다. 아카드 제국은 중앙집권통치를 위해 도로를 건설한 최초의 제국이다. 도로를 따라 정기적인 우편 서비스가 이루어졌고 토지 조사도 했던 것으로 기록되어 있다. 하지만 급부상한 만큼 번영도 오래가지 못했다. 아카드 제국은 고작 150여 년만 유지된 후 어느 날 갑자기 아무 기록도 남기지 않은 채 멸망했다. 아카드 제국의 멸망은 역사가들에게 미스터리였다. 일부 사가들은 이란 고원에서 침입해온 구티족Guti*에 의해 멸망했다고 했다. 다른 고고학자들은 인구의 과대 증가, 변방에서의 반란, 유목민의 침입, 무능력한 관리 등이 이유였다고 말한다. 그러나 어느 누구도 자신 있게 아카드 제국의 멸망 원인을 주장하지는 못했다. 신화에서는 나람신 왕의 오만으로 신이 징벌을 내려 망했다고 말한다. 기록에 의하면 나람신은 자기 자신을 '우주의 왕' 또는

---

* 기원전 2150년경 우루크의 왕 멜렘(우르우투)의 치세 말 메소포타미아에서 집권한 세력.

승전비에 나타난 나람신 왕의 모습. 아카드 제국은 나람신 왕 때에 가장 넓은 영토를 차지했다.

'네 땅의 왕'이라 부르게 했다. 자신을 신과 동등하다고 생각한 나람신 왕에게 신들은 분노했고, 이에 아카드 제국에 저주를 내려 멸망하게 했다는 것이다.

1993년, 고고학자와 지질학자, 토양과학자로 이루어진 미국과 프랑스 공동 연구팀이 연구에 나섰다. 연구팀은 폐허가 된 아카드 제국의 도시에서 채취한 토양의 수분을 최첨단 과학기법으로 분석했다. 그 결과 지금으로부터 4,200년 전부터 건조화로 인한 극심한 가뭄이 약 300년 동안 지속되었음을 밝혀냈다. 아카드 제국은 기후 건조화로 말라붙어 버린 것이다. 수많은 사람들을 먹여 살리던 곡창지대는 가뭄으로 사라졌다. 기후 건조화는 중동지역 전체를 황폐화시켰다. 사람들이 물을 찾아 다른 곳으로 떠나가면서 도시와 대부분의 촌락은 버려졌다. 연구팀은 아카드 제국 북부지방의 고고학 발굴에서 나타난 이상한 현상도 연구를 통해 설명이 가능하다고 말한다. 예를 들어 '사람들이 갑자기 남부지방으로 이동했다'는 글이 토기에 새겨져 있다. 이것으로 보아 가뭄이 먼저 북부지방에 영향을 준 것으로 판단한다. 가뭄으로 인해 북부 사람들이 남쪽으로 이동하

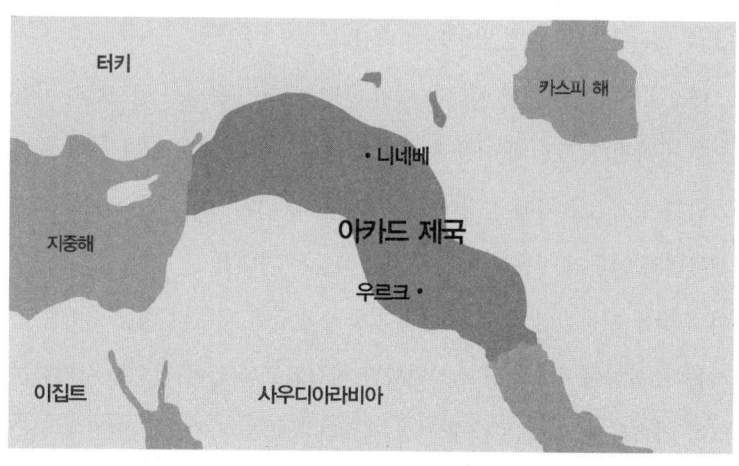

나람신 왕 때의 아카드 제국 영토

자 남부 도시들은 인구가 2~3배 증가했고, 이로 인해 식량과 물이 부족해지면서 아카드 제국의 멸망으로 이어졌다는 것이다.

기후학자들은 메소포타미아 문명의 멸망에는 가뭄 외에 기온저하도 큰 역할을 했다고 말한다. 세계 각지에서 수집된 화분 분석에 의하면 기온도 차차 내려가 평균기온이 2도나 낮아졌다. 이는 농작물의 생장에 치명적이다. 결국 고대인들은 가뭄과 기온저하로 농경생활을 포기할 수밖에 없었다는 것이다.

이 대가뭄은 지난 1만 년 사이에 일어난 극적인 기후학적 사건이며, 기후변화가 인간의 생존에 막대한 영향력을 행사할 수 있음을 보여준다. 예일대학교Yale University 고고학자 하비 웨이스Harvey Weiss 교수는 메소포타미아 문명의 멸망이, 급격한 기후변화가 한 문명이 멸망하는데 직접적인 관련이 있는 것을 보여주는 첫 번째 사례라고 말한다. 메소포타미아 문명은 건조화로 시작하여 기온저하로 끝을 맺었다. 건조화의 진행에 따라 농경지대는 차차 소멸하여 완전히 없어졌다. 메소포타미아 강변의 관개농업지대도 줄어드는 강수량으로 농작물을 생산할 수 없게 되었다. 건조화는 염분 증가를 가져온다. 염분이 농지를 황폐화시키면서 이 지역을 사람이 살 수 없는 불모의 땅으로 만들어 버렸다.

메소포타미아 문명뿐 아니라 나일 문명, 인더스 문명도 건조화와 가뭄으로 사라졌다. 그런데 이들 문명을 보면 유사한 공식이 있다. 기후 최적기인 후빙기 고온기에 농경이 발달했다는 점이다. 그러다가 건조화가 발생하면서 인구의 이동이 이루어진다. 이들은 거대한 강 유역으로 몰려들어 문명을 이룩한다. 농업과 관개 기술의 발달은 나무의 대량 소비를 가져온다. 삼림이 감소하면서 사막화가 시작되고 시간이 갈수록 사막화는 더욱 가속된다. 이것은 관개 시설 재료의 부족을 가져오고 여기에 염분에 의한 농지의 불모화가 진행된다. 사람들은 살기 위해 다른 곳으로 이

동해 갈 수밖에 없고 결국 문명은 멸망한다는 스토리다. 이런 기후변화 공식이 세계 최초의 제국이었던 아카드 제국을 역사의 뒤편으로 날려버렸다. 기후변화로 인해 붕괴한 최초의 제국으로 기록되는 불명예를 안고서 말이다.

비로 무너진 우바르,
가뭄으로 붕괴한 악숨

"고대인들의 모든 욕망 뒤에는 향香이 있었다. 향은 신에게 바치는 최고의 예물이었다. 신은 그 대가로 권력과 부를 약속했다. 영생불멸을 꿈꾸는 이들은 자신들의 미라mirra에 향을 아낌없이 채워 넣었다. 그리고 언젠가 부활하여 죽지 않는 삶을 살 것이라고 믿었다."

2010년 7월 EBS에서 방영된 〈인센스로드〉에 나오는 말이다. 인센스로드Incense road는 최소한 4,000년 전, 이집트·아라비아·지중해에 걸쳐 향이 오고 갔던 인류 최초의 무역로이다. 이 험악한 곳에 어떻게 동서를 연결한 실크로드보다 더 오래된 세계적인 무역로가 생기게 되었을까? 바로 '유향乳香'* 때문이다. 유향은 당시에는 최고로 값비싼 상품이었다.

기원전 수천 년경 오늘날 오만Oman이 위치한 지역에 '우바르Wubar'라 불리는 고대 도시가 있었다. 우바르는 『아라비안나이트』와 『코란』에도 나오는 환상의 도시로, 유향 교역으로 번성했으나 어느 날 신의 노여움을 사서 땅속에 묻히고 말았다고 한다. 우바르는 사막 속으로 사라져 버리고 아무도 그 장소를 알 수가 없었다. 모래 속에 묻힌 환상의 도시로만 전해

---

* 나무진을 굳혀서 만드는 방향성 고무 수지로, 향이나 향수의 원료로 쓴다.

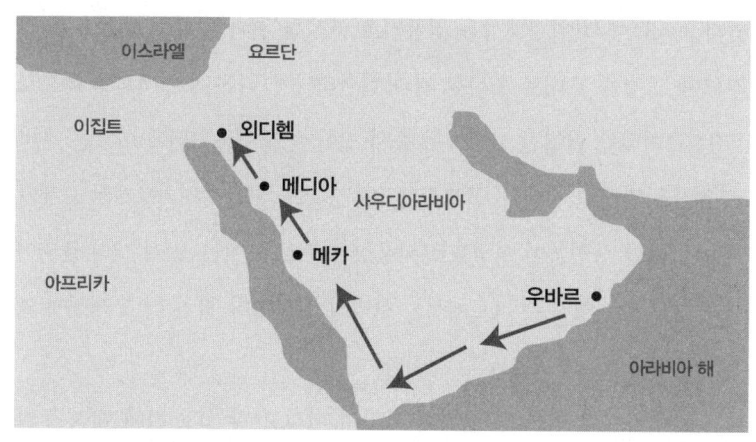

우바르에서 시작된 유향 무역로

져온 우바르를 아라비아의 로렌스는 '사막의 아틀란티스'라 불렀다. 실체는 없이 전설로만 전해지는 도시라는 뜻이다.

최근 우주에서 유적을 탐색하는 '우주고고학Space archaeology'이 새로운 탐사 수단으로 주목을 받고 있다. 우주고고학은 땅 밑에 있는 유적이나 하천의 흔적 등을 찾는데 활용된다. 1992년, 우주탐사를 통해 우바르가 실제로 존재했다는 것이 밝혀졌다. 미 항공우주국(NASA) 산하 제트추진연구소(JPL)의 지질학자 로널드 블롬Ronald Blom이 랜드샛Land Sat 위성영상처리기술로 오만에서 유향 무역의 중심지였던 고대도시 우바르를 발견한 것이다. 우주탐사에서 활용하는 위성 적외선 촬영은 토양의 밀도 및 온도 차이를 이용해 땅속의 상황을 영상으로 보여주는 기술이다. 예를 들어 지하에 유적이 있다면 토양 깊이가 얕은 곳은 위성영상에서 어둡게 보인다. 땅속 물질로 달라지는 적외선의 반사를 보고 유적을 찾는 고고학의 새로운 방법이다. 이 외에도 첨단 기법으로 레이저를 이용하는 방법*도

---

* 레이더파의 주파수가 낮으면 지표면을 뚫고 들어가 지하에 있는 물체의 영상을 확인할 수 있다.

있다. NASA에서 위성영상을 컴퓨터로 분석한 결과 고대의 대상로를 발견했다. 그것을 토대로 조사한 결과 살랄라salalah*라는 도시에서 북쪽으로 170킬로미터쯤 떨어진 사막에서 동서 길이가 22킬로미터에 이르는 우바르 유적을 발견한 것이다. 인센스로드에는 65곳의 유적지와 2개의 요새가 있었다. 아랍 상인들이 이정표로 사용한 것으로 보이는 30여 개의 줄지어선 석탑도 발견했다. 우바르에서는 우리의 상상보다 훨씬 더 오래전에 엄청난 문명이 꽃피우고 있었던 것이다.

그런 우바르가 어느 날 갑자기 사라져 버리고 말았다. 전해 내려온 말에 의하면 우바르는 '신에게 멸망당한 도시'였다. 우바르 주민들이 사치하고 타락했기 때문에, 신이 우바르를 파괴하고 모래로 덮어버렸다는 것이다. 그런데 우주탐사로 우바르 유적이 발굴된 다음 왜 사람들이 우바르를 저주받은 도시라 부르게 되었는지 밝혀졌다. 도시 밑에서 거대한 석회암 동굴이 발견되었기 때문이다. 지하에 있던 석회암 동굴이 무너져 지반 침하가 일어나면서 순식간에 땅이 꺼지고 도시가 모래 속에 묻혀버린 것이다. 유향 수출로 번영을 누리던 도시가 하루아침에 모래 속으로 사라져버린 모습은 당시 사람들에게는 분노한 신의 천벌을 받은 것처럼 보였을 것이다.

그럼 우바르는 언제쯤 땅 밑으로 가라앉았을까? 지금으로부터 5,500년 전에 아라비아 반도는 물기가 많은 대초원이었다. 현재의 아라비아 사막도 예전에는 녹음이 우거진 곳이었다. 산은 아름다운 나무로 뒤덮였으며 물고기나 동물들도 많았다. 그런데 기원전 2000년 무렵 날씨가 변하

선진국에서 군사위성으로 지하에 숨긴 군사시설을 찾을 때 사용하는 방법이기도 하다. 우리나라의 아리랑 5호 위성에도 레이저 탐사장비가 설치되어 있다.

* 오만 남부에 위치한 도시로, 도파르 주의 주도이며 오만에서 두 번째로 큰 도시이다. 아라비아 반도, 인도양과 접해 있기 때문에 사막 기후와 열대 기후를 띤다. 과거 '유향의 도시'로 불린 곳이며 현재 오만의 술탄인 카부스 빈 사이드 알사이드가 태어난 곳이기도 하다.

기 시작했다. 비가 내리지 않으면서 풀 대신에 관목이나 모래가 들어섰다. 삼림도 모래 바람이 불어 대는 황야로 변했다. 지금의 아라비아 사막과 같이 변한 것이다. 기후가 바뀌었어도 우바르 문명은 살아남았다. 바로 이 지역에서만 생산되는 유향 때문이었다.

시간이 흐르면서 다시 기후가 바뀌었다. 기원후 1세기부터 소빙하기의 영향으로 에티오피아 남쪽 지방에 비를 내리던 몬순대*가 북상했다. 몬순대의 영향으로 날씨가 점점 더 서늘해지고 비가 더 많이 내렸다. 전설에 따르면 우바르 유적이 사라진 것이 기원후 1세기경이라고 한다. 이런 기후변화가 우바르 유적을 무너뜨린 요인이 되었다고 과학자들은 말한다. 우바르가 가라앉은 것은 도시 밑에 있던 거대한 석회암 동굴이 무너졌기 때문이라는 것은 밝혀졌다. 기원후 1세기경 몬순대가 북상하면서 비가 많이 내리기 시작했다. 지하로 스며든 다량의 물은 석회암 동굴을 침식시켰다. 침식된 지하 동굴이 무너지면서 도시가 땅 밑으로 꺼져 들어갔고, 도시 위를 모래가 덮으면서 우바르는 파묻혀 버렸다고 과학자들은 추정한다. 기후변화가 우바르 도시문명을 멸망시켰다는 것이다.

당시 유향이 왜 그렇게 인기가 높았을까? 기원전 종교의식과 질병치료, 화장품 등에 사용하던 유향은 금보다 더 값비싸게 거래되던 진귀한 상품이었다. 유향나무는 오직 오만에서만 자라고 있었다. 오만에서 채취한 유향을 사들이기 위해 아랍의 낙타상인들이 오만으로 몰려들었다. 그들이 인센스로드를 개척했다. 두 달이나 걸리는 험한 사막 여정에서 숱한 생사의 고비를 넘기면서 2,400킬로미터의 무역로를 만들어 엄청난 돈을 벌어들였다. 이집트와 시리아, 로마로 갈라지는 가자^{Gaza}까지 2,400킬로미터의 무역로는 아랍 상인들이 독차지했다. 이들에게 유향을 구한 시바

---

* 아라비아 해에서 여름 반년에 부는 남서풍과 겨울 반년에 부는 북동풍을 가리킴.

여왕이 솔로몬 왕을 유혹했다. 클레오파트라는 온몸에 향을 뿌리고 카이사르를 유혹했다. 베들레헴에서 난 예수를 경배한 동방박사가 바친 귀한 물건 중에 유향이 들어있는 것은 당연한 일이었다. 예수가 십자가에 달리기 전 마리아는 예수의 발에 유향을 붓고 자기 머리털로 그의 발을 씻었다. 유향은 고대 중동의 역사였다.

오만의 유향이 거의 사라지면서 다른 지역에서 유향을 생산하기 시작했다. 오늘날 에티오피아Ethiopia 지역인 악숨Aksum이었다. 이곳에서 유향이 대량 생산되면서 새로운 문명이 탄생했다. 바로 악숨 문명이다. 그런데 우바르 문명이 많은 비로 붕괴했다면 악숨 왕국은 대가뭄으로 멸망하고 만다.

"지혜가 내 딸이라. 지혜를 얻기 위해 남방 여왕은 뜨는 해와도 같이 동쪽에서부터 왔나니, 솔로몬의 지혜를 듣고 이해하고 보았도다. 권세와 영광과 능력과 패권이 그녀의 손에 주어졌도다. 그녀는 신랑을 위해 단장한 신부와도 같이 7개의 별이 빛나는 예복을 입었고 그 옷에는 그리스어, 아랍어, 라틴어로 이런 말이 금실로 새겨졌도다. '나는 현지의 외동딸이니 어리석은 자는 결코 나를 알 수 없으리라.'"

- 토마스 아퀴나스Thomas Aquinas(1224~1274)*의 글 중에서

에티오피아인들은 자기들이 섬기던 악숨 왕조가 시바 여왕과 솔로몬 사이에서 태어난 메넬리크Menelik에 의해 세워졌다고 자랑한다. 고고학자들은 에티오피아 왕조와 시바 여왕, 그리고 메넬리크를 연결하는 것은 의

---

* 중세 기독교의 대표적 신학자이자 스콜라 철학자이다. 또한 그는 자연 신학의 으뜸가는 선구자이며 로마 가톨릭에서 오랫동안 주요 철학적 전통으로 자리잡고 있는 토마스 학파의 아버지이기도 하다.

문의 여지가 있다고 말한다. 그러나 악숨 왕국이 위대한 문명이었던 것만은 사실이다. 1세기부터 8세기까지 악숨은 아프리카의 사하라 사막 남쪽 지역에서 가장 중요한 문명이었다. 4~5세기에 악숨의 영토는 사하라 사막에서 아라비아 사막 안쪽, 로마 제국의 남쪽 경계에 이르렀을 정도로 강성했다. 아프리카와 유럽, 인도, 중국과 이루어진 무역은 대부분 악숨 왕국의 통제를 받았다. 악숨은 당시 세계에 원자재를 공급하는 중요한 국가였던 것이다.

악숨 왕국이 위치했던 에티오피아 고원은 사하라 사막 남쪽으로 길게 뻗은 건조한 평원 사헬Sahel의 끝에 있는 '아프리카의 뿔Horn of Africa'에 자리 잡고 있다. 이 고원은 평균 해발 2,000미터에 이르며 가파르고 높은 절벽으로 인하여 주변 환경과 고립되어 있다. 그럼에도 불구하고 악숨은 홍해와 가까워서 비잔틴 제국과 인도양 사이를 오가는 무역에서 상당한 이익을 얻을 수 있었다. 홍해에 인접한 항구인 아둘리스Adulis*는 악숨 왕국이 국제 무역에 참여하는 관문이었다. 악숨 왕국은 아둘리스를 통해 상아, 코뿔소 뿔, 노예, 사향, 흑단, 금가루, 유향 등을 비롯한 많은 물건을 수출했다. 특히 유향은 악숨 왕국에 막대한 부를 가져다주었다. 유향이 나는 나무는 악숨의 영토 내에서 잘 자랐다. 금만큼이나 귀하고 비싼 유향을 해마다 수천 톤씩 생산했다.

상식적으로 사람들이나 문명이 자리 잡기에는 척박한 지역이었음에도 악숨 왕국이 번영을 누리게 된 데는 기후의 도움이 있었다. 악숨은 적도 부근에 위치하고 있지만, 해발 2,000미터 이상의 고원지대로 기후가 비교적 온화했다. 주변 지역은 메말랐지만 이곳은 시원하고 비도 적당히 내렸

---

* 아둘리스는 현재의 에리트레아 북부 홍해 연안에 위치한 옛 도시로, 마사와에서 북쪽으로 30킬로미터 정도 떨어진 곳에 위치한다. 대 플리니우스가 쓴 기록에 따르면 이 곳은 악숨 왕국의 주요 항구였으며 상아와 노예, 향신료 등의 집산지였다. 8세기 때 아랍 국가들의 공격을 받으면서 쇠락했다.

다. 남쪽 밀림 지대에 번창하던 열대병도 이곳에는 미치지 못했다. 게다가 1세기부터 8세기까지 날씨가 사람이 살기에 무척 좋은 기후로 변했다. 소빙하기의 영향으로 에티오피아 남쪽 지방에 비를 내리던 몬순대가 북상했다. 몬순대의 영향으로 날씨가 점점 더 서늘해지고 비가 더 많이 내렸다. 식량생산이 늘어났다. 식량이 풍부해지면 인구가 급속히 늘어난다. 악숨 왕국은 풍부한 돈과 인력으로 군대를 양성하여 이웃 국가들을 침략하고 피정복민을 노예로 삼았다.

1세기 말에 악숨 시는 이미 '아프리카의 대도시'가 되었다. 3세기경 그 명성은 페르시아에 이르렀다. 4세기경에 악숨은 전성기를 맞았다. 그러나 영원한 것은 없는 법이다. 새로운 힘이 악숨 왕국을 서서히 조여 왔다. 5세기에 서로마 제국이 무너지고, 6세기 말과 7세기 초에 비잔틴 제국은 점점 가난해졌다. 악숨의 상품을 구매하는 시장이 크게 줄어든 것이다. 사산조 페르시아가 남아라비아를 지배하게 되자 인도와의 교역도 끊기게 되었다. 게다가 7세기에 이슬람교가 탄생하고 8세기 초에 아랍 세력이 아둘리스를 파괴했다. 악숨 왕국이 유럽이나 인도, 중국과 교역하던 항구가 없어진 것이다.

이런 정치적 파국이 없었더라도 악숨은 파멸하게 각본이 짜여 있었다. 기후변화와 환경 파괴 때문이었다. 서늘하고 비가 많이 내리던 상태가 몇 백 년에 걸쳐 지속되자 사람들은 나무를 베어내면서 점차 농업을 확대했다. 6세기에 이르러 악숨 땅에는 가파른 산등성이와 깊은 계곡을 제외하고는 숲이 모두 사라졌다. 숲이 사라지면서 비에 토양의 영양 물질이 다 씻겨 내려갔다. 750년경 온난기가 도래하면서 몬순대는 남쪽으로 다시 내려갔다. 예전처럼 일 년에 석 달 정도 비가 내리는 기후로 되돌아간 것이다. 침식되고 영양분이 씻겨 나간 토양에 강수량까지 줄자 농업 생산량은 곤두박질쳤다. 굶주림에 시달리게 되면서 제국은 붕괴하기 시

〈솔로몬 왕과 시바의 여왕〉, 조반니 데민(Giovanni Demin) 作. 에티오피아인들은 시바 여왕과 솔로몬 사이에서 태어난 메델리크가 악숨 왕조를 세웠다고 여긴다.

작했다. 많이 내리는 비 때문에 부흥했던 제국은 너무 적게 내리는 비 때문에 멸망의 길로 떨어져 간 것이다. 중앙집권적 권력은 붕괴되었고 악숨은 버려졌다. 19세기 고고학자들의 발굴 작업으로 재발견될 때까지 악숨은 외부 세계의 관심에서 사라졌다. 현대에 고고학이 발달하면서 많은 고대 문명이 서구세계에 알려졌다. 그중 가장 최근에 발견된 문명이 악숨 문명이다.

아프리카에서 일어난 문명 가운데 세계무대에서 유럽과 아시아의 대제국들과 어깨를 나란히 할 수 있었던 마지막 문명이 악숨 왕국이었다. 에티오피아 지역에 위치했던 악숨 왕국은 위대함 그 자체였다. 자신들의 정통성을 자랑하기 위해 에티오피아 왕조는 시바 여왕과 솔로몬의 이야기를 만들었다. 옛날에 시바의 여왕은 797마리의 낙타와 셀 수 없을 만큼 많은 노새와 당나귀에 금은보화를 싣고 솔로몬을 찾아 예루살렘에 갔다. 여왕은 솔로몬과 함께 지냈고 사랑을 나누었다. 그녀는 솔로몬의 아들인 메넬리크를 낳았다. 에티오피아로 돌아온 시바 여왕은 악숨을 다스렸고, 그 다음에는 아들인 메넬리크가 이었다. 에티오피아인들은 자기들이 악숨 최고의 왕 메넬리크의 후손이라고 자랑한다.

시바 여왕의 설화를 차용했던 에티오피아의 '솔로몬 왕조'도 1974년에 끝났다. 솔로몬에서부터 죽 이어져 온 111번째 황제인 하일레 셀라시에Haile Selassie(1892.7.23~1975.8.27)가 쿠데타로 권좌에서 물러난 것이다. 그러나 에티오피아 사람들은 시바 여왕이 가져왔다는 언약궤가 악숨 어딘가에서 발견될 것이라는 전설을 믿고 있다. 과거의 영광, 지구의 기후가 아프리카의 뿔에 환한 미소를 보냈던 그 시절로 이어지는 마지막 끈 말이다.

그린란드의 비극은
소빙하기 때문

1958년 작 〈바이킹The Vikings〉은 에디슨 마셜Edison Marshall의 원작소설을 영상으로 옮긴 액션 어드벤처 영화이다. 이 영화의 가장 큰 특징은 바이킹의 생활을 알기 쉽게 또 흥미진진하게 그렸다는 것이다. 주인공을 맡은 배우 커크 더글러스Kirk Douglas는 수염이 덥수룩하고 험상궂은 야만인들을 이끌고 습격과 약탈, 살해를 자행하는 족장의 역할을 실감나게 연기했다. 실제로 바이킹은 중세 유럽인에게 오랫동안 공포의 대상이었다.

700년경에 기후가 따뜻해지기 시작했다. 온난기에 접어든 것이다. 농기구가 발달하고 식량생산이 늘어나면서 인구가 급증했다. 오늘날의 노르웨이 지역은 대부분이 산악지역이기에 국토의 3퍼센트만 농지로 이용할 수 있다. 농지가 부족한데 인구가 증가하자 이 지역에 거주하던 사람들은 바깥쪽으로 눈을 돌렸다. 이들은 날렵하고 조작하기 쉬운 배, 돛과 노를 동시에 동력으로 사용할 빠른 배를 만들어냈다. 처음에는 북유럽에서만 생산되는 짐승의 털과 귀한 보석들을 수출해 먹고 살았다. 그러나 시간이 지나면서 유럽 지역을 습격하여 금은과 보석을 빼앗는 것으로 바뀌었다. 이처럼 침략자 '바이킹Viking'이 만들어진 것은 기후변화 때문이었다. 원래 바이킹들이 살던 스칸디나비아Scandinavia는 해안선이 들쑥날쑥한 피오르fjord* 해안으로 이루어져 있기에 바다를 이용하는 것이 빠르고 편했다. 따라서 항해술이 발달했다.

세계를 휘젓고 다니던 바이킹들은 시간이 흐르면서 약탈자의 위치에서 정착자로 바뀌기 시작했다. 바이킹은 토착민과 융화하여 러시아, 잉글랜드, 프랑스 등의 국가를 세우는 데 큰 역할을 했다. 정착촌을 세우는 것은 포기했지만 북아메리카까지 진출했고, 그린란드에 식민지를 세워 450년간 지배했다.

'에리크Erik the Red'로 알려진 노르웨이 사람이 980년경 살인을 저질러 아이슬란드Iceland로 추방당했다. 그는 그린란드 해안 일대를 뒤지면서 3년을 보냈고, 피오르 안쪽에서 좋은 목초지를 찾아냈다. 아이슬란드로 돌아온 에리크는 '살기 좋은 푸른 땅' 그린란드Greenland를 선전했다. 사람들은 꿈에 부풀어 25척의 배로 그린란드로 떠났다. 그들이 그린란드에서 편안히 정착했다는 소식이 아이슬란드에 전해지자, 그 후 10년 동안 세 차례 이주단이 아이슬란드를 떠나 그린란드로 향했다. 1000년경에는 정착지 두 곳에 정착하여 서쪽 정착지에 약 1,000명, 동쪽 정착지에 약 4,000명이 살았다.

그린란드에 정착한 바이킹들은 북극권에서 약간 아래 위도인 북위 61도와 64도 사이에 위치한 두 정착지에서 살았다. 위도상으로 아이슬란드보다 남쪽이고, 노르웨이의 항구도시 베르겐Bergen과 비슷하다. 그럼에도 그린란드는 아이슬란드보다 훨씬 더 춥다. 아이슬란드는 남쪽에서 흘러오는 난류의 영향을 받지만, 바이킹이 정착한 그린란드의 서쪽 해안은 북극에서 내려오는 그린란드 한류의 영향을 받기 때문이다. 그린란드는

---

* 빙식곡(빙하가 흘러내리면서 침식작용에 의해 생성된 U자형 계곡)이 침수되면서 폭이 좁은 협만이 형성된 해안지형. 경치가 좋아 관광지로도 유명하고 항구 발달에 유리하다.

기후조건상 섬의 99퍼센트가 사람이 살 수 없는 곳이다. 단지 바이킹이 정착한 서해안에 위치한 두 피오르 안쪽에만 푸른 땅이 존재한다. 이곳은 좁은 피오르 내륙으로 깊숙이 들어가 있어서 초목의 성장을 방해하는 차가운 해류, 빙산, 소금기를 띤 물안개, 바람에서 멀리 떨어져 있기 때문이다.

당시는 온난기로 현재의 기온과 비슷했을 것이다. 바이킹이 정착했던 곳의 여름 평균기온이 해안가는 섭씨 5~6도, 피오르 안쪽에서는 10도에 불과하다. 이 온도가 연중 가장 따뜻한 몇 달의 평균기온이다. 게다가 강하고 건조한 바람이 그린란드 빙상에서 걸핏하면 불어온다. 북쪽에서는 얼음 덩어리가 흘러내려오며, 한여름에도 빙산이 피오르를 막아 사방이 짙은 안개에 싸인다. 사람이 살기에 적당한 기후는 결코 아니었다.

바이킹들은 노르웨이에서 키우던 가축비율을 그대로 유지하려고 했다. 젖소와 돼지가 가장 많고 양과 염소는 매우 적었다. 그러나 정착지의 쓰레기 더미에서 찾아낸 동물의 뼈를 방사성탄소 연대측정법 radiocarbon dating*으로 측정해보니 가축비율이 추운 날씨에는 적합하지 않았다는 사실을 금방 깨달았던 것으로 보인다. 돼지는 추운 기후에 거의 적응하지 못하는 동물이고 소도 그린란드의 맹추위에는 키우기 힘들었다. 그러나 양과 염소는 다르다. 추위에 잘 견딜 뿐 아니라 한겨울에 눈을 파서 풀을 찾아내는 능력까지 있다. 바이킹이 정착한 초기에는 소의 숫자와 양과 염소를 합한 수가 비슷했다. 그러나 양과 염소의 숫자가 급격히 늘면서 소의 숫자보다 최고 8배나 많은 적도 있었다. 양과 염소의 비율도 재미있

---

* 방사성 탄소-14의 붕괴를 이용하여 물질의 연대를 측정하는 방법. 탄소-14는 대기 속의 질소가 중성자와 핵반응을 일으켜 생성되는 것으로, 식물이 광합성을 할 때 대기 중의 탄소를 흡수하게 된다. 탄소-14는 방사능을 갖고 있으므로 식물의 세포 안에 남아있게 되고, 식물이 죽은 순간부터 탄소-14가 더 이상 유입되지 않고 붕괴하기 때문에 반감기를 이용하여 식물이 죽은 시점을 알아낼 수 있다. 동물도 식물을 섭취하므로 이 방법을 이용할 수 있다.

다. 아이슬란드에서는 양이 염소보다 6배 정도 많았지만 더 추운 그린란드에서는 염소의 적응력이 양보다 뛰어나 비슷한 숫자의 양과 염소를 키웠다. 염소는 그린란드의 척박하고 메마른 땅에 널려 있는 거친 나뭇가지, 관목, 험한 풀까지 모두 소화했기 때문이다.

그린란드에서 기본적인 식량공급원은 양과 염소가 되었다. 그러나 유제품만으로는 5,000명에 달하던 바이킹이 배불리 먹을 수 없었다. 그린란드의 추운 기후에서 작물 재배는 한계가 있었다. 더구나 그린란드에는 기후변화가 극심했다. 현대에 들어와 다시 그린란드에 정착한 덴마크인도 기후변화로 인한 비극을 겪은 적이 있다. 1966~1967년 겨울은 혹한의 추위와 함께 폭설이 내렸다. 2만 2,000두의 양이 죽어가면서 당장 생존의 문제가 대두했다. 강추위가 이어진 1959~1974년 하프 바다표범 Harp seal의 수는 평균 2퍼센트 떨어졌다. 지금이야 유럽에서 식량을 조달할 수 있지만 당시 바이킹들은 소빙하기로 바다가 얼면서 식량 조달이 불가능했을 것이다.

1400년대 초반 온난기가 끝이 나면서 소빙하기가 닥쳐왔다. 건초 생산량이 급격히 줄었고, 그린란드와 노르웨이를 잇는 해로가 결빙되었다. 해로가 결빙된다는 것은 노르웨이로부터 식량이나 목재 등의 공급이 끊긴다는 것을 의미한다. 결국 바이킹들은 그린란드에서 생산하는 것으로 자급자족해야 하는 처지에 놓였다. 목축과 식량재배와 사냥을 결합시킨 경제 덕분에 바이킹들은 넉넉하지는 않았지만 살아남을 수 있었다. 그러나 기후가 변하면서 강한 추위가 닥쳐오자 경제의 근간이 무너지기 시작했다. 여름은 짧고 추워지면서 안개와 비가 많이 내려 식량생산은 줄어들었다. 기후가 좋았던 때에도 동쪽은 그런대로 수확했지만 서쪽 정착지의 건초생산은 아슬아슬했다. 여름에 평균기온이 1도만 떨어져도 건초 생산량은 곤두박질쳤다. 당시 기록된 노르웨이 문헌에 따르면 바이킹 중에는 밀, 빵, 보리를 발효시킨 맥주를 평생 구경조차 못한 사람이 대부분이었다고 한다. 극한의 삶을 살았다는 증거다. 어쨌든 생존하기 위해 바이킹들은 순록과 바다표범을 잡아 부족한 식량을 채웠다. 사람이 살기가 그렇게 어려웠음에도 984년부터 1400년대 초까지 거의 5세기 동안 그린란드는 유럽에서 가장 추운 곳에 세워진 문명이었다. 이곳에 거주하는 이들은 노르웨이로부터 부족한 식량과 필요한 물품을 일부 공급받았다. 교회를 세웠고, 라틴어와 고대 노르웨이어로 글을 썼으며, 철로 연장을 만들었고, 가축을 키웠다. 유럽의 최신 유행을 따라 옷을 입었다.

소빙하기가 닥쳐오면서 눈이 내리는 춥고 긴 겨울은 가축과 순록의 번식을 방해했다. 한 해 정도 기후가 나빠 가축을 잃고 작물 재배가 줄더라도 다음 해에 기후가 좋아지면 가축의 개체 수를 복구할 수 있다. 혹바다표범과 순록을 충분히 사냥해서 먹을 것을 보충할 수 있었다면 바이킹들은 살아남을 수 있었을 것이다. 떠내려 오는 빙하가 늘고 해수온도가 낮아지면서 물고기들이 찾아오지 않았다. 물고기를 먹고 사는 바다표범도 사라졌다. 혹독한 기후가 계속되면서 이들은 더 이상 버틸 수가 없었다. 어느 날 그린란드의 바이킹은 역사 속에서 사라졌다.

고기후학자들은 왜 그린란드의 바이킹 문명이 멸망했는지 궁금했다. 이들은 과거 날씨를 연구하는 중에 얼음층 분석을 했다. 그린란드에는 매년 눈이 쌓이면서 빙상氷床*으로 변한다. 얼음을 구성하는 물에는 산소가 함유되어 있다. 그런데 산소는 세 가지 다른 동위원소**로 이루어진다. 이것을 분석하다 보면 당시의 날씨를 추정해 낼 수 있다. 얼음층으로 알아낼 수 있는 기후의 요소 중 가장 중요한 것은 거센 바람이다. 강한 바람은

---

* 대륙의 넓은 지역을 덮는 빙하.

** 동일한 원소로서 양자수는 일정하지만 중성자 수가 다르기 때문에 질량이 다른 원소

바다의 먼지와 염분을 내륙 깊숙이 빙상으로 이동시켜 준다. 빙상을 분석해보면 해수의 나트륨이온과 함께 대륙 내부의 먼지 농도까지 알아낼 수 있다. 만일 어떤 얼음층에서 나트륨 양이 높다면 그해는 바람이 강했던 해였고, 먼지가 많이 발견되면 바다보다 내륙에서 바람이 강하게 불었던 것으로 분석할 수 있다. 800년부터 1300년까지의 얼음층을 분석해 보니 그린란드의 당시 기후는 상대적으로 따뜻했다. 요즘보다 더 따뜻했기에 '중세 온난기'라 부르는 것이다. 바이킹들은 농사짓기도 좋고 건초를 키워 목축하기에 적합할 때 그린란드에 들어간 것이다. 그러나 1300년경 소빙하기가 닥치면서 그린란드의 기후조건은 사람이 살기에 어려운 상태로 변하고 만다. 소빙하기가 절정에 이르면서 그린란드, 아이슬란드, 노르웨이를 잇는 바다에 여름에도 유빙이 늘어났다. 이 때문에 그린란드의 바이킹은 완전히 고립되고 말았다. 이누이트족은 반달바다표범을 사냥하면서 이런 추위로 인한 변화를 견뎌냈지만, 목축을 경제의 터전으로 삼던 바이킹들은 이런 변화를 이겨내기 힘들었다. 뒤에서 다시 보겠지만 소빙하기는 노르웨이령 그린란드의 붕괴를 재촉한 한 요인이었다.

　기후변화는 어떤 때는 사람들에게 유리할 수도 있고 다른 경우에는 불리할 때도 있다. 역사는 수없는 세월 중에서 기후변화에 적응했던 문명과 멸망한 문명을 보여준다. 마야 문명이나 메소포타미아 문명처럼 대가뭄으로 멸망한 문명이 있는가 하면 핏케언 문명처럼 살아남은 문명도 있었다. 중요한 것은 많은 문명이 환경 자원을 완전히 고갈시키지 않으면 웬만한 기후변화에서도 살아남았다는 것이다. 그러나 환경 파괴와 기후변화가 겹치면 그 문명은 파국으로 치달았다.

　심각한 기후변화와 환경 파괴로 바이킹들은 사라졌지만 이누이트족은 살아남았다. 이누이트족은 온난기로 결빙된 바다가 녹으면서 1200년경 베링Bering 해를 건너 그린란드로 이주해왔다. 이누이트족은 북극권에서

바이킹이 건설한 그린란드의 교회 유적. 심각한 기후변화와 환경 파괴로 바이킹이 그린란드에 건설한 식민지는 멸망했다.

수천 년을 지내면서 가혹한 기후를 이겨내는 방법을 터득했다. 그들은 눈으로 이글루를 지었고, 고래와 바다표범의 기름을 태워 집을 난방하고 조명을 밝혔다. 배의 골조에 바다표범 가죽을 씌워서 배를 만들어 먼 바다로 나가 고래를 사냥했다. 식량부터 연료, 주택까지 자연을 이용하며 산 것이다.

그러나 바이킹들은 추워지는 기후에 속수무책이었다. 이들은 이누이트족의 삶을 모방하거나 협력하는 방안도 택하지 않았다. 역사학자들은 이들이 엄격하게 통제된 사회였기에 족장들은 새로운 패러다임으로 위기를 극복할 사고조차 하지 못했다고 말한다. 이런 것이 그린란드의 바이킹 문명을 멸망시켰다는 것이다. 우리는 유럽 탐험가들이 북극에서 성공했던 것이 이누이트족의 방식을 최대한 받아들였기 때문이었다는 것을 알아야 한다. 로버트 에드윈 피어리Robert Edwin Peary와 로알 아문센Roald Amundsen은 이누이트족의 생활방식을 받아들였고, 그들의 협조를 최대한

I. 스러져간 문명 · 39

이끌어내어 북극탐험에 성공할 수 있었다.

바이킹이 북대서양 섬에 세운 6개의 식민지가 소빙하기에 다 멸망한 것이 아니다. 오크니 제도, 페로 제도, 셰틀랜드 제도의 식민지는 생존에 위협을 별로 받지 않고 1,000년 이상 존속했다. 아이슬란드 식민지 또한 마찬가지다. 그러나 그린란드에 세운 식민지만은 사라지고 말았다. 그린란드의 역사는 가혹한 기후변화에서도 붕괴가 필연적인 결과는 아니며 적응의 부분도 있다는 것을 우리에게 잘 보여준다. 바이킹이 정복한 다섯 지역 중 하나인 아이슬란드가 가장 취약한 환경을 이기고 풍요로운 나라로 변한 것도 우리에게 시사해주는 바가 많다. 그래서 그린란드에서 겪은 바이킹의 비극은 오히려 희망의 메시지일 수도 있다. 사람이 기후환경에 어떻게 대처하느냐에 따라 운명이 달라진다고 말해주기 때문이다.

티와나쿠와 아나사지 문명을
무너뜨린 대건조기

"홍수에다 우박을 동반한 폭풍, 산사태, 둑 붕괴 등 비 피해가 잇따라 국가 전역에 비상사태를 선포합니다."

남미 지역에 폭우로 엄청난 인명 및 재산 피해가 속출하면서 볼리비아는 2010년 1월 30일 국가 비상사태를 선포했다. 이날 볼리비아 남쪽 페루의 산악지역에 있는 잉카 문명 유적지 마추픽추Machu Picchu에도 폭우가 쏟아져 관광객들이 조난하는 사고가 발생했다. 우리나라 관광객도 18명이 조난당해 TV방송에 연일 보도되었다. 안데스 지역은 연평균강수량이 100밀리미터가 채 되지 않는 비가 적게 내리는 지역이다. 그런데 며칠 사이에 그 몇 배기 넘는 400밀리미터 이상의 폭우가 쏟아져 비상사태까지 선포한 것이다. 왜 이런 일이 발생한 것일까? 바로 '아기 예수' 때문이다.

해마다 크리스마스가 지난 후에는 평시와 달리 따뜻한 해류가 남미의 페루 해안을 따라 남쪽으로 흐른다. 어떤 해는 해류가 더 강해지면서 더 멀리 남쪽까지 흘러가 매우 따뜻해진다. 따뜻한 해류로 수증기가 증발하면서 해안선에 평년보다 다소 많은 비가 내린다. 그러면 페루와 에콰도르의 해안 농사는 풍년이 든다. 이 지역 사람들은 예수 탄생일 이후 풍년의 기쁨이 오기에 이 현상을 '엘니뇨El niño'라고 불렀다. 엘니뇨는 '아기 예수'

남태평양의 해류

를 뜻하는 말이다. 기록을 보면 안데스 산지에 사는 인디오들은 밤하늘을 올려다보고 엘니뇨가 다가오는 것을 알았다고 한다. 연안의 바닷물이 따뜻해짐에 따라 대기 중의 수증기가 많아지면 별이 희미하게 보이기 때문이다. 이런 현상이 일어나면 습한 계절이 따라온다는 것을 알고 모든 땅에 씨를 뿌렸다고 한다. 엘니뇨라는 이름은 귀엽고 아름답다. 그러나 조금 세지면 심술궂은 말썽꾼이 된다. 여기에 지나치게 바닷물이 따뜻해지면 남미 지역에 폭우를 가져오는 등 전 세계 기후를 뒤죽박죽으로 만드는 난폭자가 된다. 기상학적으로 엘니뇨는 페루 앞바다의 바닷물 온도가 평년보다 높아지는 현상을 의미한다.

 2009년 12월부터 2010년 2월까지 유럽과 미국 동부지역, 동아시아 지역에 혹한과 폭설이 몰아쳤다. 미국의 워싱턴 DC는 도시기능이 마비되고 남반구에서는 호주와 남미 지역에 폭우·폭염 현상이 발생했다. 기상학자들은 지구온난화와 엘니뇨가 만나 만들어낸 작품이었다고 말한다. 엘니뇨와 반대되는 현상이 '라니냐La niña'다. '어린 소녀'라는 뜻의 라니냐는 페루 앞바다의 해수온도가 평년보다 낮아질 때 발생한다. 라니냐가 발생하면 페루를 비롯한 태평양 연안의 남미 안데스 지역으로 가뭄이 찾아오고 지구촌은 극심한 기상재앙이 발생한다. 페루 앞바다의 해수온도 변화가 전 지구의 기상현상을 쥐고 흔드는 것이다. 엘니뇨와 라니냐의 극심한 기후변동 시기에 남미의 많은 문명이 역사에서 사라졌다. 그중 하나가 '티와나쿠Tiwanaku' 문명이다.

티와나쿠 문명은 우리가 잘 알고 있는 잉카 문명 이전에 안데스 산맥에 있었던 가장 부유하고 강력한 문명이다. 티와나쿠 문명은 오늘날의 볼리비아, 칠레, 페루가 위치한 티티카카Titicaca 호수 주변의 넓은 지역에 위치했다. 현재 발견되는 고대 도시유적은 티티카카 호수 남동쪽 부근, 라파스La Paz에서 약 72킬로미터 떨어진 곳에 있다. 티와나쿠는 기원전 200년 무렵 농업에 기반을 둔 작은 마을로 세워졌으나, 점차 성장하여 서기 600~800년 사이에 안데스 산맥의 강력한 제국으로 성장했다. 최근의 위성 이미지 기법으로 판단해보면 티와나쿠의 주요한 3개의 계곡을 포함한 지역에 최대 약 148만 2,000명의 원주민이 살았을 것으로 분석된다.

티와나쿠 경제의 핵심은 정교한 집약적 농업 시스템이었다. 티와나쿠인들은 언덕 사이에 편평한 경작지를 만들었다. 운하를 만들어 물을 끌어들였고, 태양열을 가두는 방법을 이용해 농사를 지었다. 농작물에 가장 큰 피해를 주는 서리피해를 막는 방법도 사용했다. 이들은 커져가는 제국에 식량을 대기 위해 비옥한 해안 계곡지대로 영토를 확장했다. 길을 따라 남쪽으로 약 800킬로미터에 이르기까지 그 영향권을 확대해 나갔다. 수세기 동안 이러한 시스템은 넓은 경작지에서 풍족한 곡식을 수확하게 만들었다. 티와나쿠는 안데스 지역의 정치 · 경제를 지배하는 강력한 세

페루 남부에 위치한 켈카야 빙하의 모습. 놀랍게도 옛날 이곳에서 티와나쿠 문명이 꽃을 피웠다.

력이었다. 그러나 어느 날 풍성했던 티와나쿠 문명이 갑자기 사라져 버렸다. 도대체 어디로 간 것일까? 외계인이 데려간 것일까?

많은 과학자들은 티와나쿠 문명이 왜, 어떻게, 어디로 사라졌는지에 대해 연구를 시작했다. 최근에 와서 비밀이 벗겨지기 시작했다. 외계인이 데려간 것이 아니라 대건조기의 가뭄이 티와나쿠 문명을 거두어간 것이다. 시카고대학교University of Chicago의 고고학자 앨런 L. 콜라타Alan L. Kolata는 티와나쿠 문명이 있었던 켈카야Quelccaya의 얼음 시추물을 분석했다. 분석에 의하면 서기 950~1000년 사이에 시작하여 1410년까지 강약을 반복하면서 지속된 가뭄이 있었다는 것이다. 콜라타 교수는 분석을 통해 가뭄이 천천히 제국의 농업 기반을 무너뜨리기 시작했을 것이라고 말한다. 티와나쿠인들은 경작지의 위치를 조정하거나 물을 가두는 방법을 개발함으로써 재앙을 피하려 했다. 심각하지 않은 가뭄은 이런 방법으로 견딜 수 있었다. 그러나 오래 지속된 극심한 가뭄을 극복할 수는 없었다. 서기

1000~1100년 사이에 최악의 가뭄이 닥쳐왔다. 티와나쿠는 경제적으로 붕괴하면서 폐허로 변하기 시작했다. 콜라타 교수는 이 당시에 닥친 가뭄을 '끔찍한 시기'라고 표현한다.

이와는 다른 방법으로 티와나쿠 문명이 가뭄으로 멸망한 것을 증명한 학자들이 있다. 프랑스 몽펠리에대학교Universités de Montpellier 연구팀은 호수의 침전물에 보존되어 있는 진드기 화석을 이용했다. 라마의 배설물이 많으면 이를 먹고 사는 진드기도 자연스럽게 많아지기 때문에 진드기 화석을 통해 라마 떼의 규모를 추정할 수 있다. 라마 떼의 규모를 보면 당시 인구 등을 어느 정도 파악할 수 있다는 점에 착안했다. 연구 결과 티와나쿠 문명은 11세기에 기온이 올라가면서 가뭄이 오자 안데스 산맥 고지대로 이동했으며, 가뭄 등으로 인해 급격히 쇠퇴한 것으로 나타났다.

티와나쿠 문명에서 섬기는 최고의 신은 비라코차viracocha다. 척박한 안데스 산맥에서 생존하기 위해 가장 필요한 것이 햇빛과 비였다. 그러기에 최고의 신은 머리에 태양을 이고, 손에는 번개를 들고 비를 내리는 모습으로 그려졌다. 그러나 그들의 최고신 비라코차마저도 가뭄을 막을 수는 없었다. 엘니뇨와 라니냐의 변동으로 생긴 극심한 기후변화에 대응을 하지 못한 티와나쿠 문명은 결국 역사의 뒤안길로 퇴장하고 말았다. 기후가 안데스 산맥에 세운 거대한 제국을 멸망시키면서 역사를 바꾼 것이다.

티와나쿠 문명의 가장 큰 특징은 큰 돌로 만든 기념비적 건축물이다. 40킬로미터 이상 떨어진 곳에서 운반해온 돌을 직사각 모양으로 만들어 규칙적으로 쌓아 올려 건축물을 만들었다. 정교한 배수排水시스템까지 있는 티와나쿠 유적들은 2000년 유네스코 세계문화유산으로 지정되었다. 그런데 이와 관련하여 웃지 못할 에피소드가 있다.

티와나쿠 문명의 유적이 있는 볼리비아에서 관광수입을 늘리기 위해 흙벽돌로 피라미드를 만들었다. 그런데 티와나쿠 문명의 가장 큰 특징은 돌로 만든 건축물이다. "누가 보더라도 당시 피라미드는 돌을 쌓아 만든 게 분명한데…"라며 고고학자들은 고개를 젓고 있다. 게다가 아무런 고증도 거치지 않고 피라미드 벽에 잔뜩 그림을 그려 넣었다. 최악은 부실공사를 하는 바람에 피라미드가 무너질 위험이 있다는 것이다. 유네스코는 "건축양식이 완전히 조작된 것으로 드러나면 세계문화유산 리스트에서 티와나쿠를 제명할 예정"이라고 발표했다. 국 쏟고 손 데이고 그릇 깨뜨리는 격이랄까? 관광수입을 늘려보려는 욕심에 억지 피라미드를 세워 돈은 돈대로 들고, 욕만 잔뜩 먹고, 관광수입마저 완전히 끊길 수도 있다는 안타까운 이야기다.

남미에서 대가뭄으로 티와나쿠 문명이 몰락했다면 북미에서는 아나사지Anasazi 문명이 비슷한 시기에 사라지고 만다.

"항아리 입구의 둥근 원을 따라서 뱀을 그린 것은 무슨 뜻입니까?"

"그 뱀은 물뱀이지요. 우리는 뱀을 물의 징조로 여겨요. 우리가 늘 뱀을 보고 생각하며 기도하지 않으면 우리의 땅은 말라버리고, 더 이상 살 수 없을 것이라고 믿고 있어요."

미국 뉴멕시코 주에 사는 푸에블로 인디언의 말이다. 이들은 항아리의 문양에까지 비를 간구하는 뱀을 그리고 자나 깨나 비를 달라고 기도한다. 비가 적은 이 지역에서는 물이 생명에 절대적이기 때문이다. 이들은 축제일이 되면 독특한 전통 춤을 춘다. 병을 치료하기 위한 춤이나 농사가 잘되기를 비는 의식, 풍년을 비는 의식 등을 치른다. 이 중 가장 중요한 춤과 의식은 비를 불러오는 기도의식이다. 이들이 비를 절대적으로 생각하는 이유는 그들의 선조가 대가뭄으로 찬란했던 문명에서 쫓겨났던 아픈 역사를 갖고 있기 때문이다.

뉴멕시코의 앨버커키Albuquerque를 벗어나 서쪽으로 달리면 건조사막지대가 나온다. 북쪽으로 방향을 틀면 암벽과 골짜기가 이어지는 협곡에 접

옛날 푸에블로족은 넓적한 암벽의 밑과 틈에 돌과 진흙으로 건물을 지었다. 대가뭄이 닥치자 이들은 생존을 위해 방어하기 좋은 가파른 절벽 위로 옮겨갈 수밖에 없었던 것이다.

어든다. 이곳은 미국 남서부 중앙 콜로라도, 유타, 애리조나, 뉴멕시코 등 4개 주가 맞닿아 있는 곳이다. 이 지역의 연 강수량은 220밀리미터로 우리나라의 6분의 1 정도에 불과하다. 매우 건조한 기후가 나타나는 이 지역의 북쪽과 남쪽의 암벽 사이 분지에 문명의 흔적이 남아있다. 바로 아나사지 문명이다.

얼핏 보면 군데군데 나무가 위태롭게 붙어있는 절벽뿐이다. 주변이 침엽수로 뒤덮여 있고, 복잡한 지형이 유적을 감추고 있다. 1874년에 우연히 발견될 때까지 이곳은 비밀의 유적지였다. 그러나 이곳에 인디언들은 수평으로 튀어나온 넓적한 암벽의 밑과 틈에 돌과 진흙으로 건물을 지었다. 방이 220개나 되고, 침실과 거실도 있다. 그들이 가장 중요하게 생각한 '키바Kiva'라 불리는 예배실까지 갖추고, 최소한 1,000명이 넘는 사람이 모여 살았을 것으로 추정한다. 현대적 개념의 아파트가 절벽 중간에 만들어진 것이다. 도대체 무엇 때문에 푸에블로족은 그런 벼랑에 집을 지었을까?

이 지역 유적은 '아나사지 문명'이라고 불린다. 아나사지는 '옛날의 것'이라는 뜻이다. 고고학자들은 100년경부터 이 지역에 인디언들이 정착해 살기 시작했다고 추정한다. 여러 시기를 거쳐 '발달 푸에블로 시기(700~1050년)'라 불릴 때 문명이 가장 발달했다. 그 이후에 점차 쇠퇴하면서 '고전 푸에블로 시기(1050~1300년)'에 절벽에 주택을 짓고 살기 시작했다. 따라서 현재 남아있는 아나사지 절벽 유적은 '고전 푸에블로 시기'에 만들어진 것이다.

나무의 나이테를 이용해 과거 기후를 조사하는 수령연대 측정학에 따르면 400~500년경부터 이 지역 강수량이 늘었다고 한다. 이에 수렵과 채집에 의존해 떠돌이 생활을 하던 인디언들이 정착하기 시작했다. 그들은 옥수수와 콩 등을 기르기 시작했고 관개와 저수시설도 만들었다. 인구도 급격히 늘어났다. 그런데 900~1000년대 극심한 가뭄이 닥쳐왔다. 평지와 골짜기에 살던 인디언의 인구가 급격히 줄었다. 숲과 농지가 고갈되어 사회의 생태적 기반이 취약해졌기 때문이다. 많은 사람들이 대기근으로 죽었다. 고기후학자들은 남은 소수의 사람들이 생존을 위해 방어하기 좋은 가파른 절벽 위로 옮겨갈 수밖에 없었다고 말한다. 그런데 가뭄으로 절벽생활을 택해 약 150년간 아나사지 유적지에서 살던 인디언들은 1300년대 들어 홀연히 사라졌다. 유적지에는 비극의 흔적만이 남아있었다. 머리 가죽을 벗기다 생긴 두개골의 상처나, 몸 속에 화살촉이 발견된 해골이나, 인육을 먹다 생긴 잇자국 등이다. 고기후학자들은 1276~1299년 발생한 가뭄 때문에 아나사지 문명이 멸망했을 것으로 판단한다. 유적의 비참한 흔적은 대가뭄 시기의 마지막 무렵 겪었던 극심한 식량부족을 나타낸다는 것이다.

사람들은 대가뭄으로 한 문명이 어떻게 흔적도 없이 사라질 수 있느냐는 말을 한다. 그러나 강수량의 급격한 감소로 발생하는 대가뭄의 피해는 우리의 상상을 초월한다. 1930년대 미국의 극심한 가뭄과 폭풍의 대명사인 '더스트 보울Dust Bowl'은 가뭄이 인류의 생존에 얼마만큼의 영향을 주는지를 생생하게 보여 주었다. 가뭄으로 모래폭풍이 가장 심했던 1934~1940년, 수백만 에이커에 달하는 대평원의 표토가 어마어마한 폭풍에 날려 가버렸다. 가뭄으로 생긴 모래폭풍으로 오클라호마 전체 인구의 85퍼센트 이상의 사람들이 살던 땅을 떠나 서부로 이주해 갔다. 그런데 놀라운 점은 이런 사태를 만든 것이 연평균강수량이 불과 25퍼센트 줄어들었기 때문이라는 것이다. 그 정도의 강수량 감소만으로도 경작하던 땅이 다 날아가고, 모래언덕만 남았던 것이다. 그러니 40퍼센트 이상 강수량이 줄었을 것으로 추정되는 아나사지 유적지의 인디언들은 도저히 견딜 수 없었을 것이다.

그런데 연평균강수량이 200밀리미터에 불과한 척박한 곳의 절벽에 삶의 터를 마련했던 푸에블로족은 생명과 다름없는 물을 어떻게 구했을까? 아나사지의 절벽을 이루고 있는 돌은 사암砂巖이다. 모래가 굳어져 된 바위라 수분을 흡수한다. 사암 속에 빨려 들어간 물은 오랜 시간을 두고 아래로 내려간다. 사암의 아래쪽엔 틈이 거의 없는 혈암Shale층이 자리 잡고 있다. 사암을 통과해 내려온 물은 혈암층에 막혀 아래로 더 이상 내려가지 못하고 고여 샘물이 된다. 놀라운 신의 섭리가 아닌가? 바위 절벽 중간에 샘물이라니……. 그러나 바위 속을 타고 내려오는 물이 많아야 얼마나 많았을까. 한 방울 한 방울 떨어지는 물은 원주민들에겐 정말 피 같은 생수였을 것이다.

"한 뼘의 땅일지라도 소중한 것을 지키라 / 홀로 서 있는 한 그루 나무일지라도 그대가 믿는 것을 지키라 / 먼 길을 가야 할지라도 그대가 해야만 하는 일을 하라 / 포기하는 것이 쉬울지라도 삶을 지키라 / 내가 멀리 떠날지라도 내 손을 잡으라."

- 푸에블로족의 축복 기도 중에서

지구온난화로 기후변화의 폭이 넓어지면서 물 부족 국가인 우리나라도 언제 대가뭄이 닥쳐올지 예측하기가 어렵다. 가뭄에 대비하는 다양한 대책을 지금부터 하나하나 세워나가야 하지 않을까?

핏케언과 이스터 섬의
문명 붕괴

"식량난에 시달리던 유럽을 구원할 나무는 빵나무."

남태평양의 타이티 섬^{Ile de Tahiti}에서 빵나무^{Breadfruit}를 싣고 영국으로 돌아가던 군함 바운티호에 반란이 일어난다. 사람의 생명을 우습게 아는 선장의 포악한 지휘에 1등 항해사인 플레처 크리스천^{Fletcher Christian}이 주도하여 반란을 일으킨 것이다. 이들은 선장 등 19명을 보트에 태워 추방한다. 추방당한 선장 일행은 48일간의 표류 끝에 본국으로 살아 돌아간다. 이들은 반란자들을 잡기 위해 타이티 섬으로 돌아온다. 선장 일행이 자기들을 잡으러 왔다는 것을 안 크리스천은 부하와 가족과 함께 핏케언^{Pitcairn} 섬으로 달아나 행방을 감추어 버린다. 실화를 바탕으로 소설과 영화가 만들어진 〈바운티호의 반란^{Mutiny on The Bounty}〉의 줄거리이다.

1790년 핏케언 섬으로 달아난 크리스천 일행은 무인도인 이곳에 정착한다. 그들을 뒤쫓는 영국 전함을 피할 수 있고, 사람이 살기에 적합한 곳이었기 때문이다. 그들은 섬을 정찰하는 동안 신전 터와 암면 조각, 돌연장 등 옛날에 사람들이 살았다는 흔적을 곳곳에서 발견했다. 대체 핏케언 섬에 어떤 일이 있었기에 원주민이 감쪽같이 사라진 것일까?

남동폴리네시아에는 사람이 살던 3개의 유인도가 있었다. 이 중 풍부한 천연자원으로 인해 가장 많은 사람이 살았던 곳이 망가레바^{Mangareva} 섬이다. 이 섬은 직경 24킬로미터가 약간 넘는 커다란 석호와 24개의 사화산 섬을 포함하여 10평방마일을 넘지 않는 산호섬들로 이루어져 있다. 어족자원이 풍부하고 넓지는 않지만 농경지도 있어 농사를 지을 수 있었다. 망가레바 섬은 수천 명의 주민을 넉넉히 먹여 살릴 수 있는 곳이었다.

면적이 2.5평방마일 정도인 사화산 섬인 핏케언 섬은 망가레바에서 남동쪽으로 480킬로미터 떨어진 곳에 있다. 망가레바 섬 사람들은 도구를 만들기 위한 돌이 있는 핏케언 섬과 교역을 시작했다. 핏케언 섬은 망가레바 섬에 비해 주거조건이 좋은 편은 아니었다. 샘도 있었고 카누를 만들 수 있는 큰 나무도 있었다. 그러나 가파른 지형 때문에 농사 지을 면적이 적었다. 주변 바다에 산호초가 없어 고기를 잡기도 불리했고 조개도 적었다. 과학자들은 당시 핏케언 섬에 살던 주민은 100명을 넘지 않았을 것으로 추정한다. 오늘날 핏케언 섬에서 살고 있는 '바운티호 반란자'의 후손들과 폴리네시아인을 모두 합해도 52명밖에 되지 않는 것을 보면 말이다.

뉴질랜드 오타고대학교$^{University\ of\ Otago}$의 고고학자 마셜 와이슬러$^{Marshall\ Weisler}$가 핏케언 섬에서 약 8개월 동안 진행한 발굴 작업을 통해, 이 섬의 정보가 조금씩 드러나기 시작했다. 와이슬러는 고고학적 발굴을 통해 핏케언 섬에 대대적인 삼림 파괴와 토양 침식이 있었음을 알아냈다. 환경 파괴는 사람들이 살 수 있는 수용력을 크게 줄이면서 점차 섬의 문명을 붕괴시킨다. 그가 유적 분석을 통해 알아낸 것은 9종의 육지 새 중 3종의 큰 비둘기를 포함해서 5종이 멸종했고, 이 섬에서 서식하던 바닷새 중 6종이 사라졌다는 것이다. 새들이 사라진 후부터 좁은 경작지가 더 많이 개간되었다. 바다와 새 등의 식량 자원이 감소하면서 좁은 면적의 경작에 의존하게 되었다는 것이다. 생존을 위한 사냥과 화전으로 인한 서식지 파괴 등이 붕괴를 더욱 가속시켰다. 여기에 핏케언 섬에 살던 사람들이 사라진 것은 수백 킬로미터 떨어진 교역 상대 망가레바 섬의 환경 재앙과 밀접한 관계가 있다고 말한다. 이스터 섬이 인간의 환경 훼손으로 붕괴한 전형적인 예라면, 핏케언 섬은 환경적으로 타격을 입은 교역 상대국의 몰락에 따른 붕괴의 전형적인 예라는 것이다.

와이슬러는 날씨의 영향에 대해서는 언급하고 있지 않다. 그러나 폴리네시아와 태평양 지역은 엘니뇨 현상이나 라니냐 현상 등 바다에서 일어나는 해수면 온도 변화에 큰 영향을 받는다. 엘니뇨가 발생하면 칠레 앞바다에서 잡히는 멸치류가 평년의 5퍼센트도 채 잡히지 않는다. 멸치를 먹고 사는 새들이 먼저 죽어가고 사람들이 타격을 받는다. 강수량의 변화도 극심하다. 지역에 따라 엄청난 가뭄이 닥친다. 이런 현상이 발생하면서 물고기와 새들이 사라지고, 식량마저 생산이 줄어들면서 자생력이 약한 핏케언 섬은 붕괴할 수밖에 없었던 것이 아닐까? 외부에서 식량을 조달할 경로가 파괴되었을 때 조그만 섬에 세워진 문명은 취약해질 수밖에 없다. 여러 유적의 상황으로 판단하여 볼 때 엘니뇨나 라니냐 등의 현상이 무차별적인 벌목과 환경 파괴를 가져오고, 이런 것들이 정치·사회적 혼란을 초래했으며, 카누용 목재의 부족으로 교역까지 끊어지면서 비극적인 상황이 발생했다고 추정할 수 있는 것이다.

핏케언 섬에서 사람들이 완전히 사라진 이유는 그들의 생명줄이던 망가레바 섬과의 교역이 중단되었기 때문이라고 학자들은 말한다. 망가레바 섬과의 교역 중단은 엘니뇨나 라니냐 등의 기상현상이 불러왔을 것이라고 추정해 볼 수 있다. 그런데 이 섬에도 분명 왕이나 족장 같은 리더가 있었을 것이다. 왜 그들은 문제를 인식하고 해결책을 모색하지 않았을까? 그들이 감당할 수 없을 만큼 외적인 요인이 컸던 것일까?

어느 문명은 몰락하고 어느 문명은 살아남는다. 몰락하는 문명의 공통점은 지도자들이 미래에 대한 비전을 갖고 있지 않다는 것이다. 이들은 국민의 삶을 위해 애쓰기보다는 돈을 버는데 급급하다. 또 외국과 전쟁을 벌이며 자기의 업적을 위해 거대한 기념물을 만든다. 전쟁과 기념물을 만드는 비용은 모두 국민에게 세금으로 부과한다. 국민의 삶은 더욱 피폐해질 수밖에 없고, 결국 문명도 몰락하고 만다. 핏케언 섬은 극심한 기후변화의 와중에 지도자들이 미래에 대비하지 않으면서 몰락한 대표적인 예라고 할 수 있다.

두 번째 이야기는 신비의 모아이 석상으로 가득 차 있는 이스터 섬$^{Easter\ Island}$* 이야기다. 1968년 스위스인 에릭 폰 다니켄$^{Erick\ von\ Daniken}$이 다소 황당한 주장을 했다.

"이스터 섬의 거대한 석상 모아이는 외계인들이 만든 작품입니다."

그러나 이러한 주장은 처음이 아니었다. 모아이가 외계인의 작품이라는 주장은 이 섬이 처음 발견되면서부터 나왔다.

"오후 시계로 모래시계를 열 번째 쟀을 즈음, 앞에서 항해하던 아프리카안 쉬 갈레이호가 바람을 가르며 나아갔다. 육지가 보인다는 신호를 보내고 있었다. 편평한 섬 하나가, 우리의 눈에 들어왔다. 우리는 그 섬을 이스터 섬$^{Easter\ Island}$이라 이름 붙였다. 이 섬을 발견한 날이 바로 부활절이기 때문이다."

이스터 섬을 처음 발견한 네덜란드의 야코프 로헤벤$^{Jacob\ Roggeveen}$의 항해일지에 나오는 기록이다. 그는 나무가 한 그루도 없는 이 섬에서 어떻

---

* 칠레 서쪽 남태평양에 있는 섬. 네덜란드 탐험가인 J. 로헤벤이 1722년 부활절(Easter day)에 상륙한 데서 이스터 섬이라는 이름이 붙었다. 20개 가까운 화구가 있는 화산섬으로 거의 삼각형이다. 토지의 대부분은 칠레 정부가 소유하며, 양과 소의 방목에 이용되고 있다. 수목은 없고 초원이며, 물은 적은 편이다.

이스터 섬의 모아이 석상. 이스터 사람들은 모아이 석상 제작을 위해 굴대와 밧줄을 만들 나무를 모조리 베어냈고, 이는 멸망의 전초가 되었다.

게 이런 거대한 석상을 세울 수 있었는지 경탄했다. 이스터 섬에는 일반적으로 3.5~5.5미터에 이르는 모아이 석상 900여 개가 섬 곳곳에 놓여 있다. 보통은 무게가 20톤 정도이나 큰 것은 높이가 10미터에 무게도 90톤이나 되는 것도 있다. 로헤벤은 사람의 힘으로는 이런 거대 석상을 만드는 것이 불가능하고 초자연적인 존재가 한 일이라고 생각했다.

이스터 섬은 폴리네시아^{Polynesia}* 지역인 태평양의 동부 한 가운데에 있다. 칠레로부터 약 3,700킬로미터, 핏케언 제도로부터 2,075킬로미터 떨어져 있는 절해고도라 할 수 있다. 이스터 섬의 원주민들은 약 2,900년 전부터 폴리네시아에서 카누로 이주하여 왔을 것이라고 역사학자들은 말한다. 이스터 섬은 삼각형에 가까운 모양을 하고 있다. 꼭짓점에 해당하는 3개의 화산과 70여 개의 기생화산의 분출물이 만든 섬이다. 이스터 섬의 북단에 있는 테레바카^{Terevaka} 화산은 가장 나중에 폭발한 화산으로 높이는 510미터 정도이다. 20만 년 전에 이 화산에서 폭발하면서 흘러내린 용암이 섬 표면의 95퍼센트를 뒤덮고 있다. 이스터 섬의 원주민들은 이스터 섬을 '라파누이$^{Rapa Nui}$'라 부르는데, 이는 '커다란 땅'이란 뜻이다.

주변 바다 지형은 급경사를 이루고 있다. 섬으로부터 200미터 떨어진 곳의 수심도 약 1,000미터에 달하며 화산 경사면이 끝나는 지점의 수심은 8,000미터에 달한다. 폴리네시아에 속한 섬으로는 이례적으로 산호초가 거의 없다. 바닷물의 온도가 겨울에는 섭씨 21도까지 떨어지기 때문에 산호초가 살기에는 적당하지 않기 때문이다. 산호초가 없다보니 바다로부터 오는 폭풍과 파도를 막아주는 방벽이 없다. 따라서 북쪽 지역에 300미터 높이에 달하는 가파른 절벽이 생겼다. 남쪽 해안만이 완만하게

---

* 태평양 중·남부에 흩어져 있는 여러 섬의 통칭. 폴리는 '많은', 네시아는 '여러 섬'의 의미. 미크로네시아, 멜라네시아와 함께 오세아니아를 구성한다.

경사를 이룬 해안선이 펼쳐져 있다. 동굴이 많아 빗물의 대부분이 지하로 스며들기에 땅 위를 흘러가는 시내나 개울은 하나도 찾을 수 없다. 침식으로 형성되는 작은 협곡이나 개울, 계곡이 만들어지지 않기 때문이다.

이스터 섬은 남위 27도의 아열대 지역에 위치해 유럽이나 북아메리카의 겨울에 비하면 따뜻하다. 그러나 열대 지역에 위치한 폴리네시아 군도에 비하면 쌀쌀하다. 폴리네시아의 다른 지역에서 중요한 열대 식물인 코코넛은 이스터 섬에서는 잘 자라지 않는다. 또한 주변 바다가 너무 차서 산호초가 없기에 산호초와 관련된 어류와 갑각류도 거의 없다. 피지Fiji 제도에는 약 1,000종의 어류가 서식하지만 이스터 섬에서는 127종밖에 서식하지 않는다. 강한 바람이 많이 불기에 빵나무 열매가 익기도 전에 떨어진다. 이런 지리적 요인들 때문에 태평양 일대의 다른 섬들에 비해서 이스터 섬에는 먹을거리가 부족한 편이다.

이스터 섬의 연평균기온은 섭씨 20도 정도이다. 가장 따뜻한 시기는 1월과 2월이고, 가장 서늘한 시기는 7월과 8월이다. 우기는 3월에서 6월이지만 가뭄이 여러 달에 걸쳐 나타나기도 한다. 이스터 섬의 연평균강수량은 1,270밀리미터 정도로 우리나라 서울과 비슷하다. 그러나 남태평양 섬들 기준으로 보면 적은 양이다. 또 비는 고일 틈도 없이 다공성을 띤 토양에 급속히 스며든다. 따라서 물 공급이 원활하지 않다. 이런 어려움을 이스터 섬 사람들은 우물을 적극적으로 개발하고, 밀물선과 썰물선 사이에서 솟아오르는 샘물을 이용하는 것으로 대처한 것으로 보인다. 먹고 마시고 곡물을 재배하는 데 필요한 물을 다양한 방법으로 확보한 것 같다. 이스터 섬은 바람도 아주 많이 분다. 바람이 잠잠한 날이 거의 없을 정도로 폭풍우가 심하다.

식량생산에는 물과 적절한 기온이 필수조건이다. 이스터 섬 주민들이 농사를 지은 방법을 보면 감탄사가 절로 나온다. 이들은 밭에 돌을 무수히 실어 날라 농사에 이용했다. 이것을 과학자들은 '돌 뿌리덮개' 농법이라고 부른다. 돌을 이용하여 돌담을 만든 것은 이 섬에 부는 건조하고 쌀쌀한 기후 때문이다. 돌이 흙을 덮고 있으면 햇살과 바람으로 인한 수분 증발을 억제한다. 지표에서 빗물이 빨리 빠져나가는 것을 늦추어 토양을 최대한 축축하게 유지해준다. 돌은 낮에는 태양열을 흡수하고 밤에는 방출해서 토양의 온도 변화를 완화한다. 돌은 빗물을 튕겨내면서 토양의 침식을 막아주고 태양열을 더 많이 흡수해 땅을 덥혀준다. 게다가 돌은 많은 광물질을 함유하고 있어 땅에 영양을 공급하는 비료 역할을 하기도 한다. 학자들이 과연 이런 농법이 효과가 있는지 실험해보았다. 돌을 섞은 땅은 토양의 수분이 돌을 섞지 않은 땅에 비해 2배 정도였다. 대낮에 토양의 온도가 훨씬 낮았고 밤에는 토양의 온도가 높았다. 실험 재배한 16종의 곡물 모두에서 평균 4배가 웃도는 수확을 가져왔다.

이스터 섬을 최초로 발견한 사람들의 기록에 따르면 원주민들은 '귀가 큰' 부족과 '귀가 작은' 부족으로 나뉘어 살았다고 한다. 그러나 동일한 귀가 큰 부족이라도 다른 남태평양 섬의 사례를 볼 때 통합된 부족으로 살지는 않았을 것 같다. 애초에는 독립적인 씨족 형태를 유지하다가 통합되는 형태로 발전한 것이 아닌가 한다.

이스터 섬은 동일한 크기로 분할되지 않았고, 지역마다 생산되는 자원도 달랐다. 아후통가리키$^{Ahu\ Tongariki}$ 지역은 석상을 만들 수 있는 좋은 돌을 생산하는 유일한 곳이었다. 카누의 틈새를 채우는 데 쓰이는 이끼의 생산지이기도 했다. 석상의 머리 위에 씌워진 원통형의 붉은 돌은 항가푸쿠라$^{Hanga\ Poukura}$ 지역에서만 나왔다. 날카로운 연장을 만드는 흑요석^{黑曜}$_{石}$*은 아후비나푸$^{Ahu\ Vinapu}$ 지역 산물이었다. 북쪽 해안은 카누를 진수시키

---

* 규산이 풍부한 유리질 화산암으로 색깔은 흑색, 회색, 적색, 갈색을 띤다.

기에 적합한 해변이 두 곳이나 있었다. 그러나 북쪽 해안지대는 농사짓기에는 부적합했다. 농사짓기에 좋은 땅은 남쪽 해안과 서쪽 해안지대였다. 다섯 지역은 내륙의 고지대로 농토를 넓혀서 식량생산에 활용했다.

 서로 다른 지역에서만 생산되는 것들은 다른 지역 사람들에게도 필요한 것이었다. 생존을 위해 이들은 교역을 하고 필요에 의해 통합되어 나갔을 것이다. 씨족간의 통합을 가장 확실하게 보여주는 고고학적 증거는 석상용 돌과 석상의 머리에 씌워진 원통형 붉은 돌이다. 이 돌이 생산된 지역은 한 곳이었지만 섬 전체에 분포된 12개 지역의 기단에서 골고루 발견되었다. 머릿돌을 채석장에서 섬 전체로 운반하기 위해서는 많은 씨족의 땅을 통과해야 했다. 석상과 머릿돌을 운반하기 위해 서너 씨족에게 허락을 받아야 했을 것이라는 것이다. 흑요석이나 어류 등 지역 특산물들도 비슷한 방식으로 유통되었다. 결국 이들은 통합된 부족의 형태로 발전했을 것이다.

 그런데 이스터 섬의 상징이라고 할 수 있는 거대한 석상은 왜 만들어진 것일까? 왜 이들은 쓸모없어 보이는 거대한 기념물을 더 크게 더 많이 만들려고 경쟁을 벌였던 것일까? 학자들은 네 가지 요인이 작용했다고 말한다. 첫째, 이 섬의 응회암(凝灰岩)*은 태평양에서 생산되는 돌 중 조각하기에 가장 적합한 돌이었다. 둘째, 이스터 섬은 남태평양의 섬들 중 홀로 멀리 떨어져 있었다. 태평양의 다른 섬들은 주변에 많은 섬이 있었기에 교역이나 전쟁, 식민지 건설이나 이주 등에 힘을 동원했다. 반면 이스터 섬 주민들은 도전할 대상이 없었다. 셋째, 씨족간의 통합이 이루어지면서 각 지역에 흩어져 있던 자원을 쉽게 활용할 수 있었다. 이것은 돌을 확보하거나 돌을 조각하고 운반하기에 용이했음을 뜻한다. 이스터 섬을 지

---

* 화산재가 퇴적·고결(固結)하여 형성된 화성 쇄설암(火成碎屑岩)의 하나.

배한 족장들은 다른 섬의 추장들처럼 권위를 세우기 위해 전쟁을 벌이는 대신 신을 섬기는 거대 석상을 만드는 것에서 권위를 찾았다고 학자들은 추정한다.

이런 거대 석상을 세우면서 심각한 문제가 발생했다. 석상을 운반하기 위해 삼림을 파괴하기 시작한 것이다. 전적으로 이스터 섬에서만 촬영된 영화 〈라파누이 Rapa Nui〉(1994년)에는 이런 장면이 나온다. 영화에서 이스터 사람들은 모아이 제작을 위해 굴대와 밧줄을 만들 나무를 모조리 베어낸다. 여기에 더하여 고기를 얻기 위해 도입한 들쥐가 얼마 남지 않은 나무들까지 쓸어버린다. 그 결과 비옥한 토양을 붙잡아주고, 하늘에서 내리는 비를 가두어 주는 나무가 사라진다. 이스터 섬은 샘이 없어지고 토양이 씻겨나가면서 황폐한 섬이 되어 버린다.

과학자들이 여러 증거를 이용한 연구를 해보니 이스터 섬의 삼림은 900년경부터 파괴되기 시작했다고 한다. 로헤벤이 상륙한 1722년에는 삼림 파괴가 완전히 끝난 것으로 판단한다. 방사성탄소 연대측정법으로 측정한 야자나무 열매 대부분은 서기 1500년 이전의 것이었다. 이미 그 전에 야자나무가 멸종했다는 뜻이다. 아궁이에서 채취한 숯을 측정해보니 1640년 이후로는 연료로 풀이 사용되었다고 한다. 1640년경에 쓸 만한 나무가 없었다는 뜻이다. 이스터 섬의 삼림 파괴의 결과는 세계적으로도 극단적인 예라 할 수 있다. 삼림 전체가 사라졌고, 모든 수종이 멸종했다. 나무와 새에서 얻던 목재와 밧줄, 깃털까지 사라졌다. 큰 나무와 밧줄이 사라지면서 석상을 운반해서 세울 수도 없었다. 지붕을 덮을 이엉과 집을 지을 나무를 구하기 위해 빈약한 관목을 두고 치열한 경쟁이 벌어졌다. 시신 한 구를 태울 때마다 나무가 필요했기에 시신을 바싹 말려서 땅에 묻기 시작했다.

식량부족은 심각했다. 삼림 파괴는 비와 바람으로 인한 토양 침식을 부추겼다. 따가운 햇살과 증발, 바람과 빗물로부터 표토와 곡물을 지켜주던 야자나무가 사라지면서 대대적인 침식이 시작되었다. 결국 저지대의 밭은 1400년경에 버려지고 말았다.

고기를 제공하던 야생동물이 줄어들고 식량생산이 급격히 감소했다. 전에는 거들떠보지 않던 쥐까지 먹기 시작했다. 먼 바다로 나갈 카누를 만들지 못하면서 돌고래나 참치의 수확량도 감소했다. 돌고래의 뼈가 1500년경부터 패총貝塚*에서 실질적으로 사라진 것이 주요한 증거다. 여파는 참혹했다. 기아로 시작해서 씨족간에 전쟁이 벌어지기 시작했다. 사람을 잡아먹는 식인풍습cannibalism이 생겨났다. 멸망의 전조가 시작된 것이다.

그럼 이스터 섬의 멸망 뒤에는 부족장의 신에 대한 경배용의 석상조각 이유만 있는 것일까? 삼림 파괴가 석상의 운반과 제작 때문만이었을까? 일부 기후학자들은 삼림 파괴가 가뭄이나 엘니뇨 등과 같은 기후변화에서 비롯되었을 것이라고 주장한다. 그린란드나 아나사지, 티와타쿠, 핏케언 문명에서처럼 심각한 기후변화가 닥치면 사람들은 자연환경 파괴를 가속시키는 특성이 있다. 즉 삼림 등 자연재해를 막아줄 보호장치를 스스로 파괴하더라는 것이다. 이스터 섬은 엘니뇨와 라니냐의 영향을 직접적으로 받는 지역이다. 따라서 해양기후의 변화로 인한 가뭄이나 홍수가 삼림 파괴로 이어졌을 가능성이 매우 높다. 이집트 문명이나 아카드 문명, 인더스 문명을 보면 기후변화로 생존이 어려워지면 국가통합을 이루어 대비하려 한다. 국가 통치세력은 신의 힘을 빌려 위기를 극복하기 위해 신에게 올리는 석상이나 조각을 대대적으로 만든다. 이스터 섬도 이런 환경의 영향을 받았기에 기후로부터 발생한 위기를 석상을 통해 극복하려

---

* 해안·강변 등에 살던 선사시대인이 버린 조개·굴 등의 껍데기가 쌓여서 무덤처럼 이루어진 유적.

했을지도 모른다.

기후학자들이 태평양 섬에서 삼림 파괴에 영향을 미친 요인들을 조사해보았다. 그랬더니 삼림 파괴는 다음과 같은 조건에서 더 심각하게 일어났다. 첫째, 습한 섬보다 건조한 섬에서, 둘째, 더운 적도 지역의 섬보다 위도가 높은 쌀쌀한 섬에서, 셋째, 역사가 일천한 화산섬보다는 오래된 화산섬에서, 넷째, 화산재의 낙진이 없는 섬에서, 다섯째, 중앙아시아의 먼지구름에서 가까운 섬보다 멀리 떨어진 섬에서, 여섯째, 산호 석회암이 있는 섬보다 없는 섬에서, 일곱째, 해발이 높은 섬보다 해발이 낮은 섬에서, 여덟째, 주변에 다른 섬들이 있는 섬보다 외따로 떨어진 섬에서, 아홉째, 큰 섬보다 작은 섬에서였다. 삼림 파괴의 정도를 결정하는 앞의 아홉 가지 요인에서 이스터 섬은 무려 여덟 가지 요인을 만족시키고 있었다. 그야말로 기후변화에 가장 적응하기 힘든 섬이었다는 것이다.

어느 섬이나 문명에도 위기는 온다. 예상치 못한 기후변화로 어려움을 겪는다. 중요한 것은 위기 때 이스터 섬처럼 다 멸망하지는 않는다는 것이다. 티코피아Tikopia도 바다 한가운데 외따로 떨어진 섬이다. 섬사람들은 거의 모든 것을 자급자족해야 했다. 그러나 그들은 자원을 세밀하게 관리했고 인구 규모를 적절한 선에서 조절하는 데 성공했다. 심각한 기후변화가 수십 번도 더 닥쳤을 티코피아는 3,000년이 지난 지금까지도 비옥한 땅으로 남아 있다. 이스터 섬과 티코피아는 우리에게 많은 것을 이야기해준다.

II

날씨를 이용하는 자가 승리를 얻는다

수공작전을 펼친
관우

"믿음직한 심부름꾼은 그를 보낸 주인에게는 무더운 추수 때의 시원한 냉수와 같아서, 그 주인의 마음을 시원하게 해주느니라."(잠언 25:13)

견딜 수 없는 무더운 날 얼음냉수 한 그릇은 그야말로 최고의 선물이다. 도대체 얼음냉수 같은 사람은 어떤 사람일까? 어떤 상황에서도 변하지 않는 충직한 사람이 아닐까? 세상은 음모와 술수, 배신이 넘쳐난다. 조금의 이익만 있어도 주인을 배반하고 국가를 팔아넘긴다. 그런데 관우^{關羽}(?~219)만은 달랐다. 조금만 마음을 고쳐먹으면 미래가 훤하고 출세가 보장되는데도 미련하리만큼 우직했다.

"관우를 보라. 한줄기 시원한 샘물 같지 않은가?"

한시에 나오는 말처럼 그의 유비에 대한 충성과 사랑은 서민들에게는 시원한 냉수나 다름없었다. 관우가 후대에 가장 존경받는 장군인 것은 그의 우직한 충성심 때문이었다.

한중쟁탈전에서 조조^{曹操}(155~220)를 물리치고 승리한 유비^{劉備}(161~223)는 형주*에 이어 서촉과 한중까지 얻었다. 온 백성이 유비를 칭송하며 황위

---

* 형주는 중국의 중앙부에 위치해 동의 익주, 서의 양주, 북의 사주를 모두 바라볼 수 있어 타국을

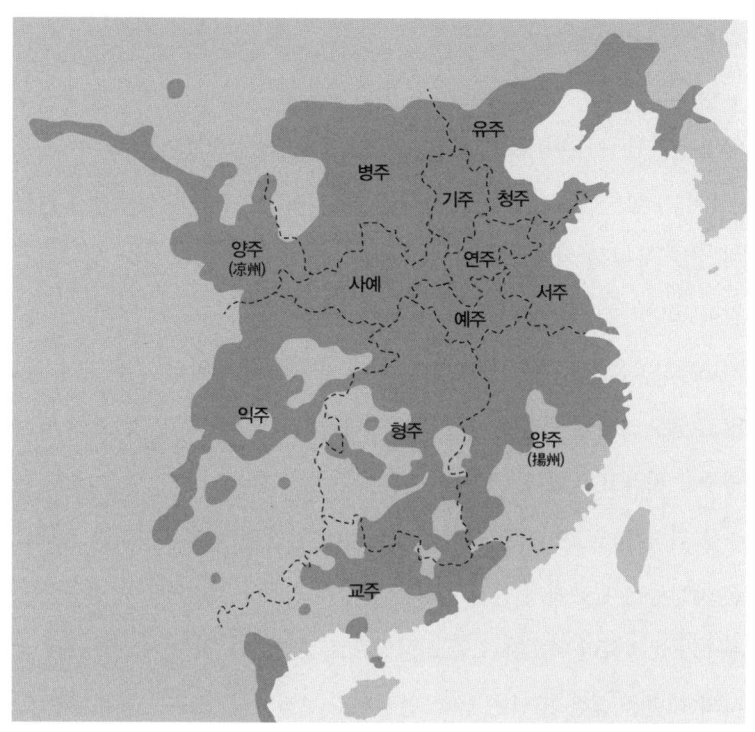

후한 시대 영토(서기 189년)

에 오를 것을 간청했다. 그러나 유비는 아직 황제가 살아계시니 황위에 오를 수는 없다며 사양했다. 백성과 조신들은 나라를 위해 왕위에라도 오르기를 다시 청했다. 이에 어쩔 수 없이 유비는 한중왕에 오른다. 한중왕에 오른 유비는 즉위식에서 그의 결심을 밝힌다.

"나는 타는 불길과 끓는 물속에 뛰어드는 심정으로 왕위에 오른다. 모든 부하와 조신들과 더불어 개인적인 이익을 버리고 오직 정도를 걸을 것이다. 하늘의 뜻에 따라 위로는 황제 폐하를 섬기고, 아래로는 백성들을 보살필 것이다. 의로운 이들을 모아 때가 되면 조조 등의 역적을 벌할

견제하는데 있어서 매우 유리한 지역이었다.

II. 날씨를 이용하는 자가 승리를 얻는다 · 65

것을 맹세하노라."

유비는 아들 유선劉禪을 세자로 삼고 제갈량諸葛亮(181~234)을 승상으로 임명했고 관우, 장비, 조운, 위연, 황충을 오호대장군으로 세웠다.

유비가 한중왕에 올랐다는 소식을 들은 조조는 화가 머리끝까지 치밀어 당장 유비를 치고자 한다. 그러나 사마의司馬懿(179~251)는 위나라가 직접 촉나라를 치기보다는 오나라를 이용하자고 한다. 오나라의 손권孫權(182~252)은 조조의 계략을 눈치 챘다. 손권은 조조의 계교에 넘어가지 않고 형주 코앞의 번성에 주둔하는 위나라의 조인曹仁(168~223)보고 먼저 형주를 치라고 말한다. 그러면 관우는 번성을 치러 나올 것이고 그때 형주를 취하자는 것이다. 위나라와 오나라의 연합과 공격 이야기를 전해들은 제갈량은 관우에게 먼저 번성을 공격해 기선을 제압하도록 명령한다. 관우가 공격하러 나오자 조인도 양양으로 진격했다. 첫 번째 전투에서 군사의 태반을 잃은 조인은 급히 번성으로 물러났다. 관우는 봉화대를 만들어 오나라가 쳐들어올 것을 경계한 후에 조인이 들어간 번성을 공격했다. 조인은 성을 굳게 잠그고 방어에만 전념하면서 조조에게 구원군을 요청했다. 조조는 우금于禁(?~221)을 대장군으로, 방덕龐德(170~219)을 부장으로 삼아 조인을 구원하게 했다.

우금이 거느린 군사들이 당도해 관우와 첫 싸움을 벌였다. 이때 관우와 방덕이 대표로 나와 일대일 싸움을 벌였는데, 천하의 맹장 관우도 놀랄 정도로 방덕은 대단했다. 수십 합이 지나도록 승부가 나지 않았다. 다음 날 다시 관우와 방덕이 싸움을 벌였다. 이때 방덕은 짐짓 도망치는 척하다가 돌아서 화살을 쏘아 관우의 팔을 맞혔다. 관우를 공격하려는 방덕을 우금이 북을 쳐 불러 들였다. 부하가 공을 세우는 것을 시기한 우금의 좁은 마음 때문에 관우는 위기를 모면한 것이다. 섣불리 관우와 싸우지 말라는 조조의 엄명을 지키던 우금이 군사를 일곱 부대로 나누어 번성 북쪽으로 돌려 진을 쳤다. 번성 북쪽 산 아래에 진을 친 우금은 큰 길 앞쪽에 방어선을 쳤다. 그리고 방덕은 계곡 뒤쪽에 진을 치도록 명령했다. 방덕의 무용에 시기심이 든 조인이 아예 방덕이 공을 세울 기회를 막아버린 것이다. 방덕은 우금의 의도를 알았지만 어쩔 수 없었다. 우금은 전 부대를 지휘하는 지휘관이었고, 자신은 그 휘하 장수에 지나지 않았기 때문이다.

화살에 맞은 상처가 아물어 전투 준비를 하던 관우는 우금이 진을 쳤다는 소식을 듣고 직접 산봉우리에 올라가 우금의 진을 정찰했다. 번성 북쪽 십 리쯤 되는 골짜기에 우금의 군사들이 자리 잡고 있었다. 그 옆으로는 흰 물살이 보일 정도로 물길이 빠른 증구천罾口川이라 불리는 강이 흐르고 있었다.

"이제 우금은 반드시 나에게 사로잡힐 것이다. 증구의 뜻은 그물눈이니 우금이 그물에 떨어지고서야 어찌 사로잡히지 않겠느냐? 때가 음력 8월이니 안성맞춤 아니냐?"

관우는 비밀리에 병력들을 증구천 상류에 파견해 둑을 쌓게 했다. 이어 배와 뗏목을 마련하게 하고 물질에 쓰이는 도구들을 챙기게 했다. 아들 관평關平이 도대체 무슨 전술을 사용할 것인가를 물었다.

"우금은 넓은 늘판에 진을 세우지 않고 좁은 증구천 골짜기에다 대군을 몰아넣었다. 그런데 지금은 연일 가을비가 내리고 있지 않느냐? 반드시 양강의 물이 불어 넘칠 것이다. 나는 이미 여러 곳의 물길을 막아 둑을 쌓게 했다. 물이 불어나기를 기다렸다가 둑을 터뜨리면 우금과 위나라 군사들은 물고기 신세가 되지 않겠느냐?"

이야기를 들은 관평과 부하들이 관우의 지략에 탄복했다.

형주 지방에는 7월에 장마로 많은 비가 내린다. 이것을 기상학적으로 1차 장마라 부른다. 8월이 되어 북태평양 고기압이 북쪽으로 밀고 올라

방덕을 사로잡은 관우를 묘사한 명나라 시대 회화.

오면 무더위가 시작된다. 다시 9월(음력 8월)이 되면 북상했던 장마전선이 내려오면서 2차 장마가 발생한다. 1차 장마보다는 기간도 짧고 약하지만 며칠 동안 많은 비가 내리는 특성을 보인다. 관우는 이 같은 사실을 정확하게 알고 있었던 것이다.

위나라의 장수 가운데서도 큰 비가 계속 내리자 걱정하는 목소리가 있었다. 그중에서 성하成何라는 장수가 우금에게 간언했다.

"지금 위나라의 군사가 개천가의 골짜기에 머물고 있는데 지세가 매우 낮습니다. 옆에 토산이 있으나 급박한 상황에서는 너무 거리가 먼 데다가 이번 가을비는 유난하다 싶을 정도로 많이 내립니다. 며칠 정도 내렸는데도 군사들이 매우 어려워합니다. 관우는 군사들을 모두 높은 곳으로 옮기고 한수 입구에는 배와 뗏목을 잔뜩 마련해 두었다고 합니다. 만약 관우군이 불어난 강물을 이용하면 우리 군대는 매우 위태로울 것입니다. 미리미리 물에 대비하는 전략을 세워 놓아야 합니다."

그의 간언은 일리가 있었다. 그러나 그의 말을 들은 우금은 화부터 냈다. 병사들의 마음을 어지럽혀 사기를 떨어뜨린다는 것이다. 이런 말을 하는 장수는 목을 베겠다고 선언했다. 성하 장군은 할 수 없이 물러나와 방덕을 찾아갔다. 성하 장군의 견해를 들은 방덕은 금세 위험을 알아차렸다. 방덕은 비가 내리고 소문도 심상치 않음을 깨닫고 내일이면 진을 산 위로 옮기리라 작정했다.

그러나 그날 밤이 되자 바람이 크게 일며 비는 더욱 세차게 쏟아졌다. 관우는 일제히 둑을 터뜨리도록 지시했다. 마치 산이 무너지는 듯 거대한 소리와 함께 강물이 위나라의 진을 덮쳐 왔다. 내일이면 진을 산 위로 옮기리라고 작정했지만 내리는 비가 심상치 않아 밤을 새우고 있던 방덕은 천지가 무너지는 소리를 들었다. 온 땅이 흔들리며 하늘이 무너지는 소리에 장막을 뛰쳐나온 방덕 앞으로 사방팔방에서 물이 큰 물결을 이루며 쏟아져 내려오고 있었다. 전방에 신을 졌던 위나라의 군사들이 정신 차릴 겨를도 없이 물에 떠내려가고 있었다. 지대가 낮은 곳은 물론 평지도 한 길이 넘는 물에 잠겨버렸다. 우금과 방덕을 비롯한 장수들은 우선 근처의 작은 산이나 높은 둑에 올라 물을 피했다. 날이 밝자 관우는 촉나라의 장수들과 함께 배에 올라 북을 치고 깃발을 흔들며 위나라 장수들이 피해 있는 곳으로 다가왔다. 위나라의 대장군 우금은 기가 막혔다. 모든 병력이 물에 떠내려가고 자기를 호위하는 50명도 안 되는 병력만 있었다. 사방팔방 모두 물에 덮여 도망칠 곳도 싸울 방법도 없었다. 항복하라는 관우의 외침에 우금은 순순히 항복했다. 장수로서 일생 쌓아온 명성이 사라지는 순간이었다. 우금을 사로잡은 관우는 방덕을 찾아 나섰다. 방덕은 둑 위에서 500여 명의 군사를 지휘하여 촉나라 군사에 대적하고 있었다. 항복하라는 관우의 말에 방덕은 코웃음을 쳤다. 관우는 둑을 사방으로 둘러싼 후 일제히 활을 쏘게 했다. 둑 위에 있던 위나라 군사의 반이 쓰러졌다. 겁에 질린 장수들이 항복하자고 권하자 방덕은 소리친다.

"나는 위왕인 조조의 두터운 은혜를 입은 몸이다. 어찌 항복하여 절의를 굽히란 말이냐!"

관우의 병사들이 활과 돌을 퍼부어 병사들이 거의 다 죽어가도 방덕은 전투를 그치지 않았다. 주변의 모든 병력이 죽자 방덕은 촉나라의 조그만 배를 빼앗아 위나라 쪽으로 도망쳤다. 갑자기 상류에서 한 장수가 큰 뗏목을 타고 내려오더니 거침없이 방덕의 배를 들이받았다. 배가 뒤집히면서 방덕은 물속에 빠졌다. 한 장수가 몸을 날려 물속으로 뛰어들어 방덕을 사로잡아 나왔다. 방덕을 잡은 장수는 주창周倉으로 물속에서는 그를 따를 사람이 없었다. 절의를 지키기 위해 끝까지 싸웠던 방덕은 결국 목숨을 잃는다.

후세 사람이 대승을 거둔 관우를 칭송하는 노래를 지었다.

"한밤중 북소리 하늘을 울리더니 / 양양과 번성의 평지는 깊은 못 되었네 / 관우의 귀신같은 헤아림 누가 따를까 / 드높은 그 이름 만고에 전하네."

장맛비와 강물을 이용한 전략으로 병력의 손실 없이 대승리를 거둔 것이다. 삼국지연의에서 가장 어필하는 장군은 단연코 관우이다. 그는 문무를 겸비한 훌륭한 장군이었다. 물론 인간적인 약점도 있었다. 성질이 너무 거세고 스스로를 지나치게 높이 여겼으며, 지략이 뛰어나다고 할 수도 없었다. 그럼에도 후세사람들에게 가장 많은 사랑과 존경을 받았다. 비결은 무엇이었을까? 관우는 『춘추春秋』를 줄줄 외웠다고 한다. 『춘추』의 정신은 옳고 그름을 따져 대의명분을 바로 세우는 것이다. 즉, 올바른 의리를 중시하는 것으로 관우의 정신과 딱 맞아 떨어진다. 그의 이런 정신은 유비에 대한 변함없는 충성과 의리로 나타났다. 미련해 보일 정도로 우직하고 한결같은 관우의 태도는 사람들에게 깊은 믿음을 주었다. 조조의 유혹을 물리치고 다섯 관문에 걸쳐 6명의 장수를 목 베며 유비에게로 향하는 관우의 충정에 서민들은 환호했다.

"한말의 인재들 짝할 시대 없는데 / 그중에서도 관우만이 홀로 뛰어 났구나 / 신 같은 위엄 무武를 떨쳤고 / 선비 같은 고아함 문文도 알았다 / 하늘의 해 같은 마음 맑기 거울이었고 / 춘추로 다진 의기 불의의 구름을 걷어 내었다."

추모시에 나오는 것처럼 관우는 뛰어난 무예와 학식까지 갖추고 있었다. 서민들 사이에서는 재난과 위험을 물리쳐주는 신령이자 수호신으로 승격되었다. 우리나라에도 관우를 제사지내는 사당이 있다. 서울 종로구 숭인동에 있는 동묘(보물 142호)가 그것이다. 이곳은 선조 때 짓기 시작해 1601년에 완공했다. 임진왜란 때 관우의 혼령이 도움을 주었다고 생각하여 명나라 황제가 건립비용과 함께 친필 현판을 보내와 만들어진 것이다. 이 사당에는 나무로 만든 관우의 상이 있으며, 좌우에서 관평과 주창의 상이 관우를 보필하고 있다.

돌궐 정복과
이정 장군

"아니! '이이제이 백신'이 있다고?"

결핵균을 이용해 암을 치료하는 백신이 개발되었다고 한다. 신성재 충남대 교수 등이 결핵균의 특정 단백질과 세포를 이용해 암 치료에 탁월한 효능을 지닌 백신을 개발했다는 것이다. 특정 단백질을 몸 안의 정상 세포에는 영향을 주지 않으면서 암세포만을 제거하는 면역보강제로 이용, 난치병을 치료한다는 것이다. 적으로 적을 제어하는 '이이제이以夷制夷'는 정치나 전쟁에서 사용하는 전략이다. 이 전략을 기막히게 이용한 사람이 당태종唐太宗 이세민李世民(598~649)이다. 그는 '이이제이' 전략을 이용해 숙적이었던 돌궐을 약화시키는데 성공했다.

"칙륵의 냇가, 음산의 기슭 / 하늘은 둥근 천막처럼 사방을 뒤덮는다 / 하늘은 푸르고, 들판은 아득하고 아득한데 / 바람 불어 초원에 누우니 소와 양이 보인다."

현재 중국 학생들이 중학교에서 배우는 '칙륵가'이다. 이 노래에는 북방 소수민족의 생활모습이 잘 나타난다. 노래처럼 넓은 초원에서 소와 양을 키우는 유목민족들은 중국 거대왕조의 암적인 존재였다. 중국의 한·수·당나라조차도 유목민족과의 전쟁에서 숱한 수모를 당하고 조공을 바쳤으니 말이다.

중원이 혼란스러웠던 남북조 시기, 북방에서는 소수 유목민족들이 제각기 세력을 떨쳤다. 그중 가장 강력한 나라가 돌궐突厥이었다. 돌궐은 알타이 산맥에서 발원한 철륵鐵勒의 하위 부족이었다. 『주서周書』이역異域 돌궐 열전은 "돌궐은 대개 흉노의 별종이다"라며 흉노의 후손이라고 기록하고 있다. 돌궐은 6세기 후반 당시 강자로 군림하던 유목 제국 유연柔然을 멸망시키고 중앙아시아에서 만주 지방에 이르는 넓고 강력한 국가를 만들었다. 중국도 오랜 분열기에 마침표를 찍고 수나라가 중원을 통일했다. 수나라와 돌궐의 대립은 불가피했다. 돌궐은 수나라와 수차례 대격전을 벌였지만 한 번도 패배한 적이 없었다. 그러나 돌궐이 우위인 상태는 오래 가지 못했는데 이는 돌궐 자체가 내부 결속력이 약해 늘 내분의 가능성을 안고 있었기 때문이다. 정면대결로는 승산이 없었던 수나라는 이이제이 정책을 써서 돌궐의 분열을 부추겼다. 583년 돌궐이 동돌궐과 서돌궐로 분열하자, 서돌궐이 동돌궐을 공격하도록 부추겨 동돌궐을 굴복시키는데 성공했다. 동돌궐은 어쩔 수 없이 수나라에 굴복하고 군신관계를 맺었다. 그러나 수나라가 고구려를 침공했다가 참패하면서 국력이 쇠약해져 당나라에 멸망당하게 된다. 당나라 건국 즈음 동돌궐은 예전의 세력을 회복해서 막강한 군사력을 보유하고 있었다. 돌궐과의 몇 차례 전투 후에 막강한 군사력에 눌린 당나라는 돌궐에게 신하로서 복종하기로 맹세한다. 당나라로서는 굴욕이었다.

이런 상황을 역전시킨 것은 날씨였다. 6세기에는 자연재해가 많았다. 고기후학에서는 당시 화산 폭발이나 소행성과의 충돌이 있었을 것으로 추정한다. 다른 세기에 비해 추위의 정도가 강했기 때문이다. 그 원인으로 대기 상공에 엄청난 먼지가 베일을 만들어 태양빛을 가렸다고 보고 있다. 지구 기온은 낮아졌고, 전염병이 창궐했다. 유럽에서는 빙하가 산 아래로 확장된 기록이 있다. 초원의 풀에 의지하던 돌궐은 계속되는 자연재해로 경제 상황이 악화하면서 힘이 크게 약해졌다. 모욕을 참아가면서 기다려오던 당나라에 기회가 온 것이다.

서기 626년, 당태종은 위수渭水 유역에서 돌궐의 일릭 칸Illig Qaghan, 頡利可汗이 이끄는 20만 기병에 승리했다. 하지만 돌궐 주력세력에 큰 타격을 입히기엔 역부족이었다. 돌궐의 일릭 칸도 당나라의 군사들이 예상보다 우수한데다가 사기가 높은 것을 전투를 통해 알게 되었다. 두 나라는 결정적인 승리를 하기 어렵다는 것을 알게 되면서 상호불가침 조약을 맺었다. 당태종은 매년 일릭 칸에게 조공을 바치겠다고 약속하면서 백마를 제물로 한 맹약을 맺었다. 이른바 '백마지맹白馬之盟'이다. 당나라로선 치욕이었다.

당태종은 돌궐로 인한 굴욕을 갚기 위해 대대적인 군대를 양성했다. 식량을 비축하고 무기를 개선했으며 힘을 비축하여 반격을 준비했다. 때마침 돌궐에 가뭄과 강력한 한파가 몰아쳤다. 천재지변으로 살기가 힘들어진 돌궐 내부에서는 분쟁과 반란이 속출했다. 기다리던 때가 온 것이다. 서기 630년 정월, 당태종은 대장군 이정李靖(571~649)에게 돌궐 일릭 칸의 군대를 정벌하라고 명령했다. 이정은 원래 수나라의 장수였으나 당나라 건국에 참여하면서 큰 공을 세웠다. 이정은 수많은 전투를 치르며 그야말로 전설 속의 명장으로 등극했는데, 돌궐과의 전투는 그의 진가를 잘 보여준다.

정월의 북쪽 초원은 강한 바람과 추위와 눈으로 뒤덮인 황량한 곳이었다. 보통 영하 40도까지 내려가며 바람도 강해 체감온도는 상상을 초월할 정도인 곳이다. 그곳에서 살고 있는 돌궐족조차 기동하기 힘든 날씨였다. 이정은 돌궐이 이런 날씨에 감히 공격하리라고 예상하지 못한 점을 이용했다. 그는 용맹한 기병 3,000명만을 이끌고 진격했다. 많은 병력은 기습하는데 방해가 되고 또 보급에도 문제가 되기 때문이다. 그는 신속하게 돌궐의 도성인 정양에서 몇 리 밖까지 진군했다. 당나라 군사들이 인근까지 공격해 왔다는 소식을 들은 돌궐의 왕 일릭 칸은 "당나라 놈들, 멸망하고 싶은 게로구나. 감히 이곳까지 발을 들이다니!"라고 고함쳤다. 그러나 수십만 명에 달하는 돌궐 군사들은 분산되어 있었고, 일릭 칸의 심장부에는 소수의 병력밖에 없었다. 이정은 대비할 시간도 주지 않은 채 전광석화와 같이 공격해 들어갔다. 때는 엄동설한이었다. 철산으로 도망친 일릭 칸은 하는 수 없이 장안으로 특사를 보내어 이세민에게 강화를 청했다. 일릭 칸의 속마음은 잠시 시간을 번 뒤 봄이 되면 대대적으로 유목민족을 모아 당나라에 당한 수모를 갚아줄 계획이었다. 일릭 칸의 강화 제의를 이세민은 흔쾌히 받아들였다. 이세민은 당검唐儉(579~656)을 철산으로 파견해 강화조약을 맺게 했다.

당시 백도에 주둔하고 있던 이정은 강화사신 당검을 배웅한 뒤 일릭 칸을 다시 공격하기로 결정한다.

"일릭 칸은 비록 패했지만 그 무리는 매우 용맹하다. 그들이 고비 사막 이북으로 도망쳐 회홀回紇*, 설연타薛延陀** 등과 연합한다면 우리가 대적하기 힘들 것이다. 지금 공격해 완전히 멸망시켜야만 한다."

이정의 말에 부하 장군들은 반대 의견을 내놓았다. 황제가 일릭 칸과 강화조약을 맺기로 했는데 공격한다는 것은 황제의 뜻을 거스르는 것이다. 거기에다가 황제의 사신으로 당검이 갔는데 우리가 공격하면 당검은 죽을 형편이라고도 했다. 이정은 과감한 결단을 내린다.

"황제께서 잠시 진격을 멈추라고 직접 명하신 적은 없다. 난 전쟁터에

---

* 중국 수나라 때 유목민족인 위구르(Uighur)를 이르던 이름.

** 몽골 중가리아(Jungaria) 북부에 있던 터키계 유목민족.

나와 있는 군사령관으로 급한 일에는 황제의 지시를 일일이 받을 필요가 없다. 돌궐을 철저히 멸할 기회가 왔는데 외교사신인 당검까지 돌볼 수도 없다."

이정은 정예군 1만 명을 이끌고 일릭 칸의 본거지를 급습했다. 일릭 칸은 병력을 모을 틈도 없이 천리마를 잡아타고 도망쳤다. 휘하 1만과 함께 도망간 일릭 칸은 사막을 건너려다 내몽골에서 기다리던 당나라의 이세적李世勣군에 잡혔다. 그리고 주변 부락 5만 명도 모두 항복했다. 이정이 이끄는 당군은 돌궐 부족민 15만 명, 가축 수십만 마리 등을 손에 넣었고 음산에서 대막에 이르는 광대한 땅을 당나라로 편입시켰다. 누구도 예상치 못한 대승리였다.

후세의 사가들은 이정이 이세민의 속내를 알아차리고 일릭 칸을 기습 공격했다고 평가한다. 이정이 돌궐족을 격파하고 개선했을 때 가장 기뻐한 것이 이세민이라는 것이다. 어쨌든 도저히 이길 수 없을 것 같았던 돌궐족을 패망시켜 우환을 없애 버렸으니 얼마나 위대한 공적인가! 사실 이정이 부하들의 반대를 뿌리쳤던 근거는 중국에서 전해져오는 전쟁터의 병법원리를 활용한 것이었다. "장군이 밖에 있을 때는 군왕의 명령을 받들지 못할 수도 있다"는 구절이다. 아마도 이세민은 돌궐의 항복을 받아들여 강화를 맺느니 차라리 이번 기회에 우환을 없애버리는 것이 낫다고 생각했는지도 모른다. 그리고 그의 숨은 의중을 알아차린 뛰어난 용장 이정이 아무도 예상 못한 기습공격으로 확실한 승리를 잡아챈 것이다.

이정이 개선해 돌아오자 "이릉이 병졸 5,000을 이끌고 흉노의 배후를 기습하여 항복시킨 것도 역사에 길이 남을 공일진데, 이정은 고작 기병 3,000명으로 적진을 유린하고 정양을 탈취했으니, 자고로 이런 위업은 없었느니라. 짐이 위수에서 받은 치욕을 깨끗이 갚아주었구나!"라고 치하했다. 동돌궐의 멸망은 이정이 세운 가장 위대한 공적이었다. 역사 이래 계속 돌궐에 당해왔던 한족으로서는 최고의 쾌거였다. 이정의 공로로 당나라는 북방 변경지역의 걱정을 덜었다. 백성들도 시도 때도 없이 쳐들어오던 북방민족의 공격을 받지 않으면서 안정을 찾으면서 평화로운 삶을 누릴 수 있었다. 주변의 소수민족들은 하나둘씩 자발적으로 당나라에 신하되기를 청했다. 마침내 이세민이 실질적인 '천하의 군주'로 군림하게 된 것이다. 이세민은 뛰어난 리더십으로 당나라를 부흥시켰다. 후세의 역사가들은 이를 '정관의 치'라고 부르며 이세민을 칭송한다. 그러나 그 뒤에는 돌궐을 멸망시킨 이정의 활약이 있었음을 알아야 한다. 이정은 위국공衛國公에 봉해졌으며 죽은 후에 당나라 태종의 소릉昭陵에 배장陪葬되는 영예를 얻었다.

당나라 이정 장군의 생애를 보면 뛰어난 장군은 그를 시기하는 무리들에게 모함을 받는다는 것을 잘 볼 수 있다. 그는 수나라의 장수였다가 당나라의 장수로 봉직하면서 목숨을 위협받는 모함에 자주 걸렸다. 이정은 이를 극복하고자 전쟁터에서 엄청난 공적을 쌓았다. 620년 이정은 만족蠻族의 추장 염조칙苒肇則을 처단했다. 621년 양자강 강릉에서 소선蕭銑의 항복을 받아내 강남땅을 점령했다. 623년 보공석輔公石이 반란을 일으키자 사령관으로 출전해 진압했다. 626년 4월 산서성과 연하성 일대를 공격해 온 돌궐의 일릭 칸과 영주靈州 부근에서 전투를 벌였다. 아침에 시작해 오후 4시쯤 끝난 전투에서 양군은 적지 않은 피해를 입었다. 돌궐의 일릭 칸은 이정과 그의 군대가 생각보다 강함을 깨닫고 후퇴했다. 630년 일릭 칸의 동돌궐을 멸망시킨 이정은 635년 토욕혼 전쟁에서 완벽한 승리를 거두었다. 이 전쟁으로 당나라는 실크로드의 주요 거점을 장악했고 사산조 페르시아와 인도로 가는 길을 열었다.

엄청난 전공을 세울수록 그의 전공을 시샘하는 무리는 늘어났다. 당나라의 어사대부 소우蕭瑀가 이정을 탄핵했다. 이정의 군사들이 돌궐을 멸망시킬 때 일릭 칸의 진귀한 보물을 약탈했다는 것이다. 약탈은 군율을 위반한 것이기에 누군가가 책임을 져야 했다. 군사령관인 이정을 벌주면 정복군 군대 전체의 사기가 저하된다. 적당한 희생자가 선택되었는데 이정의 심복인 소정방蘇定方(591~667)이었다. 그는 이 사건으로 군복을 벗었다. 이정은 소정방을 다시 복직시키고자 백방으로 노력했으나 여의치 않았다. 소정방은 초췌한 노인이 된 657년에야 다시 등용되었다. 그는 우리 역사에도 기록되었는데, 660년 백제를 멸망시킨 13만 대군의 사령관이었기 때문이다. 이정도 우리나라 역사에 기록되었다. 고구려에 패한 당태종이 수도로 돌아간 646년 2월에 당나라 최고의 명장으로 꼽히던 이정을 불러, 당나라가 조그만 나라에게 진 까닭이 무엇이냐고 묻는다. 당시 병법서『이위공문대』의 첫 장에 이 이야기가 기록되어 있다.

"명장 중의 명장과 정예병 중의 정예병을 뽑아 30만 대군으로 고구려를 침공했다. 그러나 고구려에 패했다. 그것도 비참하게 수많은 병사가 떼죽음을 당하고 도망쳤다. 왜 이런 일이 일어난 것이냐?"

이정은 대답을 도종道宗에게 말하게 한다. 도종은 "안시성을 회피하여 직접 평양을 공격하지 않았기 때문입니다"라고 대답한다. 당태종은 그럴 겨를이 없었다고 말한다.

"고구려의 10만 대군이 신성과 건안성에 있었다. 짐이 안시성을 피해 남쪽 오골성으로 갔다면 고구려의 10만 대군이 우리 군의 퇴로를 차단하고, 이어서 후면을 친다면 우리는 몰살당할 처지에 있었다."

고구려군에게 당태종이 위급하게 몰리고 있었음을 알려주는 기록이다. 최고의 장군과 병사를 동원해도 당나라가 패배한 원인에 대한 이야기가 역사에 남은 기록이다.

오스만 제국의 영광,
술레이만 1세

"오스만 제국이 대제국이 될 수 있었던 것은 특수부대가 있었기 때문이다."
전사가들은 오스만 제국의 성공에는 특수부대인 예니체리^{Yeniçeri}*의 힘이 컸다고 말한다. 오스만 제국은 발칸^{Balkan} 반도의 기독교 가정에서 태어난 사내아이들을 선발하여 튀르크인 가정에서 양육했다. 이들은 혹독한 훈련과 이슬람 정신교육을 거쳐 병사로 재탄생했고, 술탄의 근위대로 출발한 후 예니체리에 들어갔다. 예니체리에게는 엄격한 규율과 높은 도덕을 요구했다. 결혼도 허용되지 않았다. 그들은 오직 전투를 위해 만들어진 무서운 병정개미들이었다. 이들에게 후퇴는 없었다. 머리카락은 정수리의 한 움큼만 빼고 박박 밀었다. 포로가 되었을 때 적이 그 머리카락을 잡고 목을 베기 쉽게 하기 위해서였다. 이들의 용맹성과 전투 능력이 오스만 제국의 정복전쟁에 큰 도움이 되었다.

오스만족은 오구즈 계통에 속하는 중앙아시아 튀르크족의 한 갈래다. 13세기 무렵 이들은 아나톨리아^{Anatolia}**의 튀르크 공국에까지 진출하고

---

* 오스만 제국의 상비(常備)·유급(有給) 보병군단. 예니는 '새로운', 체리는 '병사(兵士)'라는 뜻이다.

** 소아시아라고도 함. 현재 터키령의 아시아 측 흑해와 에게 해, 동지중해로 둘러싸여 서쪽으로 돌출한 대반도

예니체리 병사로 선발한 기독교도 소년들을 등록하는 모습을 나타낸 16세기 그림. 이렇게 모집한 소년들은 혹독한 훈련과 정신교육을 거쳐 오직 전투를 위한 '병정개미'로 다시 태어났다.

있었다. 또 다른 오구즈 계통의 튀르크족인 셀주크족은 오스만족에 앞서 이슬람 세계에 침입하여 이란, 이라크와 시리아의 여러 지방을 정복했다. 셀주크족은 1071년 만지케르트 전투*에서 비잔틴 제국을 쳐부순 후 아

---

* 셀주크튀르크 제국과 비잔틴 제국이 1071년 8월 튀르크의 반(Van) 호수 북서 40킬로미터 지점에 있는 만지케르트에서 벌인 싸움.

나톨리아에 정착했다. 이슬람교도였던 튀르크족은 처음에는 이 지역의 기독교인과 공존하면서 살았다. 유목민들은 가축을 길러 생산한 물품을 비잔틴 중심 도시에 팔고 그곳에서 식료품을 사들였다. 그러나 기후변화로 목초지가 줄어들고 또 동쪽으로부터 몽골족이 쳐들어오면서 상황은 바뀌었다. 1245년 셀주크족은 아나톨리아를 공격해온 몽골족에게 항복했다. 셀주크족의 권력이 붕괴하자 접경지대의 부족에 대한 지배력에 공백이 발생했다. 지배로부터 벗어난 접경 부족들은 비잔틴 제국에 대항해 싸웠고, 그들 상호간에도 영토전쟁을 벌였다.

이때 두각을 나타낸 것이 오스만튀르크였다. 1대인 오스만$^{Osman\ I}$ (1258~1326)은 대담하고 치밀한 지도자였다. 그는 기독교인과의 전쟁을 위해 성전을 선포했다. 이슬람 전사들에게 그는 전쟁에 참여한 군사는 천국에서 큰 보상을 받는다고 선포했다. 그리고 전사자는 순교자로 불렸고 그 가족들은 많은 보상을 받았다. 다른 부족의 튀르크인들도 오스만의 리더십에 끌려 그의 진영에 가담했다. 그의 세력은 급속히 커갔고 그는 전투마다 승리하면서 명성이 하늘을 찔렀다. 1323년에 점령한 부르사^{Bursa}가 오스만 제국 최초의 수도가 되었다. 오스만의 아들 오르한^{Orhan}(1323~1362)은 서쪽으로 계속 전진했다. 그는 비잔틴 제국을 물리치고 니케아^{Nicaea}와 니코메디아^{Nicomedia}를 정복했다. 오르한이 죽자 그의 아들 무라드 1세$^{Murad\ I}$(1362~1389)가 권좌에 올랐다. 그는 오스만 제국의 강력한 힘을 유럽에 최초로 알렸다. 1363년 아드리아노플^{Adrianople}을 점령한 그는 그곳을 수도로 정했다. 중앙집권적인 행정조직을 만들었고, 군제에서도 예니체리 부대라는 특수부대를 만들어 정복지의 통제와 관리를 맡겼다. 이것들이 바탕이 되면서 오스만 제국은 16세기에 절정을 맞게 된다.

16세기에 이르러 화려한 황제라 불리는 술레이만$^{Suleiman\ I}$(1494~1566)

예니체리 병사들과 함께한 술탄 무라드.

이 술탄Sultan이 되었다. 그는 제국의 영토를 유럽과 아시아와 아프리카로 확장시켰다. 오스만 제국은 동쪽으로는 카스피 해와 페르시아 만에 이르렀고, 보스니아에서 알제리에 이르는 지중해 연안은 앞마당이, 흑해는 안방이 되었다. 오스만 제국을 가장 영광스럽게 만든 술탄이 술레이만 1세다. 그는 '터키의 알렉산드로스 대왕'이라고 불린다. 알렉산드로스가 헬레니즘 문명을 동양에 퍼트린 대왕이라면 술레이만은 이슬람 문명을 서양에 퍼트린 대왕이다. 유럽인들은 술레이만을 경외의 눈으로 바라보고, 그를 '대제'라고 불렀다.

술레이만은 어느 곳을 점령해야 대제국을 건설하기에 유리한지를 판단하는데 대단한 감각을 가진 지도자였다. 유럽에서 오스만 제국이 확실한 교두보를 갖기 위해서는 헝가리가 매우 중요하다고 생각한 그는 1521년 5~6월 전격적인 원정을 통해 베오그라드Beograd와 주위의 요새들을 점령했다. 그 다음에는 지중해로 눈을 돌렸다. 술레이만은 이집트를 정복하고 아프리카에 뿌리를 내리기 위해서는 지중해 동부를 완전히 장악해야 한다고 판단했다. 이를 위해 가장 중요한 거점이 로도스^{Rhodos} 섬*이었다. 1309년 성 요한 기사단이 이 섬을 난공불락의 기지로 만들어 놓았다. 로도스 섬의 요새는 당시 유럽 최고의 요새였지만, 여섯 달 동안 이어진 오스만 제국군의 공격을 당하지 못하고 성 요한 기사단은 1522년 12월 20일 항복하고 말았다.

술레이만은 제국의 번영을 위해서 헝가리를 점령해야 한다고 판단했다. 1526년 친히 군대를 거느리고 헝가리로 진격한 그는 낮은 저습지와 평원으로 이루어진 모하치^{Mohacs} 평원을 전쟁터로 선택했다. 술레이만은 헝가리의 주력인 기병대가 공격하도록 유인한 다음 포위하여 몰살한다는 전략을 세웠다. 비가 내리는 가운데 오스만 기병대가 헝가리 진영을 공격하자 헝가리 기사단이 미끼를 물었다. 오스만 기병대가 최초의 접전에서 패하여 후퇴하자 헝가리 기사들은 일제 돌격을 감행했다. 술레이만의 함정에 빠져 포위된 헝가리 기사단은 오스만군의 대포와 보병의 화승총에 대책 없이 쓰러져 갔다. 오스만이 자랑하는 예니체리 보병대가 헝가리 진영으로 돌격하면서 승패가 결정되었다. 공황에 빠진 헝가리군은 도망치기에 급급했다. 그러나 생존자들은 비에 젖은 갑옷을 이기지 못하고 늪에 빠져 대부분 익사하고 말았다. 헝가리의 왕 러요시^{Lajos} 2세와 1만 5,000명의 헝가리 기사단이 죽었다. 지형과 날씨를 전술에 활용한 술레이만의 대승이었다. 헝가리 왕국은 오스만 제국의 속국이 되었다.

헝가리 왕국을 정복한 술레이만은 헝가리 왕국의 남부 지역만 점령하기로 결정한다. 그리고 신하에게 헝가리 왕국의 중앙 지역을 맡겼다. 그

---

* 도데카니사 제도에서 가장 큰 섬으로 그리스 섬 중에서 에게 해 가장 동쪽 끝에 위치한다.

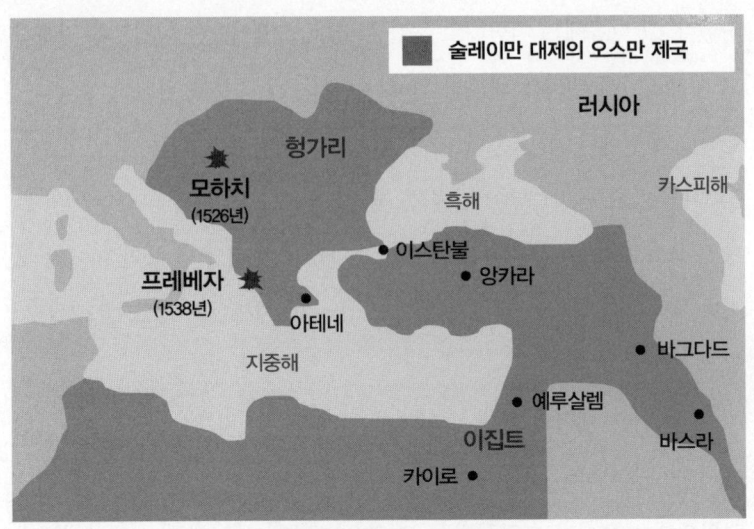

술레이만 대제 때 오스만 제국 영토

러자 신성로마제국 황제 카를 5세의 동생인 페르디난트 대공이 반기를 들었다. 술레이만은 즉시 군대를 동원하여 1529년에 오스트리아로 쳐들어가 수도 빈^{Wien}을 포위했다. 오스만군의 격렬한 공격과 수없는 포탄이 빈을 강타했다. 이에 맞서는 오스트리아군은 2만 명의 병사와 72대의 대포밖에 갖고 있지 않았다. 그러나 그들은 끈질기게 도시를 방어했다. 이해 날씨는 유난히 궂고 비가 많이 내렸다. 궂은 날씨가 계속되면서 오스만군의 사기가 떨어지기 시작했다. 이어 겨울이 다가오면서 병사들이 전염병과 추위로 죽어갔다. 식량과 군수품도 바닥났다. 더 이상 공격하기가 힘들어지자 술레이만은 후퇴를 결정했다. 헝가리 공격 때 도움이 된 날씨가 오스트리아 공격에서는 발목을 잡은 것이다. 1532년의 2차 공격도 실패로 돌아갔다. 결국 술레이만은 1533년 합스부르크 왕가와 휴전에 합의했다. 이후 두 거대세력은 유럽 남동부에서 네 차례 전쟁을 벌였고, 술레이만은 헝가리 남부 지역과 트란실바니아^{Transylvania} 대부분 지역을 합병했다.

술레이만은 지중해에서 주도권을 장악하기 위해 기독교 동맹군과 해전을 벌였다. 오스만 해군은 기독교 연합함대를 프레베자^{Preveza} 전투에서 격파했다. 이 전투에서는 바람이 오스만군을 결정적으로 도왔다. 결국 술레이만의 정복을 도운 것도 날씨였고, 정복을 막은 것도 날씨였다.

"낮이든 밤이든 언제나 내 말에는 안장이 얹혀 있고 내 칼은 출전을 기다린다."

술레이만은 위대한 정복자이자 리더였다. 술레이만이 가졌던 리더십은 무엇이었을까? 첫째, 술탄에 오르면서 가장 먼저 군대를 확실히 장악했다. 반란이 일어나자 즉시 무력으로 진압하여 병력통수권자로서 권위를 세웠다. 둘째, 일을 결정하기까지는 매우 신중했지만 결정한 일에 대해서는 과감하고 신속하게 행동했다. 셋째, 자신이 한 약속은 철저히 지킴으로써 병사들의 신뢰를 얻었다. 넷째, 종교나 인종에 편견을 두지 않음으로써 대국가를 성공적으로 통합시켰다. 다섯째, 화해할 수 없는 적이라도 필요하면 동맹을 맺어 이용했다. 기독교도인 프랑스의 왕 프랑수아 1세$^{François\ I}$(1494~1547)와 동맹을 만든 것이 좋은 예이다.

러시아의 희망,
알렉산드르 넵스키

칭기즈 칸의 아들인 오고타이$^{Ogotai, 窩闊台}$(1185~1241)*는 황제가 되면서 수보타이^{Subotai}를 앞세워 러시아와 유럽 정복전쟁을 시작했다. 수보타이는 1237년 12월 몽골군을 지휘하여 얼어붙은 볼가^{Volga} 강을 건너 혹한의 동장군으로 유명한 러시아로 진격했다. 그가 러시아의 겨울을 택한 이유는 따뜻한 계절에는 시베리아의 많은 늪지와 하천으로 인해 기동력을 상실할 것을 우려했기 때문이다.

몽골군은 마치 토네이도와 같이 러시아의 영토를 휩쓸어 3월에는 북부 러시아의 여러 공국을 완전히 붕괴시키기에 이른다. 역사상 겨울철에 러시아에 대한 공격을 감행하여 승리한 나라는 몽골이 유일하다. 몽골군은 러시아 '여름의 진흙 뻘' 대신 '겨울의 얼어붙은 땅' 쪽을 택하여 전격전을 수행한 것이다. 몽골군은 세계에서 가장 추운 고원지대에서 살았다. 보통 기온이 겨울에는 영하 40도까지 떨어지고 여름에는 영상 35도 이상 올라간다. 또한 겨울철 바람은 말 위에 올라탄 사람을 떨어뜨릴 정도

---

* 몽골 제국 제2대 황제(재위 1229~1241). 묘호는 태종(太宗)이고, 칭기즈 칸의 셋째 아들이며, 오고타이 칸국(汗國)의 시조다.

로 무척 강하다. 이런 나쁜 기상조건에서 성장한 몽골인이니 러시아의 겨울은 문제도 아니었다. 몽골의 '말馬'들은 수천 마리가 모여도 울지 않았고, 종마 외에는 모두 거세하여 지구력도 강했으며, 언 땅에서 스스로 먹이를 찾도록 훈련되었다고 한다. 따라서 사람과 말 모두 혹한의 러시아에서도 최고의 전투력을 발휘할 수 있었다. 수보타이는 무시무시한 몽골군 15만 명을 이끌고 강을 건너 북동쪽의 러시아 제공국을 차근차근 꺾기 시작했다. 키예프Kiev 공국과 블라디미르Vladimir 공국 등은 처절한 항전을 거듭했지만 중과부적으로 모두 함락당하여 멸망하고 말았다.

몽골군의 러시아 침공 당시 재미있는 이야기가 있다. 몽골군이 갑옷 위에 나무판을 대고 모스크바 성으로 접근한다. 러시아군이 이것을 발견하고 화살을 쏘았더니 몽골 기병들이 쓰러지는 것이 보였다. 그런데 당시 몽골군의 갑옷은 러시아군의 화살로는 뚫는 것이 불가능했다. 몽골 기병들은 화살이 박히자 일부러 죽은 척을 하면서 말위에 누워있었다고 한다. 거짓이라는 것을 알 리 없는 러시아군은 몽골군의 선봉대가 모두 죽은 줄로 알고 성문을 열고 몽골군 본군을 공격하러 나왔다. 러시아 수비군이 몽골군 본군과 전투를 하는 동안 죽은 척했던 몽골군 선봉대가 러시아 후방을 공격하면서 전멸시켰다. 몽골군의 전투전략을 보면 놀라운 것들이 너무 많다. 그 후 몽골군은 키예프를 공격하여 함락시켰는데, 이 전투에서 매우 용감하게 싸운 키예프의 장군 드미트리의 목숨은 살려준 반면, 도망간 키예프의 왕은 폴란드까지 쫓아가 결국 죽이고 만다. 몽골족은 영웅들을 마구 죽이지 않고 자비를 베푸는 경우가 많았다.

러시아의 여러 공국 중에서 수보타이가 이끄는 몽골군의 정복을 면한 곳은 북쪽에 위치한 노브고로드Novgorod 하나뿐이었다. 러시아의 북서부, 중앙아시아와 북부 유럽을 잇는 고대 무역로가 지나는 지점이자 현재의 모스크바와 상트페테르부르크Sankt Peterburg 사이에 자리한 노브고로드는

'새로운 대도시'란 의미를 지닌 도시다. 당시에 노브고로드 공국은 발트해에서 우랄 산맥까지 광대한 북러시아를 지배하는 거대한 무역국가의 성격을 띠고 있었다. 노브고로드를 다스리던 영주는 알렉산드르 넵스키 Aleksandr Nevskii(1220~1263) 장군이었다.

노브고로드가 수보타이의 몽골군에게 정복당하지 않았던 것은 날씨 때문이었다. 수보타이는 1238년에 노브고로드로 정벌군을 보냈다. 몽골 군이 노브고로드 시에서 약 110킬로미터 지점까지 진격했을 때 봄의 해 빙기가 되어 주변 일대가 온통 뻘로 변했다. 기마병을 중심으로 한 기동력이 장점이었던 몽골군에게 진흙 뻘의 자연적인 장해물은 넘기 힘든 장벽이었다. 결국 몽골군은 남쪽으로 후퇴했다. 다음 해 겨울 몽골군은 다시 노브고로드를 공격하러 진군했다. 진창은 없었으나 이때는 지속적으로 강한 눈보라와 바람이 불었다. 충분한 보급을 준비하지 못했던 몽골군은 할 수 없이 다시 후퇴했다.

여러 러시아 공국을 정복한 몽골군은 동유럽으로 향하기 시작했다. 몽골군은 4월에 돈Don 강 부근의 초원지대로 남하하여 휴양하면서 동유럽 침공작전을 준비한다. 동유럽 정복에 나선 수보타이는 폴란드군 3만, 독일군 4만, 보헤미아군 5만, 헝가리군 10만 병력을 격파하고 4개월만에 동유럽 전역을 석권한다. 그러나 서유럽을 정복하려던 수보타이의 계획은 오고타이의 사망으로 취소된다. 몽골 제국의 유럽 지배에 대한 꿈이 무너지는 순간이었다. 그러나 몽골의 2차 서정군은 볼가 강변의 사라이 Sarai를 수도로 한 킵차크Kipchak 칸국(1243~1480년)을 세웠다. 러시아인들은 몽골의 러시아 지배를 '타타르의 멍에'라고 표현한다. '타타르'라는 말은 원래 몽골의 한 부족명인 '달단'의 음사였으나, 러시아에 그 이름이 전해지면서 '지옥'이라는 뜻의 그리스어 '타르타로스Tartaros'와 연관되었다. 즉 몽골의 지배는 지옥 같았다는 것이다. 그 이후 '타타르'라는 말은 튀르크계 민족까지 포함한 유목기마민족 전체를 아우르는 통칭으로 변했다. 오늘날까지도 러시아에는 '타타르'라는 이름을 가진 몽골족 후예들이 살고 있다. 당시 서구인들이 러시아와 시베리아 지역에 진출할 엄두조차 내지 않았던 것은 바로 몽골족의 지배 때문이었다. 가혹한 몽골 지배자들은 러시아 사회를 무참하게 짓밟고 파괴했다.

"한 거대한 기생충이 러시아 민중의 생체에 달라붙어 그 즙을 빨아먹었다. 그리하여 그들의 생명력을 고갈시켰고 때때로 그 생체 안에 커다란 혼란을 일으켰다."

몽골의 수탈은 대단했다. 러시아 역사에 가장 굴욕적인 '몽골의 멍에'가 러시아의 서부지방에서는 약 1세기, 북부와 중부지방에서는 약 2세기, 시베리아와 인접한 남동부지방에서는 근 3세기나 지속되었다. 그러나 영원히 러시아를 지배할 수는 없었다. 강국으로 불렸던 킵차크 칸국도 러시아 여러 공국과의 대결에서 패전하면서 무너지고 말았기 때문이다.

몽골군의 침략에 대비하는 것으로도 벅찼던 넵스키에게 다른 주변국의 위협은 더 직접적이었다. 그는 발트 해 연안에서 강력한 적과 맞서고 있었다. 리투아니아, 스웨덴, 그리고 독일 기사단이었다. 로마 가톨릭 국가였던 이 세 나라는 노브고로드를 점령하는 것이 신의 뜻이라고 주장하며 호시탐탐 기회를 노리고 있었다. 이 중 가장 먼저 싸움을 걸어온 것은 스웨덴이었다. 1240년 7월, 스웨덴은 네바 강 하구 부근을 점령하여 노브고로드와 바다 사이를 끊으려고 했다. 넵스키는 러시아 농민군을 이끌고 전투를 벌여 완벽하게 제압했다. 스웨덴이 무너지자 1242년 독일 기사단이 노브고로드로 향해서 진군해왔다. 그들은 알렉산드르 넵스키가 포진한 노브고로드 근방의 페이푸스Peipus 호*까지 밀어닥쳤다. 넵스키는

---

* 러시아 프스코프 주(州)와 에스토니아의 국경에 있는 호수.

농민과 시민으로 결성된 군대를 이끌고 나가, 중무장한 독일 기사단과 정면으로 부딪쳤다. 노브고로드 근방의 꽁꽁 얼어붙은 페이푸스 호수에서, 철갑옷을 갖춰 입은 중장기병대와 원시적인 무장의 보병 부대의 서사적인 결전의 막이 오른 것이다. 치열한 전투 끝에 독일 기사단은 애국심에 불타는 러시아군에게 밀리면서 호수 안쪽으로 후퇴한다. 하지만 그들을 기다리고 있는 것은 깨져가는 얼음이었다. 거의 대부분의 독일 기사단은 깨진 얼음 사이로 빠져 들어가면서 익사하고 말았다. 넵스키의 날씨를 이용한 전략이 돋보이는 부분이다.

때는 4월이었다. 아무리 러시아라 해도 4월이면 얼어있던 얼음이 약해지는 시절이다. 넵스키는 호수를 주 전쟁터로 선택했다. 기병이 위주인 독일 기사단에 비해 러시아는 보병이 중심인 농민 군대였다. 일단 얼음 위에서라면 기병의 기동이 제한되고, 무게가 무거운 철갑기사들이 모이면 얼음은 깨지게 되어있었다. 전투는 얼음이 녹기 시작한 4월의 넓은 호수 위에서 전개되었다. 먼저 독일 기사단의 중장기병대가 넵스키의 중앙진을 돌파했다. 그러나 독일 기사단을 중앙으로 끌어들인 전략을 세운 넵스키는 양익으로부터 이들을 협공했다. 수킬로미터나 후퇴하던 독일 기사단은 발밑의 얼음이 깨지면서 대부분의 병력이 전멸하고 말았다.

스웨덴과 독일의 공격을 막은 넵스키에게도 몽골군은 너무 버거웠다. 강력했던 러시아 공국들이 몇 달 만에 다 점령당할 정도로 몽골군은 너무 강했다. 수보타이가 이끄는 몽골군은 폴란드의 레그니차^{Legnica} 전투에서 독일-폴란드 연합군을 격파하고 동유럽을 순식간에 석권한 무적의 병력이었다.

1242년 넵스키는 몽골의 힘을 인정하기로 결정한다. 그는 볼가 강 하류의 사라이로 가서 몽골의 칸 앞에 고개를 숙였다. 매년 조공을 하는 조건으로 전쟁을 피한 것이다. 몽골의 칸은 알렉산드르 넵스키의 군사적 업

상트페테르부르크에 서 있는 넵스키 상. 알렉산드르 넵스키는 러시아의 국민영웅이다.

적과 용기에 깊은 감명을 받았다. 칸은 '전 러시아의 대공'이라는 칭호를 그에게 주고 존중했다. 넵스키 덕에 노브고로드는 멸망하지 않고 번영할 수 있었다. 몽골군이 노보그라드 점령을 포기한 것은 힘이 없어서가 아니었다. 노보그라드를 지키는 알렉산드르 넵스키의 용맹성과 의리 때문이었다.

영화 〈알렉산드르 넵스키 Aleksandr Nevsky〉는 13세기 러시아에 실존했던 민족 영웅을 기린 영화다. 외적의 침입에 대적하여 벌인 영웅적인 그의 투쟁은 러시아인의 희망이었다. 1938년 당시 나치 독일의 위협을 받던 소련이 국민들을 결집하기 위해 정치적인 이유로 이 영화를 만들었다. 전쟁 내내, 세르게이 예이젠시테인Sergei Eisenstein의 〈알렉산드르 넵스키〉는 소련 연방 전역에서 상영되어 독일인에 대한 증오심을 부추기는 기폭제 역할을 한다.

넵스키는 민회라는 조직을 만들어 국민의 의견을 정치에 최대한 반영했다. 어렵고 힘든 노동자와 농민을 위한 정책을 펼쳤다. 공정무사한 재판과 통치로 국민들의 신뢰를 얻었다. 국민들은 넵스키가 팥을 콩이라고 해도 믿었다고 한다. 그러나 이 모든 것보다 더 뛰어난 것은 그의 정치적인 판단력이다. 세계 최강의 몽골군에게는 머리를 조아리고, 유럽의 침략군에겐 맞서 싸운 것이다. 현실을 중시한 무인 정치가다운 뛰어난 결단이었다. 많은 역사가들은 그의 판단이 노브고로드를 비참함에서 구한 결단이었다고 기록한다. 그가 죽었을 때 "사랑하는 아이들이여, 러시아의 태양은 가라앉고 말았다"라고 러시아 정교회의 주교가 통곡했다고 전해온다.

러시아 국민들은 알렉산드르 넵스키를 국민영웅으로 기리며 존경한다. 불가리아 소피아에 있는 '알렉산드르 넵스키 교회'는 러시아-터키 전쟁 당시 불가리아의 해방을 위해 터키와 싸우다 죽은 러시아 병사를 기리기 위해 세워졌다. 발칸 반도 최대 규모로 내부가 1,300제곱미터이고 군사 5,000명 이상을 수용할 수 있다. 러시아의 건축가 포메란체프Pomerantsev에 의해 디자인된 신비잔틴 양식Neo Byzantin style의 건물인 이 교회의 명칭은 명장 알렉산드르 넵스키에서 비롯된 것이다. 러시아 국민들은 그를 위해 많은 음악도 만들었다. 전 7장으로 이루어진 세르게이 프로코피예프Sergei Prokofiev(1891~1953)*의 칸타타(작품번호 78)가 대표적이다. 13세기 외침으로부터 러시아를 구한 용장 알렉산드르 넵스키 공의 사적을 노래한 영웅시다. 〈몽골의 지배하에 시달리는 러시아〉, 〈알렉산드르 넵스키의 노래〉, 〈프스코프에 온 십자군의 기사단〉, 〈일어서라, 러시아 인민〉, 〈빙상의 싸움〉, 〈시체의 전장〉, 〈알렉산드르 넵스키의 프스코프 입성〉 등이 있다.

---

* 소련의 작곡가. 러시아혁명을 계기로 1918년 미국에 망명, 오페라 《3개의 오렌지에의 사랑》 등을 발표한 후 유럽으로 건너가 《피아노협주곡 제3번》 등 많은 곡을 작곡했다. 소련의 여러 차례에 걸친 귀국 종용으로 조국으로 돌아가 발레 《로미오와 줄리엣》, 《알렉산드르 넵스키》, 《교향곡 제5번》 등을 완성했다.

도요토미 히데요시와
수공전술

〈대망大望〉이라는 일본 소설이 엄청난 인기를 끈 적이 있었다. 시대에 뒤처지고 싶지 않았던 나도 밤을 새워 탐독했던 이 소설에 최초로 일본을 통일한 오다 노부나가織田信長(1534~1582)와 임진왜란을 일으킨 도요토미 히데요시豊臣秀吉(1537~1598), 막부시대를 연 도쿠가와 이에야스德川家康(1543~1616)가 등장한다. 일본 전국시대가 통일되는 과정에 나타난 세 사람의 호걸이다. 이 세 사람의 성격은 극히 대조적이었다고 한다. 한 가지 예로 손안에 있는 새가 울지 않을 때 노부나가는 "울지 않는 새는 가치가 없다"며 죽여버리고, 히데요시는 어떻게든 새가 울도록 만들 것이며, 이에야스는 새가 울 때까지 기다렸을 것이란다. 결국 모든 수모와 치욕을 끝까지 참고 견딘 이에야스에게 하늘은 마지막 손을 들어준다.

오다 노부나가는 고정적인 패러다임을 거부하고 항상 창의적인 아이디어를 중시했던 장군으로 유명하다. 당시까지 군대의 주력이었던 농민군 대신에 무사들로 이루어진 직업군인 체제를 도입하여 강력한 군대를 만들었다. 조총부대를 3개조로 나누어 3열로 배치한 다음 1개조가 사격하는 동안 나머지 2개조는 엎드려 장전을 하게 한 후 연속해서 교대로 사격하도록 했다. 당시로서는 파격적인 전술이었다. 또 적장의 목을 베어

온 장수보다 정확한 적군의 정보를 가져온 병사에게 더 큰상을 주었다. 뛰어난 정보화마인드를 갖고 있었던 것이다.

분열되어 있는 일본을 하나로 통일시키겠다는 대망을 가지고 있던 노부나가는 그 당시 쇼군(將軍)이었던 아시카가 요시아키(足利義昭)를 이용하여 세력을 확장한다. 그러나 노부나가의 급속한 세력 확장에 불안을 느낀 요시아키는 노부나가를 공격하여 제거하려고 했다. 병력이나 무장으로나 요시아키의 상대가 되지 않아 노부나가는 속수무책인 것처럼 보였다. 그러나 폭풍우가 몰아치는 1560년 5월 19일 노부나가는 갑자기 출전 명령을 내린다. 부하들이 채 전투 준비를 갖추기도 전에 그는 가신 5명만 데리고 적진으로 말을 내달렸다. 2시간 후 적진에 도착했을 때는 약 2,000명의 군사만 간신히 뒤따라 왔을 뿐이었다. 이때 적의 병력은 2만 5,000명으로 노부나가 병력의 12배나 되었다. 그래서였을까? 적장은 악천후에도 불구하고 감시병조차 세우지 않은 채 방심하고 있었다. 비바람이 몰아치는 가운데 산그늘 밑을 통해 적의 심장부까지 접근한 노부나가는 일격에 적의 본진을 궤멸시켜 버린다. 이 전투를 계기로 노부나가는 중원의 패자로 떠오르고, 13년 후에 일본 열도를 최초로 통일하는 위업을 이룬다.

노부니가는 이 전투 출전을 앞두고 "인생은 한낮 봄꿈이요, 산 자는 반드시 죽으며, 만나면 헤어지는 것이 이치일진저"라고 노래하면서 춤을 추었다고 한다. 무심한 듯 보이는 그의 노래 속에서 무서우리만치 하늘의 흐름을 정확히 파악하면서 창의적인 사고와 함께 결단력 있는 뛰어난 리더십을 가진 한 사람을 만난다. 학자들은 오다 노부가나의 리더십을 이야기하면서 일본 전국시대 최고의 영웅이라고 말한다.

1534년 나고야(名古屋) 성주의 아들로 태어난 그는 일본 통일의 초석을 놓은 인물로 강력한 결단력의 소유자였다고 한다. 앞에서 소개한 요시아키와의 전투에서 폭우를 이용해 대승을 거둔 것은 그의 강력한 결단력 덕이었다. 그의 리더십의 두 번째 덕목은 끊임없는 혁신을 이루어 갔다는 것이다. 그는 각종 세금을 감면하고 상업을 장려하여 재정을 튼튼히 했음은 물론 민심 확보에도 성공했다. 그가 도입한 직업군인제도는 성공적이었으며, 전투에서 조총을 도입하는 혁신적인 전술을 사용했다. 나가시노 전투*에서 일본 전투 사상 처음으로 3,000여 소총병이 세 차례 일제사격을 통해 다케다 가쓰요리武田勝頼의 군사 1만여 명을 몰살한 것은 유명하다. 셋째로 그는 능력본위의 인재관리에 성공했다. 농민 출신인 히데요시를 발탁한 것은 대표적인 사례라 할 수 있다. 신분을 따지지 않고 능력위주의 합리적인 인재관리로 조직 경쟁력을 최고로 올렸다. 지휘관에게 가장 필요한 덕목은 리더의 혁신적인 마인드와 강한 결단력이다. 오다 노부나가가 일본 최고의 장수였다는 명예는 결코 우연이 아닌 것이다.

오다 노부나가가 살해당하면서 일본은 다시 혼란으로 빠져들었다. 이때 일본의 혼란을 수습한 장군이 도요토미 히데요시다. 그가 오다 노부나가에 발탁된 재미있는 이야기가 있다.

원래 그는 출신이 매우 비천하여 꼴을 베어 파는 생활을 했다. 어느 날 오다 노부나가가 출병할 때 히데요시가 옷을 벗은 채 수레 앞에 누워 있었다. 노부나가가 물었다.

"네가 하고 싶은 일이 무엇이냐?"

"너무 가난해서 살아갈 수 없으니 일거리를 주십시오."

노부나가는 그에게 똥 푸는 일을 시켰다. 그가 어찌나 변소를 깨끗이

---

* 1575년 5월 오다 노부나가와 도쿠가와 이에야스의 연합군이 다케다 가쓰요리의 군대를 미카와 시타라가하라에서 격파한 전투. 이 전투에 의해 오랜 세월동안 고민거리였던 다케다 가를 패배시킨 것에 성공한 오다 가는 세력을 확대했고, 또 하나의 고민거리였던 이시야마 혼간지에 대한 압력을 강화했다. 도쿠가와 가는 미카와를 완전히 장악하여 후타마타 성, 다카텐진 성을 되찾는 데 성공한다.

청소했는지 냄새는커녕 흔적 하나 없었다. 『선조실록』에 나오는 도요토미 히데요시 이야기로 그의 성실성을 너무나 잘 보여준다.

도요토미 히데요시는 1537년 농부의 아들로 태어났다. 오다 노부나가의 눈에 띄면서 무장으로서 생활을 시작한 히데요시는 수많은 전투에 참가하면서 장수로서 자질을 쌓아갔다. 뛰어난 전략전술과 용병술로 각종 전투에서 승리하면서 2인자 자리에 오르게 되었다. 이때 그의 주군主君인 오다 노부나가가 살해당했다. 그는 주군의 복수를 위해 군대를 일으켰다. 야마자키 전투에서 승리하여 원수를 갚은 후 주군의 숙원사업이었던 일본 통일을 위해 전쟁을 계속했다.

"히데요시는 노부나가의 파격성과 역동성을 그대로 물려받았다. 복잡한 의사결정과정을 단순화시켜 신속하고 정확하게 결정하고 기민하게 행동했다. 이와 같은 파격성과 역동성 그리고 신속성 등을 바탕으로 히데요시는 일본 통일의 위업을 달성할 수 있었다."

- 송치웅, 『일본의 역사 속에서 나타난 리더십과 국가』

도요토미 히데요시가 가장 즐겨 구사한 전술은 신속한 기동과 독특한 공성전이었다. 그는 평야에서의 전투보다 성을 공략하는 전두에서 발군의 실력을 보였다. 성을 공략하는 한 가지 방법은 성을 철저히 봉쇄함으로써 승리하는 방법이었고, 두 번째는 물로 공격하는 수공전술이었다.

초창기의 통일전쟁에서 도요토미 히데요시는 적군이 농성하는 성 주변을 봉쇄해 승리하는 방법을 사용했다. 미키 성을 포위해 공격했던 1578년 전투에서 그는 외부 지원을 철저히 차단했다. 먼저 성을 지원해 줄 가능성이 있는 주변의 작은 요새들을 파괴해 버렸다. 그런 다음 적이 성안의 병력을 구하기 위해 보낸 주력지원군을 전력을 다해 공격했다. 강력한 무사와 승려 지원군이 포위를 뚫으려고 했지만 히데요시의 함정에 빠져 실패하고 말았다. 식량이 떨어진 미키 성의 성주는 항복할 수밖에 없었다. 돗토리 성을 공략한 1581년, 히데요시는 2만 명의 병력으로 성을 포위했다. 그는 성안으로 들어가는 식량 공급루트를 완전히 차단했다. 성으로 갈 수 있는 강어귀에는 정예군을 배치했다. 쌀을 가득 실은 적군의 배 65척이 히데요시의 정예군에게 전부 침몰되면서 결국 성주는 항복하고 말았다.

초기의 봉쇄작전에서 성공한 히데요시는 그 이후 전투에서는 물을 이용한 수공작전을 펼쳤다. 일본은 우리나라보다 연 강수량이 많다. 기온과 습도가 높고 동중국해에서 동진하는 기압골의 영향으로 비도 자주 내린다. 특히 장마기간인 5월 하순부터 7월 초, 9월 상순과 하순경에는 많은 비가 내린다. 히데요시는 주로 전투가 벌어졌던 지역의 성들이 낮은 평야나 습지 부근에 위치해 있다는 점과, 비내리는 날이 많다는 날씨 조건을 철저히 이용했다.

일본 통일의 강력한 걸림돌이었던 모리 데루모토毛利輝元와의 1582년 전투 때다. 히데요시는 데루모토의 지원을 받던 다카마쓰 성高松城을 공격했다. 그는 먼저 3만 명의 병력으로 성을 포위했다. 그런 다음 성 주변으로 물을 막을 수 있는 둑을 쌓았다. 12일 만에 길이 4킬로미터, 폭 21.7미터, 높이 7.2미터의 제방이 완성되었다. 제방이 생기자 성은 마치 호수 안의 섬 같은 모양이 되었다. 여기에 비가 줄기차게 내렸다. 모리 데루모토의 군대는 포위된 성을 구하기 위해 밀려왔으나 히데요시군에게 격퇴당했다. 식량이 떨어지고 물에 잠긴 다카마쓰 성은 항복할 수밖에 없었다.

1584년에 있었던 타케가하나 성 공방전 때다. 히데요시는 다카마쓰 성을 둘러쌓았던 제방보다 더 크고 길고 높게 제방을 쌓았다. 물 안에 갇힌 지 한 달 만에 적이 항복했다. 일 년 후 벌어진 오타 성 공략 때도 히데

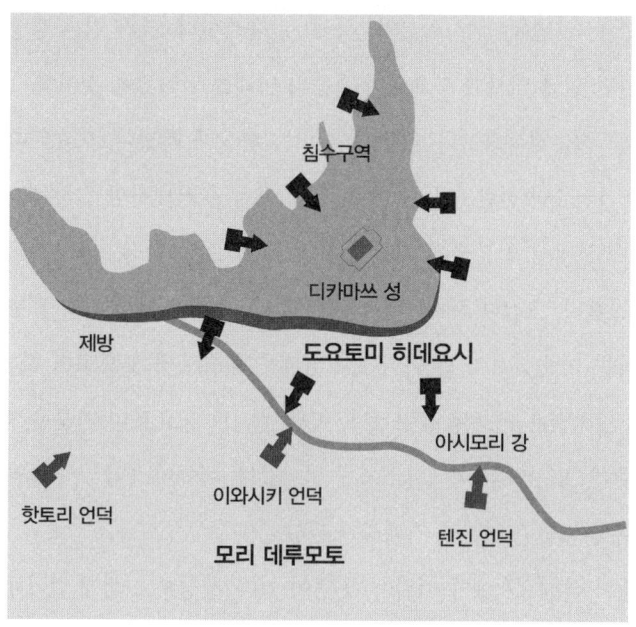

다카쓰 공성전 병력배치도와 수공작전

요시는 똑같은 방법을 썼다. 오타 성도 제방으로 둘러싸인 지 한 달도 못 되어 항복하고 말았다. 수공작전이 뛰어난 전술이 된 것은 첫째로 식량의 공급을 차단할 수 있다는 점, 둘째로는 성안이 다 물에 잠겨 버리므로 저항하기가 매우 어려워진다는 점 때문이다. 히데요시가 제방을 만들어 물이 빠져나가지 못하게만 하면 비는 자주 내리므로 성은 곧 물바다가 되어버린다. 제방을 쌓아 물로 공격했던 성들이 대개 한 달 이상 버티지 못하고 항복하고 만 이유다. 세계 전사에서도 보기 드문 히데요시의 공성전술은 바로 날씨를 이용한 수공전술이었다.

도요토미 히데요시는 이제 뛰어난 장수 겸 정치가로 등장하게 되었다. 그는 인내심이 있었고, 조직화 능력과 리더십이 뛰어난 인물이었다. 그는 가장 강력하게 그에게 대항하던 사쓰마薩摩의 시마즈島津 가문을 굴복시키고 1587년에 일본 최고의 장군으로 올라섰다. 그가 일본 경영에 주력했다면 일본 역사와 도요토미 가문의 미래는 달라졌을 것이다. 그러나 그는 중국을 정복하겠다는 말도 안 되는 환상에 빠졌다. 도요토미 히데요시는 1592년 한반도를 침략하면서 야욕을 드러냈지만 결국 실패하고 만다. 조선에서 일본군은 거칠 것 없는 진격으로 함경도까지 점령하는 데 성공했다. 그러나 문제는 바다에 있었다. 세계 역사상 가장 훌륭한 장군이라는 이순신이 버틴 바다에서 참패를 함으로써 도요토미 히데요시의 조선 정벌은 수포로 돌아갔다. 이를 계기로 도요토미 가문은 몰락하고 일본은 도쿠가와 이에야스에게 넘어갔다. 이에야스의 도쿠가와 막부는 이후 300년간 일본을 지배하게 된다.

우리가 히데요시에게 배워야 할 점이 있다. 진심으로 섬겨 얻어내는 전술이다. 추운 겨울이었다. 히데요시가 오다 노부나가 장군에게 발탁되어 신발 담당 심부름꾼으로 일할 때다. 날이 무척 추웠다. 장군의 신발이 꽁꽁 얼어붙었다. 히데요시는 가슴 안에 신발을 품어 따뜻하게 녹였다. 따뜻한 신발을 신은 장군은 생색을 내지 않고 진심으로 섬기는 히데요시에게 감격했다. 그날로 히데요시는 부장으로 승진을 했으며 이후 탄탄대로의 길을 걷게 되었다.

일본 다도茶道를 정립한 센리큐千利休(1522~1591)라는 사람이 있었다. 히데요시가 장군이 되어 센리큐의 집에 차를 마시러 오게 되었다. 아침에 오기로 했는데 전날 밤에 눈이 내리기 시작했다. 센리큐는 현관으로 들어가는 정원에 놓인 디딤돌에 돌 크기에 맞는 방석을 올려놓았다. 다음 날 아침 눈이 그친 후 센리큐는 방석들을 조심스럽게 치웠다. 히데요시는 자기가 밟는 디딤돌만 눈이 쌓이지 않은 것에 주목했다. 그는 생색내지 않고 자기를 섬기는 센리큐의 정중함과 존경의 마음에 감동했다. 이후 센리큐는 평민이었음에도 권력의 핵심까지 올랐다.

성경에는 무슨 일을 하든 주님께 하듯 하라고 한다. 주님을 섬기듯 상관을 충심과 진심으로 섬기면 복 받는다는 것이다. 성공하기 위한 최고의 전술은 충심으로 사람을 섬기는 것이 아닐까?

영국의 역사를 바꾼
두 윌리엄

아일랜드의 설화적인 시 '운명의 바람'은 사람이 태어날 때의 바람방향이 인간의 운명을 결정짓는다고 말한다. 서풍이 불 때 태어난 아이는 검소한 인생을 산다. 남풍일 때는 많은 친구들이 있고 사치스러운 삶을 산다. 북풍의 경우에는 전사戰士가 되고 동풍일 때는 부자가 된다고 한다. 만일 바람이 없이 죽음처럼 고요할 때 태어난 이는 바보가 될 운명이란다. 바람의 방향이 사람의 운명을 좌우할지 확신은 없지만 국가의 운명을 바꾼 적은 있었다. 영국의 운명을 말이다.

 영국은 5세기에 로마 제국에 의해 정복되었다. 서기 828년부터 1066년까지는 앵글로색슨족에 의해 지배를 받았다. 1066년에 이르러 노르만족의 침공을 받는다. 11세기경 유럽에서 군사적으로 가장 강한 민족은 노르만족이었다. 북유럽 해안에서 해적질을 일삼다가 서유럽에 침입한 그들은 프랑크 왕국으로부터 노르망디 공국 Duchè de Normandie을 차지한 후 세력을 키워갔다. 노르만족은 노르망디 땅에 정착하면서 그곳에서 많은 전법을 배웠다. 머지않아 유럽의 중기병과 요새 축성술에서 가장 뛰어난 실력을 갖추게 되었다. '전쟁에 길들고 전쟁 없이 살지 못하는 민족'이라는 평판을 얻은 그들은 전쟁으로 영토를 계속 확장해 나갔다. 이런 힘을 바탕으로 노르만족은 영국 왕위에 개입한 것이다.

1066년 잉글랜드를 다스리던 에드워드 참회왕Edward the confessor(1004~1066)이 죽었다. 그는 죽기 전에 노르망디 공 윌리엄을 후계자로 지명했다. 그러나 해럴드Harold Godwinson는 이를 무시하고 1066년 1월 6일 잉글랜드 왕으로 즉위했다. 해럴드가 왕이 되었다는 소식을 들은 윌리엄은 분노했다. 윌리엄은 해럴드에게 왕위 상속의 부당성을 선포하고 전쟁을 준비했다. 프랑스 노르망디 주변에 살던 노르만족 귀족들이 대거 전쟁에 참가했다.

해럴드는 5월 해군과 육군을 중심으로 강력한 방어선을 펼쳤다. 그러나 이복동생인 토스티그Tostig(1026~1066)가 군대를 동원해 영국 중부 동해안으로 공격해왔다. 해럴드는 반란군을 막기 위해 일부 부대를 이동시켰다. 엎친 데 덮친 격으로 9월에는 노르웨이 왕이 토스티그와 힘을 합쳐 쳐들어왔다. 해럴드는 노르망디 공 윌리엄의 공격보다는 발등의 불을 끄는 것이 시급했다. 그는 모든 병력을 동원해 반란군을 공격했다. 9월 25일 벌어진 대격전에서 잉글랜드의 해럴드 왕이 승리하기는 했지만 입은 상처도 컸다.

한편 프랑스의 노르망디에서는 윌리엄이 잉글랜드를 공격할 준비를 착착 진행하고 있었다. 그는 8월에 함선과 병사들을 디베스 강Dives 하구에 집결시켰다. 이제 남풍만 불면 바로 잉글랜드로 진군할 수 있었다. 그러나 역풍인 북풍과 서풍이 1개월 동안 강하게 불었다. 항구에 갇혀 있는 가운데 원정이 지체되었다. 윌리엄의 해군력은 폭풍으로 손실을 입었으며 병사들의 사기도 떨어졌다.

변화를 주기 위해 9월 12일에 서풍을 피해 프랑스 해안가를 따라서 솜 강 어귀까지 진출했다. 바람은 계속해서 북풍이 불었다. 윌리엄의 함대는 강어귀에 갇혀있을 수밖에 없었다.

"그는 풍향계를, 수도원 탑의 풍향계를 지켜보고 있네, 남풍이 불면 기뻐할 것이나, 북풍이 불면 남풍을 기다리면서 슬픈 눈물을 흘릴 것이네."

시인 위도에 의해 기록된 시로 윌리엄이 얼마나 남풍을 기다렸는지가 잘 표현되어 있다.

솜 강변에 병력을 집결시켰으나 바람의 풍향이 바뀌지 않는 한 잉글랜드를 공격할 수가 없었다. 약 두 달이 지났다. 9월 27일 기압골이 통과했다. 춥고 비가 내리는 변덕스런 날씨 속에 바람이 서풍에서 남풍으로 바뀌었다. 윌리엄은 기회를 놓치지 않았다. 다음 날 아침 윌리엄의 군대는 잉글랜드의 페번지^{Pevensey}에 상륙했다. 아무런 저항도 받지 않고 상륙할 수 있었던 것은 잉글랜드 왕 해럴드가 반란군을 진압하기 위해 전 병력을 북쪽으로 이동했기 때문이다. 윌리엄은 헤이스팅스 성$^{Hastings\ Castle}$을 점령했다. 시인 웨이스는 노르만인들이 두 달 동안 프랑스 해안가에 잡혀 있다가 남풍이 불어 잉글랜드에 상륙한 기쁨을 시로 표현했다.

"노르만인 모두가 충분히 음식을 먹고 마실 수가 있었으며 자신들이 잉글랜드 땅에 서 있음을 기뻐했다."

당시 윌리엄의 병력은 기병 2,000여 명, 보병 5,000여 명이었고 잉글랜드군은 보병 7,000여 명이었다. 10월 13일 저녁 잉글랜드군은 센락^{Senlac} 언덕을 점령하고 방어선을 구축했다. 잉글랜드군은 보병 밀집대형으로 중앙에 정예 상비군을 배치하고, 모든 보병이 방패와 창을 든 이른바 방패 벽을 형성했다.

헤이스팅스에서 진격해온 윌리엄은 중앙의 정예군을 직접 지휘했다. 각 부대는 3개 전열을 유지하고 제1전열은 궁수, 제2전열은 중보병, 제3전열은 기사로 편성했다. 궁수들과 중보병들이 적을 약화시킨 다음에 기사들로 하여금 결정타를 가한다는 전략이었다. 14일 9시 무렵 전투가 개시되자 노르만군은 먼저 궁수들이 활을 쏘아댔다. 그러나 언덕 위로 쏘아

해럴드는 헤이스팅스 전투에서 전사하고 윌리엄이 잉글랜드를 정복했다.

야 하기 때문에 화살 대부분은 잉글랜드군 머리 위로 지나가거나 방패만 맞추었다. 잉글랜드군은 지형의 이점을 활용하여 노르만 궁수 및 중보병 공격을 성공적으로 격퇴했다.

저녁때까지 공격이 아무 효과를 거두지 못하자 윌리엄은 색다른 방법을 시도했다. 궁수들을 언덕 위로 올려 보낸 다음 잉글랜드군과 약 90미터 거리에서 화살을 거의 수직으로 하늘을 향하여 날리도록 했다. 화살은 잉글랜드군에게 빗줄기처럼 쏟아졌다. 사상자가 발생하자 잉글랜드군은 겁에 질리고 혼란 상태에 빠졌다. 그 순간 기사들이 일제히 공격했다. 방패 벽은 무너졌으며 노르만군은 대승을 거두었다. 잉글랜드 왕 해럴드는 이 전투에서 죽고 말았다.

헤이스팅스 전투 이후 윌리엄은 잉글랜드 전체를 정복했다. 그해 크리스마스에는 웨스트민스터^{westminster} 사원에서 잉글랜드 왕위에 올랐다. 강력해진 노르만족은 12세기에 이르러 유럽에서 가장 강한 세력을 형성했다. 영토를 스코틀랜드, 아일랜드, 잉글랜드, 서부 프랑스를 거쳐 피레네 산맥까지 확장했으니 말이다.

영국을 침공한 노르만족의 왕이 둘 있었다. 재미있는 것은 둘 다 이름이 윌리엄이다. 1066년의 윌리엄이 영국 왕 윌리엄 1세 혹은 '정복자 윌리엄 William the Conqueror'으로 불린다. 1688년 영국을 침공한 윌리엄은 윌리엄 3세 혹은 '오렌지 공 Prince of Orange' 윌리엄이라고 부른다. 공통점이 하나 더 있다. 바로 남풍과 동풍의 도움을 받아 영국 정복에 성공했다는 점이다. 나중에 '프로테스탄트 바람'이라고 불리는 바람 말이다.

점성술사들은 역사가 바뀔 때 혜성이 찾아온다고 말한다. 서기 66년 로마에 저항한 유대인들의 반란이 있었던 시기와, 그로부터 4년 후 예루살렘이 파괴되며 종말을 고했을 때에 큰 혜성이 찾아왔다. 그리고 1066년 윌리엄의 잉글랜드 정복 직전에도 혜성의 기록이 있다. 영국이 노르만족의 지배를 받게 될 것을 하늘이 미리 알려준 것이 아닐까?

첫 번째 이야기가 11세기의 윌리엄 이야기라면 두 번째 이야기는 17세기 윌리엄의 이야기다. 두 번째 윌리엄은 프로테스탄트 바람의 도움을 받았다. 종교가 개입된 전쟁에서 개신교도들을 도운 바람을 '프로테스탄트 바람', 가톨릭을 도운 바람은 '파피시 바람'이라고 부른다.

16세기 후반 영국은 국왕과 의회 간의 견제와 대립이 끊이지 않고 있었다. 이 당시 영국의 왕이었던 찰스 1세 Charles I(1600~1649)는 독재를 펴면서 가톨릭을 옹호했다. 이에 의회를 중심으로 한 개신교도들이 왕에게 저항하면서 전쟁이 벌어졌다. 찰스 1세는 두 번의 전쟁 끝에 철기병을 이끄는 올리버 크롬웰 Oliver Cromwell(1599~1658)에게 잡혀 사형당하게 된다. 찰스 1세의 아들인 찰스 2세는 프랑스로 망명했고, 크롬웰이 호국경이 되어 독재정치를 펴기 시작했다. 1658년 크롬웰이 죽자 프랑스에 망명했던 찰스 2세 Charles II(1630~1685)를 불러들여 영국은 다시 왕정으로 복

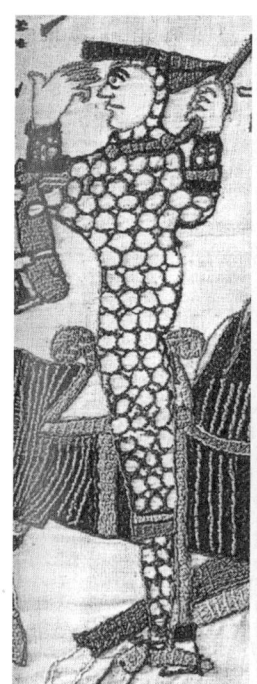

왼쪽) 태피스트리에 묘사한 정복자 윌리엄
오른쪽) 오렌지 공 윌리엄

귀한다. 귀국한 찰스 2세는 왕을 지지하는 왕당파 의원이 의회의 다수를 차지하자 독재정치를 시작한다. 프랑스 공주인 어머니의 영향으로 찰스 2세는 가톨릭교도들을 감싸기 시작했다. 이에 왕의 독재를 견제하고자 의회는 1673년 '심사율'을 통과시킨다. '심사율'은 영국 국교인 성공회교도가 아닌 사람은 모든 중요한 공직에 앉지 못한다는 것으로 가톨릭교를 견제하는 것이 주 내용이었다. 그리고 다음 해인 1679년 '인신보호율'을 제정했는데, 국왕이 아무런 이유 없이 국민을 잡아들이거나 가두지 못한다는 것이 주된 내용이었다.

찰스 2세가 왕이 되면서 다시 가톨릭으로 복귀하자 영국 국민들이 저항하기 시작했고, 왕의 권한을 제한하는 법이 만들어지면서 영국의 민주주의가 시작된 것이라 할 수 있다. 그런데 문제가 생겼다. 찰스 2세가 늙어 기력이 떨어져가면서 동생인 제임스 2세James II(1633~1701)에게 왕위가 돌아가게 된 것이다. 그런데 제임스 2세는 찰스 2세보다 더 포악한데다 독실한 가톨릭교도였다. 제임스 2세가 왕위에 오를 경우 다시 가톨릭과 개신교 사이에 종교로 인한 피비린내 나는 투쟁이 예상되었다. 영국은 제임스 2세를 반대하는 세력과 지지하는 세력으로 갈리게 되었다. 제임스 2세가 왕이 되어야 한다고 주장했던 사람들은 귀족, 목사, 지주 등이 주축이 된 왕당파였고, 반대파는 돈 많은 상인, 청교도들이 주를 이룬 자유파였다. 의회 안에서 왕당파와 자유파로 나뉘어 다투게 된 것이 영국 정당정치의 시초가 되었다.

왕위에 오른 제임스 2세는 가톨릭교 부활정책과 함께 독재정치를 시작했다. 심사율을 무시하고 가톨릭교도를 고위 관리로 임명하고, 의회를 견제하고 국민을 억압할 목적으로 상비군常備軍을 만들어 런던 근교에 배치했다. 이어 1687년과 1688년에 '신앙자유선언'을 발표했는데 이 선언은 가톨릭교를 부활시키려는 의도였다. 나라는 들끓었다. 이에 의회는 네덜란드 총독이었던 오렌지 공 윌리엄에게 군대를 이끌고 영국을 공격하도록 초청장을 보낸다. 오렌지 공의 아내는 제임스 2세의 딸로 개신교도였다. 영국 의회가 네덜란드 총독에게 자기 나라를 공격해 달라고 초청장을 보낸 것이다. 그만큼 종교적 갈등이 심했다는 뜻이다.

당시 프랑스와 영국 사이에서 어려움을 겪고 있던 네덜란드의 윌리엄은 영국을 공격하기로 결심한다. 윌리엄은 영국을 공격하기 위해 대규모의 함대와 군대를 모으기 시작했는데 당시의 전함은 바람의 영향을 절대적으로 받았다. 네덜란드가 영국을 공격하기 위해서는 동풍이 불어야만 했다. 그래야 네덜란드로부터 영국으로 항해할 수 있었고, 반대로 영국의 군함들이 아일랜드로부터 출발할 수 없었기 때문이다. 그래서 개신교도들을 도울 바람인 동풍을 '개신교 바람Protestant winds', 서풍을 '교황 바람Popish winds'이라고 부르게 된 것이다. 동풍이 불면 개신교 국가였던 네덜란드가 유리하고 서풍이 불면 가톨릭을 옹호하던 제임스 2세가 통치하던 영국이 유리했기 때문이다.

1688년 9월과 10월 줄기차게 서풍이 불어 윌리엄의 영국 공격은 애를 먹고 있었다. 영국 역사가인 매콜리Macaulay는 그 당시의 바람에 대해 "서쪽에서 불어오는 강한 바람은 오렌지 공의 영국 공격을 방해할 뿐만 아니라 아일랜드 군대를 더블린에서 체스터로 이동하는 것을 돕기에, 사람들은 교회 첨탑에 위치한 풍향계를 쳐다보며 서풍을 저주하면서 개신교 바람이 불기를 간절히 기도했다"라고 기록하고 있다. 윌리엄이 동원한 전함은 49척, 병력은 포병대를 포함하여 1만 6,000명이었고, 영국 왕 제임스 2세의 군대는 4만 명이었다. 드디어 11월 9일 화요일 네덜란드 해에서의 바람이 동풍으로 바뀌었다. 윌리엄이 이끄는 네덜란드 전함은 영국을 향해 출항했다. 13일에 함대는 템스Thames 강 어귀까지 진출했고, 15일에는 영국의 남서부 지역인 토베이Torbay에 상륙한다. 네덜란드의 영국 공격에는 바람이 절대적으로 도와주었다. 네덜란드에서 영국 근해까지는 동풍이 불면서 항해를 순조롭게 했으며, 영국 해협에서는 남서풍이 불어 토베이로 빨리 접근하게 해 주었기 때문이다. 반대로 포츠머스에 있던 영국 전함들과 템스 강에 있던 영국 함대는 정반대의 바람 때문에 해협으로 진격하지 못했다. 거의 300년이 흐른 지금에도 1688년의 그 바람은 신이 윌리엄을 인도했다고 하는 것에 대해 의문을 품는 사람이 거의 없다고 한다. 그 이유는 소빙하기였던 당시의 기후상, 또 계절적 특성상 불기 힘들었던 동풍이 불어 윌리엄을 기적적으로 도왔기 때문이다. 바람이 국가의 역사를 바꾼 좋은 사례라고 할 수 있다.

영국 남서부에 상륙한 윌리엄은 거침없이 런던으로 진격했고, 국내 귀족과 지방호족들도 윌리엄의 진영에 가담했다. 이들을 물리치기 위해 왕이 파견한 장군들도 윌리엄 진영에 투항했고, 왕의 둘째딸 앤도 윌리엄에게 가담한다. 사면초가에 몰린 제임스 2세는 프랑스로 도망칠 수밖에 없었고, 윌리엄은 아무런 피도 흘리지 않은 채 런던에 입성했다. 피 한 방울 흘리지 않고 권력자가 바뀌었다고 해서 후세의 사가들은 이 사건을 '명예혁명'이라고 부른다. 명예혁명으로 윌리엄은 윌리엄 3세로 불리면서 영국 왕위에 오르게 된다.

네덜란드가 17세기 유럽의 초강국이 되었던 이유는 포용 때문이었다. 전략적 관용을 통해 인구의 유입과 경제적 성장을 추구한 것이다. 기술자와 과학자와 예술가의 주류를 이루던 개신교도와 유대인들이 네덜란드로 모여들었다. 네덜란드는 급속히 부흥했다. 군사력에 의한 영토 확장 대신 군사력에 의한 자본주의가 그들의 전략이었다.

명예혁명으로 윌리엄이 영국 왕이 되자 아이러니컬하게도 네덜란드의 부는 영국으로 이전되었다. 이후 영국은 네덜란드로부터 세계 최강의 해상국가 지위를 넘겨받아, 해가 지지 않는 강력한 나라를 건설하게 된다. 『제국의 미래』를 지은 에이미 추아$^{Amy\ Chua}$는 말한다.

"부강하고 싶은가? 포용하라!"

추위와 가뭄과
넬슨 제독

발트함대*를 격파하고 일본이 러일전쟁에서 승리를 거두자 사람들은 도고 헤이하치로東鄕平八郎(1848~1934) 제독을 추앙했다. 승전 축하연에서 한 신문기자가 승리를 이끈 도고 제독에게 물었다.

"각하의 업적은 영국의 넬슨Horatio Nelson 제독, 조선의 이순신李舜臣 제독에 비견할 만한 빛나는 업적이라고 생각해도 되겠습니까?"

"나를 넬슨 제독과 비교하는 것은 괜찮지만 이순신 제독과 비교하지는 말라. 넬슨은 있는 것을 최대한 활용하여 승리한 명장이라면, 이순신은 아무 것도 없는 가운데 승리한 장군이기 때문이다."

해군 전사가들은 세계 최고 제독의 반열에 이순신, 도고, 넬슨 세 독을 올려놓는다. 이들은 뛰어난 전략가로 승리를 이끌어낸 명장들이었다. 이 중 넬슨은 나폴레옹 전쟁 당시 프랑스가 감히 바다를 넘보지 못하도록 영국 해군을 이끌고 수많은 승리를 거둔 지장이었다.

1799년과 1800년에 영국에 흉작이 들었다. 1799년에는 소빙하기의

---

* 제정 러시아의 유럽 방면을 지킨 주력함대. 당시 흑해함대 · 동양함대와 함께 러시아의 3대 함대 중 하나였다.

추운 겨울과 함께 비가 많이 내렸다. 강한 저기압이 상층까지 발달했다. 습하고 추운 날씨 탓에 곡물은 큰 피해를 입었다. 반대로 1800년에는 큰 가뭄이 들었다. 아조레스 고기압이 확장하면서 7월에는 전혀 비가 오지 않았다. 1799년과 1800년의 밀 수확량은 각각 평년의 약 절반과 4분의 3 수준이었다. 당시 영국은 곡물수입국이었다. 많은 양의 곡물을 북유럽과 동프로이센과 폴란드 내륙지방에서 들여왔다. 발트 해$^{Baltic Sea}$로 흘러드는 큰 강을 배를 이용해서 곡물을 실어 나른 것이다.

영국은 1799년 10월부터 1800년 9월까지 수확한 밀과 수입한 밀을 합해도 밀 소비량의 60퍼센트밖에 공급할 수 없었다. 1799년 1월에 49실링 6펜스에 팔린 밀이 1801년 3월에는 155실링에 거래되었다. 2년 만에 무려 3배 이상 오른 것이다. 식량부족과 급격한 빵 가격 상승으로 영국 곳곳에서 폭동이 발생했다. 1800년 3월에 한 포스터에는 "빵 아니면 피. 자유를 위한 프랑스인들의 투쟁을 당신들은 보지 못했던가?"라고 절규하고 있었다. 영국 정부는 잘못하다가는 혁명이 일어난 프랑스처럼 될까봐 안절부절했다. 영국 정부는 곡물 수입상에 대해서 정부 보조금을 지급하고, 곡물로 죽이나 증류주를 제조하는 것을 금지시켰다. 무료 급식소를 설치했고, 개인 기부금과 기증품을 받아 가난한 사람을 도왔다. 그러나 국민들의 불만을 해소하기에는 역부족이었다.

이때 러시아 황제가 정치적인 이유로 영국 배의 발트 해 입출항을 금지했다. 발트 해 입출항 금지는 영국이 동유럽에서 곡물을 수입할 수 없음을 뜻했다. 영국으로서는 정부의 존폐가 걸린 심각한 문제였다. 영국은 러시아의 발트 해 입출항 금지를 힘으로 막기로 했다. 1800년 11월 28일 영국의 함선들이 발트 해로 출항했다. 그러나 겨울로 접어드는 시기였기에 발트 해에 있는 러시아 군함에 대한 공격은 무리였다. 영국은 북유럽 중립국 중 영국에 가장 적대적이었던 덴마크로 타깃을 바꾸었다. 곡물

수출을 막은 러시아와 북유럽 국가들에 대한 응징이었다.

영국은 하이드 파커Hyde Parker를 사령관으로, 넬슨을 부사령관으로 임명했다. 실질적인 지휘관은 넬슨이었다. 넬슨은 해도와 각종 정보를 검토했고 세부 전투계획을 짰다. 덴마크군은 코펜하겐에 강한 방어벽을 구축했다. 요새들은 남북으로 포진되어 있고, 기동 포대의 화력은 대단했다. 코펜하겐 항은 모래톱 지대인데다 해풍이 종잡을 수 없게 부는 곳이기도 했다. 영국 해군이 항구로 진입하는 것은 불 속에 섶을 지고 뛰어드는 격이라는 일부 주장에 일리가 있었다. 공격을 미루고 덴마크 함대가 항구 밖으로 나올 때를 기다리자는 반대자에게 넬슨은 외쳤다.

"덴마크의 방어벽은 전쟁을 모르는 아이들에게나 겁을 줄 수 있을 뿐이다. 나는 기동력으로 덴마크 대포를 무력화할 것이다. 모래톱은 위협적이지 않다. 이집트의 아부키르Aboukir 만*에서도 우리는 모래톱을 헤치고 프랑스군을 대파한 적이 있다. 해풍에 너무 민감하게 안달할 필요도 없다. 바람의 방향에 따라 공격대형을 바꾸면 되는 것이다. 우리는 접근이 용이한 남쪽 방향에서부터 공격하고 사령관과 예비병력은 코펜하겐 북쪽에 대기한다."

3월 12일 아침 넬슨 함대가 코펜하겐으로 전진했고 전투가 시작되었다. 넬슨은 미리 파악한 모래톱을 피해 공격했다. 또한 해풍에 따라 적절하게 공격대형을 바꾸었다. 최대한의 기동력을 이용하여 해안포대의 공격에 대응했다. 양측이 혼신의 힘을 다해 포격을 주고받은 지 네 시간이 지났다. 그러나 어느 쪽도 우위를 점하지 못하는 것처럼 보였다. 코펜하겐 항구의 악명 높은 해풍이 잦아들고 있었다. 날씨는 넬슨 편이었다. 넬슨은 승리를 예감하고 마지막 총공격을 명령했다. 곧 덴마크의 전함이 포

---

* 이집트 알렉산드리아 동쪽에 있는 만. 나폴레옹의 이집트 원정군이 이곳에서 벌인 전투가 유명하다.

위된 채 항복했으며, 포 사격도 잦아들었다. 놀라운 대승이었다.

영국과 덴마크 전쟁의 발단은 영국의 날씨 때문이었다. 곡식을 확보하기 위해 영국은 전쟁을 불사했다. 전쟁에서도 날씨와 지형은 영국 편이었다. 넬슨은 덴마크보다도 코펜하겐 항구에 부는 해풍을 더 잘 이용했고 모래톱을 귀신같이 피해 전투를 벌였다. 특히 전함에게 항구의 모래톱은 치명적이었다. 도선사의 인도 없이 항해한다는 것은 모험이었다. 그러나 넬슨에게는 아부키르 만 해전$^{Battle\ of\ Aboukir\ Bay}$*이 도움이 되었다. 나폴레옹의 이집트 침공병력을 내려놓고 나일 강의 아부키르 만에 정박한 프랑스 해군은 강력했다. 당시 프랑스 제독 브뤼에스^{Brueys}는 전술적으로 적군의 공격을 막기 위해 방어가 가능한 진형으로 배를 배치했다. 그러나 넬슨에게는 프랑스의 허점이 보였다. 프랑스 함대의 전위가 위치해 있던 부근은 수심이 12미터밖에 되지 않는 얕은 여울로 모래톱이 있는 곳이었다. 전열함이 그런 위치에서 기동했다가는 자칫 좌초할 위험이 있었다. 그러나 넬슨은 그곳으로 진격하라고 명령했다. 게다가 그가 예하 함정들에게 돌입을 명했던 지점은 프랑스 함대의 중앙부와 후위가 아니었다. 넬슨은 오히려 수심이 얕은 프랑스 함대의 전위 방향으로 돌입하라고 지시했던 것이다. 이 당시 바람은 북쪽에서 남쪽으로, 즉 정박해 있던 프랑스 함대의 기준에서 보자면 전위에서 후위 쪽으로 불고 있었다. 이렇게 되면 프랑스 함대 후위는 전위 방향으로 이동하기 쉽지 않게 된다. 그 방향으로의 이동은 완전히 역풍을 맞게 되는 셈이고, 당시 전함에게 역풍은 기동에 큰 장애물이었기 때문이다. 프랑스 함대 후위는 전위가 공격당하더라도 지원할 수 없었다. 아부키르 만에서 모래톱의 어려움을 극복하고 바람을 이

---

* 1798년 8월 1~2일 호레이쇼 넬슨 지휘하의 영국 해군이 이집트에 주둔하던 나폴레옹의 프랑스 해군을 격침한 사건이다. 프랑스군의 손해는 약 1,700명이 전사하고(함대 총사령관 브뤼에스 제독 포함) 약 3,000명이 포로로 사로잡힌 것으로 평가된다. 영국군은 218명이 전사했다.

용하여 승리한 것이 코펜하겐 전투에서 승리한 원동력이 된 것이다. 영국은 세계적인 명장 넬슨 제독의 지휘로 대승리를 거두었다. 이후 나폴레옹전쟁 기간 동안 러시아나 북유럽 국가들이 영국에 감히 대항하려 하지 않았음은 물론이다.

넬슨은 적과의 전투에서 적군의 궤멸을 제1의 목표로 삼았다. 전사가들은 그가 적군을 궤멸하고 싶은 욕구에 지배된 것은 신의 섭리에 대한 철저한 믿음과 세속적인 존경에 대한 열망 때문이었다고 말한다. 그러나 믿음과 세속적인 존경의 열망이 승리를 보장하는 것은 아니다. 넬슨은 그런 심리적 요인을 받쳐주는 현실적 능력이 있었고 자신의 강점과 적의 약점에 대한 정확한 인식이 있었기에 가능했던 것이다.

넬슨의 과감한 공격정신은 후세의 해군제독들에게 많은 영향을 주었다. 세인트빈센트 해전에서 그는 적의 본대를 차단하기 위해 전열을 이탈하여 전투에 결정적 승리를 가져왔다. 형식에 얽매이지 않고 전쟁 상황에 가장 정확한 판단을 통한 공격이야말로 승리를 가져오는 지름길이라는 그의 소신이 드러난 전투였다. 아부키르 만 해전에서도 그의 전력운용 방식이 잘 나타난다. 전력이 절대적으로 열세였음에도 함대를 돌입시켜 프랑스 함대 거의 전체를 불태우고 나포하는 대승리를 거둔 것이다. 넬슨의 이런 성격은 지중해 함대사령관으로 툴롱Toulon 항을 봉쇄하던 때에도 잘 나타난다. 그는 기존의 항구나 해협봉쇄작전에서 사용하던 전술을 과감히 포기했다. 기존 전술은 봉쇄함대를 해안으로부터 수킬로미터 이내에 집중적으로 배치해 적함이 항구 밖으로 나오지 못하게 하는 것이었다. 그러나 그는 항구 근처에는 몇 척의 프리깃함만 배치한 후 본대는 해안에서 80킬로미터 이상 떨어진 곳에 배치하여 적의 전함이 항구 밖으로 나오도록 유도했다. 소극적인 해안봉쇄가 아닌 적극적인 해안봉쇄전술이라고 할 수 있다. 그의 최종 목표는 적 전함의 궤멸이었다. 그러나 가끔 이런 전술이 실패로 돌아갈 수가 있었다. 나폴레옹 함대의 이집트 원정이 툴롱 항에서 출발했는데 이들을 놓쳐버린 것이 좋은 예이다. 폭풍우가 부는 악천후이긴 했지만 말이다.

넬슨은 적에 대한 정확한 정보를 가장 중요시하고 전투에 적절하게 활용한 해군제독이기도 했다. 해전이 벌어지면 예상할 수 없는 상황이 발생하곤 한다. 아군 함대가 적군 함대에 접근할 때 최고 지휘관의 의도를 정확히 이해하는 것은 당시 통신수단의 한계를 뛰어넘는 것이었다. 넬슨은 자기와 전투를 같이할 함장들이 전투 상황에서 명령을 수행할 능력과 자세를 갖추도록 훈련시켰다. 이를 위해 그는 1803년에 만들어진 최신판 전술신호서를 휘하 전함들의 선장들이 활용하도록 했다. 이 당시 함대 내의 각 전함의 통신은 마스트mast*에 게양된 신호기를 눈으로 확인하고 이를 해독하는 방식을 사용하고 있었다. 이런 신호기들은 여러 장의 깃발을 조합하는 방법에 따라, 혹은 신호기를 매다는 마스트나 깃발의 위치를 다르게 함으로써 내용이 달라졌다. 예를 들어 붉은 색 한 장을 게양하면 '적군이 나타났음'이라는 내용이었다. 17세기 중반 이래로 수많은 신호체계의 변화와 개선이 있었음에도 여전히 신호기의 종류가 많지 않아 복잡한 내용을 전달하는 경우 많은 제한을 받았다. 1782년 판의 신호체계에서는 9종의 신호기를 결합시켜 총 729개의 신호문을 내보낼 수 있었는데 대부분이 짧은 문장구성으로 되어 있어 지휘관의 정확한 전투의도를 알리기 힘들었다. 1803년 폽햄Home R. Popham이라는 함장에 의해 개선된 신호체계가 완성되었다. 0~9에 해당하는 10장의 신호기를 조합하여 숫자 코드를 만드는 방식이었다. 코드를 알파벳에 배당하여 필요에 따라 영어문장을 그대로 옮겨 정확한 전투의도를 전달할 수 있었다. 영국 해군

---

* 선체의 중심선상의 갑판에 수직으로 세운 기둥

영국이 세계를 제패하는 해양대국으로 자리 잡는 데 공헌한 넬슨 제독.

은 기본적으로 신호서에 의한 코드로 의사소통을 하되, 필요할 때에는 깃발로 영어 문장을 만들어 메시지를 전하게 된 것이다. 이는 함정간 정보교환에서 획기적인 진전이었다. 함대간에 처음으로 자유로운 의사소통이 이루어진 것이다. 이런 방식을 과감하게 도입한 넬슨의 지휘력이야말로 대단하지 않은가? 또한 넬슨은 장교회의를 통해 사전에 정보를 공유했으며 심리적 자신감을 심어 주었다. 수시로 휘하 장병들에게 국가에 대한 충성심을 강조했고 행동으로 솔선수범했다.

영국이 세계를 제패하는 해양대국으로 자리 잡은 데에는 넬슨의 공로가 컸다. 그는 수많은 해전에서 승전을 거듭했고, 상대국들은 한결같이 영국에 패한 후 해군력이 몰락하는 결과를 가져왔다. 프랑스, 스페인, 네덜란드 등의 해군력 쇠락과는 대조적으로 영국은 오히려 전열함 109척, 프리깃함과 슬루프함 이하 함정 554척을 보유하여 명실 공히 세계 제1위의 해군국이 되었다. '영국의 해양패권$^{British\ naval\ mastery}$' 시대가 도래한 것이다. "해군 장교는 한시도 임무를 잊지 말아야 한다. 임무를 위해서라면 모든 사적인 고려는 배제해야 한다"는 넬슨의 말을 새기는 오늘이었으면 한다.

나폴레옹의 화려한 승리,
아우스터리츠 전투

"일단 중요한 교전을 벌이기로 결정하면, 성공을 위해 우연히 일어날 수 있는 일을 미리 대비하라. 승리를 확실히 하기 위한 모든 합리적인 수단을 마련했을 때, 우연히 발생하는 사건이 승리에 큰 도움을 주기 때문이다. 분명 행운은 우연하게 찾아오지만, 담대한 지휘관만이 기회를 이용할 수 있다."

나폴레옹의 전술은 공격적이었지만, 즉흥적이 아니라 철저히 준비된 것이었다. 또 그는 동물적인 감각으로 전투의 완벽한 타이밍을 잡은 군사의 천재이기도 했다.

1804년 나폴레옹이 프랑스의 황제로 등극했다. 이에 위협을 느낀 영국과 오스트리아, 러시아는 삼각동맹을 결성하여 나폴레옹에 대적했다. 나폴레옹은 10월 7일 다뉴브 강을 건너 오스트리아로 진격했다. 당시 유럽 군인들 평균 이동속도가 분당 70보인데 반해 프랑스군은 분당 120보를 이동했다. 거의 두 배 가까운 속도였다. 이 속도 덕분에 나폴레옹은 원하는 장소에, 원하는 병력을, 원하는 시간에 배치해서 적을 격파할 수 있었다. 나폴레옹의 부장 모로Moreau가 나폴레옹에게 "폐하는 언제나 소수를 가지고 다수에게 이겼습니다"라고 말하자, 나폴레옹이 "그렇지 않

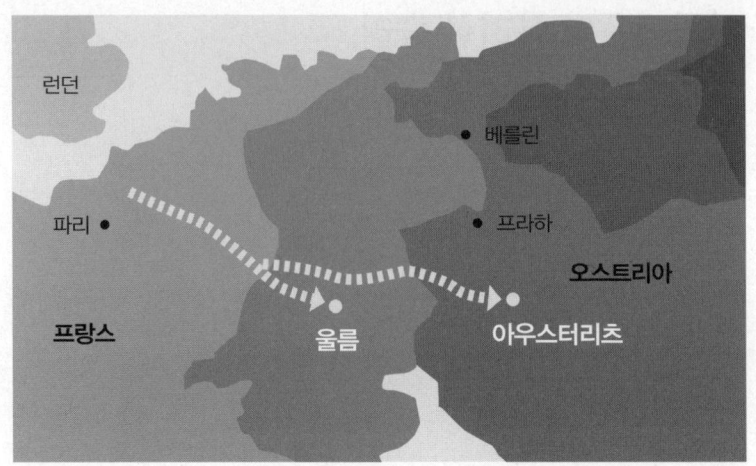

나폴레옹의 진격로

다. 나는 언제나 다수를 가지고 소수에 이겼다"라고 말한 것은 이 때문이다. 그는 전체 병력에서 밀릴지 모르지만, 전장에서만은 적보다 많은 병력으로 싸웠다.

나폴레옹은 그의 특기인 신속한 행군, 작전행동의 유연성, 그리고 병력을 집중해 적의 취약부분을 최대한 강타하는 전술로 오스트리아의 울름^{Ulm}을 포위했다. 그리고 이 전투에서 피 한 방울 흘리지 않고, 약 4만 8,000명의 오스트리아군을 항복시키는 승리를 거두게 된다.

오스트리아의 패배에 자극을 받은 프로이센이 병력을 동원하고 있다는 정보에 나폴레옹은 10월 26일 빈으로 진격했다. 소빙하기인 당시의 빈 날씨는 생각보다 추웠다. 늦은 밤이면 온도는 영하권으로 떨어졌고 습도도 높았으며 바람이 강하므로 체감온도는 상당히 낮았다. 병사들은 장거리 행군으로 지쳐 있었으며 식량사정 또한 좋지 않았다.

프랑스군을 기다리고 있는 러시아군은 명장 쿠투조프$^{Mikhail\ Illarionovich}$ $^{Golenishchev-Kutuzov(1745\sim1813)}$가 지휘하고 있었다. 쿠투조프는 톨스토이의 『전쟁과 평화』에도 등장하는 인물로, 날씨를 전투에 적극 활용한 것으로 유명하다. 그는 날씨가 추워질수록 나폴레옹군의 힘이 약해질 것으로 판단했다. 14만에 이르는 러시아 증원군을 기다리며, 교묘하게 접전을 피하면서 서서히 후퇴했다. 이 무렵 프랑스 해군이 영국의 넬슨에 의해 참패하고, 사기가 떨어진 프랑스 일부 군단이 러시아군에게 포위되는 상황도 벌어졌다. 이젠 더 진군하기도, 그렇다고 퇴각하기도 어려운 상황에 빠져 버리고 만 것이다.

가장 어려운 순간에 나폴레옹은 기가 막힌 작전을 구사한다. 11월 25일 정찰병은 나폴레옹이 군대 대부분을 아우스터리츠^{Austerlitz}로 이동시켰다고 보고해왔다. 나폴레옹의 부대가 프라첸^{Pratzen} 고원을 점령했다는 의미였다. 그러나 나폴레옹의 군대는 겨우 5만에 불과했다. 두 배 이상 동맹군이 유리한 상황이었지만 오스트리아의 프란츠 1세$^{Franz\ 1}$(1745~1765)는 11월 27일 휴전협정을 제안했다. 그런데 나폴레옹이 순순히 응하는 것이었다. 러시아 황제 알렉산드르 1세$^{Aleksandr\ 1}$(1777~1825)는 나폴레옹이 불리함을 깨닫고 휴전하려는 것이라고 생각했다. 나폴레옹에게 다녀온 특사는 나폴레옹이 불안정하고 어떻게 해야 좋을지 모르는 모습을 보였다고 보고했다. 이러한 소식은 나폴레옹과의 첫 교전에 안달이 나 있던 젊은 황제의 귀를 즐겁게 해주었다. 점령했던 프라첸 고원을 포기한 나폴레옹은 너무나 취약해 보였다. 나폴레옹의 남부전선은 약했고, 빈으로 통하는 남서쪽 퇴각로는 노출되어 있었다. 만약 동맹군이 남부의 핵심 거점인 프라첸 고원을 점령하여 남부전선을 무너뜨리는 동시에 퇴각로를 막은 다음 북쪽으로 이동해 프랑스 군대를 포위하면 나폴레옹은 파멸이었다. 절호의 기회였다. 러시아 황제와 젊은 장군들은 주저하는 오스트리아 황제를 설득했다.

"프랑스군은 장거리 행군에 따른 피로와 추위로 사기가 떨어져 있고 우리 증원군이 곧 도착한다. 게다가 날씨는 점차 추워지는데, 우리 러시아군은 추위에 강하지 않은가. 이제 조금만 더 기다렸다가 공격하면 완벽한 승리를 거둘 수 있다."

쿠투조프는 공격을 늦출 것을 강력히 주장했다. 그러나 러시아 황제 알렉산드르 1세는 나폴레옹군을 공격하기로 결정한다. 나폴레옹의 미끼를 문 러시아를 주축으로 한 동맹군이 아우스터리츠로 진군하기 시작한 것은 12월 1일이었다. 이때 동맹군은 9만 명의 병력에 278문의 대포를 가지고 있었다. 나폴레옹군은 2만 명의 예비대를 급히 합류시켜 총 6만 명의 병력에 대포 139문으로 동맹군과의 결전에 임했다. 비록 전체적인 수에서는 열세였지만 나폴레옹은 자신이 선택한 지형에서 싸울 수 있었다.

드디어 12월 2일 아침 일찍 공격이 시작되었다. 동맹군 대부분은 프라첸 고원으로 진격하여 그곳을 점령한 다음 남쪽으로 이동하기 시작했다. 프랑스의 취약한 남부전선을 공략하여 격멸하기 위해서였다. 이 전투의 핵심은 나폴레옹이 안개를 이용했다는 것이다. 2일 아침 전장에는 새벽 안개가 자욱하게 끼었다. 나폴레옹은 안개를 이용하여 병력의 이동과 기동을 은폐한 후 공격을 시작했다. 안개는 프랑스군의 기동을 감추어 주었다. 무난하게 승리할 것으로 예상했던 동맹군이었다. 그런데 이게 웬일인가? 뜻밖의 소식이 들려왔다. 프라첸 고원 너머 보이지 않던 대규모 프랑스 군대가 갑자기 동쪽으로 방향을 잡고 프라첸 마을과 동맹군 전선의 중심부로 곧바로 진격해 들어가고 있다는 것이었다. 러시아의 쿠투조프 장군은 위험을 직감했다. 동맹군의 중심부가 뚫린 것이다. 오전 11시 프랑스군은 고원을 재탈환하는 데 성공했다. 설상가상으로 남서부에서 프랑스군이 도착해 병력이 증강되었다. 이젠 동맹군이 포위당하는 상황이 되었다. 이제 프랑스군은 프라첸 마을을 통해 동맹군 전선의 중심부로 공격해왔다. 한편 동맹군의 남부 퇴각로를 차단해버렸다.

러시아군의 측면까지 안개 속에서 은밀히 진격한 프랑스군은 기습공격을 감행했다. 갑작스런 기습으로 대혼란에 빠진 러시아군은 지리멸렬하면서 밀리기 시작했다. 안개가 걷히면서 러시아군은 필사적으로 프랑스군 우측으로 반격을 시도했다. 그러나 이 작전은 오히려 동맹군이 둘로 나뉘는 결과를 낳아 결국 각개격파당하고 말았다. 동맹군은 북부, 중앙, 남부로 분열되어 서로 완전히 고립되었다. 정오가 지날 무렵 러시아 기병들의 필사적인 마지막 공격마저 수포로 돌아가자 러시아군은 후퇴하기 시작했다. 최남단에 위치하고 있던 러시아군은 프랑스군의 섬멸작전을 피해 필사적으로 포위망을 돌파해 달아났다. 그러나 많은 병력이 호수의 얼음 위로 도망하다가 얼음이 깨져 빠져 죽고 남은 병력은 포로로 잡히고 만다. 오후 5시경에 전투는 끝나고, 프랑스군은 이 전투에서 7,000명의 희생으로 적군 2만 7,000명을 사살하고 180문의 대포를 노획하는 대전과를 올린다. 오스트리아-러시아 동맹군은 엄청난 인명 손실을 입었다. 이 패배로 동맹은 붕괴되었고 전투도 종결되었다. 한편 패배 직전에 승리를 거둔 아우스터리츠 전투는 나폴레옹의 생애에서 가장 빛나는 승리로 기록되었다. 나폴레옹의 전쟁을 보면 날씨를 이용해 승리하는 경우가 많다. 이 전투에서도 나폴레옹은 군사적 열세를 안개로 만회하고 대승했다.

"지휘관은 기회를 창조해야지 기회가 오기를 기다려서 안 된다."

리더들이 나폴레옹의 이 말을 가슴에 새겼으면 한다.

이 전투에서 러시아군의 측면으로 공격해 들어간 것은 나폴레옹이 즐겨 사용하는 '배후 기동' 작전이었다. 그는 전장에서 장군들의 성향과 병사들의 심리를 파악하고 이용했다. 대개의 장군들은 공격을 위해서든 방어를 위해서든 가장 강한 군대를 정면에 배치한다. 나폴레옹은 장군들의 성향을 이용해 적과 정면으로 교전하려는 것처럼 위장했다. 그리고 많은 병력을 적의 측면이나 배후로 비밀리에 이동시켰다. 느닷없이 적군이 측면을 공격해 들어오면 어느 군대든 취약해진다. 순간적으로 위협에 대응하기 힘들며 방어를 위해 군대의 방향을 전환하는 순간 대혼란이 벌어진다. 전투에서 우위에 있는 군대라 할지라도 방향을 전환할 때는 십중팔구 단결력과 균형을 잃는다. 오늘 나폴레옹에게 배워야 할 것은 정면에서 공격하는 것은 별로 현명한 일이 아니라는 점이다. 승리하기를 원하는가? 적의 가장 취약한 곳이 어디인지 파악하라. 그리고 역량을 집중해 그곳을 공격하라.

"오랫동안 공고히 다져진 정면을 공격하는 일은 피하라. 대신 측면 이동을 통해 적의 몸을 돌리려 노력하라. 좀 더 뚫기 쉬운 측면이 진실의 공격에 노출될 것이다."

- B. H. 리들 하트

황제에 등극하고 아우스터리츠 전투에서 쾌승을 거둔 나폴레옹은 오만에 가까운 자신감에 불타고 있었다. 지나친 자신감을 바탕으로 나폴레옹은 프로이센의 영토를 가지고 영국과 흥정을 시작한다. 이 소식에 자존심이 상한 프로이센은 프랑스 타도를 외치며 동원령을 선포하게 된다. 이에 나폴레옹은 1806년 10월 20만 명에 달하는 병력을 동원하여 예나^{Jena}로 진출했고, 프로이센은 15만의 병력으로 대응한다.

전투가 벌어진 예나 지역의 10월 기상을 살펴보면 평균기온은 섭씨 7도로 서울의 11월 말 정도에 해당된다. 또 예나 지역이 구릉지대이긴 하지만 엘베^{Elbe} 강의 지류들이 많이 흐르기에 상대습도는 80퍼센트로 정도로 상당히 높은 편이다. 따라서 새벽에는 기온의 급강하로 인한 땅안개地霧가 많이 끼며, 한번 낀 안개는 늦게 걷히는 기상학적 특성을 보인다.

10월 14일 새벽 6시, 운명의 이날도 짙은 안개로 한치 앞을 내다보기 힘들었다. 나폴레옹은 "남이 회의할 때 나는 기동機動한다"라는 신념으로 20만의 대군을 순식간에 기동시키는 초인적 신속성을 보여준다. 짙은 안개 속에서 몰래 숨어 진격한 프랑스군은 "주님, 프랑스를 도우소서!"라고 외치며 포병의 엄호하에 프로이센군을 기습 공격한다. 안개속에서 예상외의 기습을 당한 프로이센군은 어이없이 무너지면서 후퇴한다. 프로이센은 전력을 다해 프랑스군의 진격을 저지하려 하지만 전 병력을 집중하여 강타한 나폴레옹에게 거점을 점령당한다.

동일한 시간에 예나 북동쪽에서도 전투가 벌어졌다. 전진하던 프랑스군이 새벽 6시에 프로이센군과 정면으로 마주친 것이다. 짙은 안개 속에서 프로이센군과 프랑스군은 치열한 백병전을 벌이게 된다. 이때 프랑스군 병력은 프로이센군의 반에도 미치지 못했지만, 짙은 안개가 프랑스의 병력열세를 감춰준다. 11시경 안개가 걷힐 무렵 도착한 프랑스군의 후속 부대가 합세하자 타격을 받은 프로이센군은 후퇴하게 된다. 이날 프랑스군은 적 2만 7,000명을 사살하는 놀라운 전과를 기록했다.

나폴레옹은 동시에 벌어진 두 곳의 전투에서 안개의 도움을 받아 쾌승했다. 그는 이 승리를 발판으로 여세를 몰아 숨 돌릴 틈을 주지 않고 프로이센을 몰아붙여 11일만에 베를린Berlin을 함락한다.

"나폴레옹이 훅 한 번 입김을 불었더니 프로이센은 그대로 사라졌다."

이 전투를 바라본 시인 하이네의 말이다. 겨우 2년 만에 나폴레옹은 영국, 오스트리아, 러시아, 프로이센 등 유럽의 강국들과 싸워 승리했다. 특히 주요한 전투였던 아우스터리츠와 예나에서 안개를 이용한 공격으로 대승리를 낚았는데, 전쟁에서 날씨가 미치는 영향은 엄청나다고 할 수 있다.

예나 전투에서 나폴레옹에게 대적했던 장군이 프리드리히 루트비히 호엔로에-잉겔핑겐Friedrich Ludwig Hohenlohe-Ingelfingen (1746~1818)이다. 독일의

〈아우스터리츠 전투에서의 나폴레옹〉, 프랑수아 제라르(François Gérard) 作. 나폴레옹은 "전쟁의 전개 상황과 주변 환경을 제어할 수 있어야" 승리할 수 있다고 말했다.

유서 깊은 귀족 가문 출신으로 화려한 전공戰功을 자랑하는 그는 프로이센을 대국으로 키워낸 프리드리히 대왕Frederich the Great(1712~1786) 밑에서 복무했다. 호엔로에는 전쟁의 승리는 우월한 전략의 구사, 조직력, 군기軍紀에 달려 있다고 보았다. 프로이센 군사들은 정교한 전술을 마치 한 대의 기계처럼 정확하게 수행할 수 있도록 끊임없이 훈련을 거듭했다. 독일 병정이 인형 같은 기계적인 인상을 준 것은 이 때문이다. 프로이센 장군들은 프리드리히 대왕의 승전 사례를 열심히 연구했다. 그들에게 나폴레옹은 기강도 훈련도 되어 있지 않은 병력을 이끄는 형편없는 장군이었다. 규율이 잡힌 프로이센군을 만나면 프랑스군은 혼비백산할 것이었다. 나폴레옹의 승전신화는 붕괴하고, 유럽은 옛날 질서로 복귀할 것이라고 그들은 장담했다. 그러나 막상 프로이센군이 프랑스군과 맞붙었을 때, 그들은 상상을 뛰어넘는 프랑스군의 기동력과 전투력에 경악했다. 호엔로에는 이런 군대를 본 적이 없었다. 프랑스 병사들은 악마 같았다. 기강 잡힌 자신의 병사들과 달리 그들은 자기 멋대로 움직였지만, 그들의 "미친 짓에도 나름대로의 질서가 있었다. 프랑스군은 어디에서 나타났는지 모르게 느닷없이 달려들어서 프로이센군을 포위해왔다. 프로이센군은 삽시간에 모래로 만든 성처럼 무너졌다. 예나 전투는 한때 무적이던 프로이센군의 굴욕적인 패배로 끝났다. 시대의 흐름을 파악하지 못했던 리더들이 만들어내는 전형적인 예였다."

"누구나 전쟁을 계획할 수는 있지만, 아무나 전쟁을 일으키지는 못한다. 진정한 군사적 천재만이 전쟁의 전개상황과 주변 환경을 제어할 수 있기 때문이다"라는 나폴레옹의 말이 가슴에 와 닿는다.

명장의 조건,
아라비아의 로렌스

"데이비드 린$^{David\ Lean}$(1908~1991) 감독은 날씨를 이용해 사람들의 복잡한 심리 상태를 묘사하는데 탁월한 재능을 가졌지요."

영화평론가들의 말처럼 데이비드 린 감독의 재능을 볼 수 있는 영화가 1962년 작 〈아라비아의 로렌스$^{LAWRENCE\ OF\ ARABIA}$〉다. 로렌스가 성냥의 불을 입으로 불어 끄는 순간 화면은 태양이 떠오르는 뜨거운 사막으로 바뀐다. 성냥의 뜨거운 불과 사막을 연결시킨 것이다. 로렌스의 고민하는 얼굴과 강하게 부는 모래바람이 번갈아 나타난다. 강한 모래바람은 그가 사막을 통해 아카바^{Aqaba}로 진군할 것과, 그에게 닥칠 사막행군의 어려움을 관객에게 암시해준다. 데이비드 린 감독의 영화 〈아라비아의 로렌스〉의 주인공이기도 T. E. 로렌스는 터키의 압제로부터 아랍 민족에게 독립을 안겨준 멋진 사나이였다.

16세기부터 터키의 지배에 놓인 아랍인들은 포악한 터키군의 말발굽 아래 신음해왔다. 독립을 위한 몇 번의 항쟁이 잔혹한 진압에 의해 수포로 돌아가면서 그들의 문화와 재산은 파괴당하거나 약탈당했다. 제1차 세계대전이 발발하면서 독일과 동맹을 맺은 터키는 아라비아 문자까지 말살하는 강압정책을 실시했다. 이에 더 이상 참을 수 없었던 아랍 부족들이 독립의 횃불을 높이 들었다.

아랍 부족들은 영국에 도움을 청한다. 1916년경 영국은 이집트에 25만 명의 병력을 주둔시키고 있었다. 영국의 최대 관심사는 중동지역을 장악하고 있는 터키로부터 수에즈 운하$^{Suez\ Canal}$*를 보호하는 일이었다. 나폴레옹 전쟁 때까지 이집트를 점령하고 있었던 터키로서도 수에즈 운하와 이집트는 탐이 나는 곳이었다. 영국의 머리^{Murry} 장군은 독립을 선언한 아랍부족의 왕인 후세인^{Hussein}(1854~1931)과 동맹하기로 한다. 시나이 사막으로 영국군이 진격해 들어가기로 하고 터키의 대응력을 분산시키기 위해 후세인이 헤자즈^{Hejaz} 지역에서 반란을 일으키기로 했다. 드디어 터키의 지배로부터 독립을 위한 아랍인 반란이 1916년 6월 메카^{Mecca}에서 시작되었다. 터키의 정규군 병력이 반란을 진압하기 위해 메디나로부터 메카로 공격해왔다. 잘 훈련된 병력과 우수한 무기로 무장한 터키군에게 아랍부족의 반란은 상대도 되지 못했다. 결국 아랍세력은 큰 타격을 입고 뿔뿔이 흩어졌다. 그러나 메카를 점령한 터키 군대의 잔인한 만행은 아랍민족을 자극했고 도처에서 아랍부족들이 반란을 일으켰다. 작전 초기부터 계획이 틀어진 영국은 시나이 반도로 진격하는 것을 포기하고 한 사람을 아랍부족에 파견한다. 바로 T. E. 로렌스$^{T.\ E.\ Lawrence}$(1888~1935) 대위였다. 당시 로렌스의 나이는 29세였는데 어려서부터 중동지역 여행을 좋아했고 지리와 문화 등에 대해 많은 연구를 했던 장교로 아랍인들에 대해 많은 것을 알고 있었다.

로렌스는 영국과 아랍의 동맹을 잇는 연락책 역할로 파견되었으나, 그

---

* 아시아와 아프리카 두 대륙의 경계인 이집트의 시나이 반도 서쪽에 건설된 세계 최대의 운하로 지중해의 포트사이드(Port Said) 항구와 홍해의 수에즈(Suez) 항구를 연결하고 있다. 수에즈 운하는 무엇보다도 아프리카 대륙을 우회하지 않고 곧바로 아시아와 유럽을 연결하는 통로라는 점에서 중요한 역할을 하고 있다.

는 현장에서 자신의 역할이 바뀌어야 함을 절감한다. 당시 아랍군은 무장이 원시적이었으며 기강도 없었다. 단 하나 장점은 낙타나 말을 이용한 기동성이었다. 이들을 데리고 터키 정규군과 정면에서 부딪쳐 싸운다는 것은 자살행위였다. 로렌스는 그들을 독자적인 비정규군으로 활용해야 승리할 수 있음을 재빨리 깨달았다. 그의 전략은 직접 터키의 정규군과 격돌하는 대신, 첫째로 헤자즈 철도를 중심으로 터키의 긴 통신로를 끊어 터키의 지휘라인을 마비시키고, 둘째로 연속적인 기습을 통해 터키군을 혼란에 빠지게 하며 아랍부족들에게는 반란을 부추긴다는 것이었다. 아랍부족의 반란이 다마스쿠스까지 이어진다면 대성공이 될 것이었다. 1917년 1월, 후세인의 아들인 파이살Faisal과 함께 벌인 그의 첫 작전은 대성공이었다. 반란을 진압하기 위해 메카로 진격하고 있던 터키군의 측면을 400킬로미터나 우회해 터키군과의 접전을 피한 후, 소수부족들을 반란군에 끌어들이며 아카바로 이동했다.

"이 전략은 적이 거대하면 거대할수록 효과가 좋다. 당신을 잡기 위해 혈안이 된 거대한 적은 당신에게는 먹음직한 표적이다. 적에게 정신적 혼란을 최대한 안겨주고 싶다면 작지만 가차 없는 공격으로 상대에게 좌절감과 분노를 심어주어야 한다. 완벽하게 텅 빈 존재가 되어라. 성과 없는 협상, 결론 없는 담화, 승리도 패배도 없이 한 없이 흘러가는 시간들. 한시도 쉼 없이 숨 가쁘게 돌아가는 세상에서 이런 전략은 사람들의 신경을 거슬리는 강력한 힘을 지녔다. 공격할 목표가 없으면 없을수록, 상대는 더욱 맥없이 무너져 내릴 것이다. 전쟁이란 대개 두 세력이 서로 만나기 위해 분투하는 접촉의 전쟁이다. … 아랍전은 분리의 전쟁이다. 광활하고 끝없는 사막의 침묵으로 위협하고 공격의 순간이 될 때까지 모습을 드러내지 마라. … 이 이론은 적과 교전하지 않는 무의식적인 습관으로 발전한다. 이는 또한 적에게 결코 목표를 제공하지 말라는 많은 이들의 충고와도 일치한다."
- T. E. 로렌스, 『지혜의 일곱 기둥 The Seven Pillars of Wisdom』

로렌스는 오합지졸이었던 아랍부족을 이끌고 게릴라 작전을 벌였다. 보급기지를 습격하여 터키군에 타격을 주었다. 철로를 차단하여 증원군이 반란을 진압하지 못하게 만들기도 했다. 황야와 사막으로 이루어진 중동지역은 십자군과 나폴레옹에게 날씨로 참패를 안겨준 곳이다. 이글거리는 한낮의 태양과 뼈 속까지 파고드는 한밤의 추위 속에서 때론 부하들을 비참하게 잃기도 했지만 로렌스는 연전연승했다. 터키에 결정적인 패배를 안겨주기 위해 로렌스는 모세 이후 누구도 건너지 못했다고 전해지는 죽음의 사막인 네푸드Nefud 사막을 통해 아카바를 점령하기로 한다.

"한낮에는 50도를 웃도는 폭염, 밤에는 뼈까지 스며드는 사막의 추위는 정말 견디기 힘들었다. 마치 밤처럼 느껴질 정도의 시커먼 모래바람은 행군은커녕 눈조차 뜰 수 없게 만들었다. 타필라 지역에서의 혹한과 쌓인 눈과 강한 바람, 생명이라곤 하나도 없는 황폐한 땅으로의 행군 등은 모두 날씨와 내 의지의 싸움이었다."

극한 날씨를 이겨 낸 2개월간의 행군 뒤 1917년 7월 6일 홍해의 북쪽 끝에 있는 아카바를 점령했다. 터키에 치명적인 패배를 안긴 것이다. 이후 로렌스는 열사병과 장티푸스 등으로 죽음과 싸우면서도 초인적인 의지로 아랍부족을 이끌고 전진에 전진을 거듭했다. 결국 예루살렘 탈환작전에 이어 1918년 9월 다마스쿠스Damascus*를 점령함으로써 최후의 승리를 차지한다.

---

* 시리아의 수도로, 안티레바논 산맥의 동쪽, 파라다 유역에 있다. 아시리아, 아카이메네스조 페르시아, 셀레우코스조 등의 지배를 받고 이어서 로마의 속주(屬州)가 되었다.

역사를 보면 날씨를 극복하고 승리를 쟁취한 군인은 명장이라는 칭송을 받는다. 한니발과 나폴레옹은 혹한과 눈보라가 몰아치는 알프스 산맥을 넘었다. 칭기즈 칸은 러시아의 진창과 혹한을 이겼다. 알렉산드로스 대왕은 황야와 사막과 우림을 이겨내었다. 비록 위관장교였지만 극한의 날씨를 이기고 승리한 로렌스도 위대한 명장의 칭호를 받을 자격이 있는 것이다.

로렌스의 행적을 가장 잘 볼 수 있는 것이 데이비드 린 감독의 영화 〈아라비아의 로렌스〉(1962년)이다. 무려 10년 넘게 걸려 만든 만큼 실제와 가장 부합하는 작품을 만들려는 감독의 욕심이 컸던 영화로 알려져 있다. 영화에 나타나는 사막전투는 너무 실전과 흡사해 전쟁영화의 본보기가 되었다고 한다. 영화를 통해 아라비아의 로렌스의 활약을 보는 것이 이해하기가 쉽다. 1916년 영국과 터키의 상황부터 영화는 시작한다. 영국은 터키군의 공격에 속수무책이다. 사기충천한 터키군은 시리아와 팔레스타인 방면에서 승리하면서 20만 대군을 다마스쿠스 부근에 집결시킨다. 이집트 원정 준비를 마친 것이다. 이에 영국은 아랍부족을 이용한 반란으로 터키가 이집트 원정을 할 수 없도록 계획을 세운다. 그리고 29세의 영국군 장교 로렌스를 아랍부족으로 파견한다. 로렌스는 1917년 아랍 베두인족을 규합하여, 활발한 게릴라전을 감행한다. 네푸드 사막을 횡단하여 아카바 만에 진출하는데 성공한다. 그는 아랍부족을 이끌고 북쪽으로 진군하여 영국군의 예루살렘 공략을 지원한다. 결국 1918년 터키군 본거지인 다마스쿠스에 입성하면서 전쟁의 판도를 바꾸는 놀라운 공을 세운다.

그의 병사들이 날씨를 이겨낸 힘은 무엇이었을까? 로렌스는 이기적이었던 아랍족장들을 독립이라는 이상에 헌신하도록 만들었다. 적의 노획물을 공평히 나누었다. 아랍민족과 언어와 의상, 마음에서 일심동체의 생활을 했다. 상상을 초월하는 기동작전으로 터키군에 타격을 줌으로써 전폭적인 신뢰를 얻었다. 살인 사건으로 아랍부족 연합이 깨질 위기에 놓이자 자기가 사랑하는 몸종을 친히 사형을 집행하는 읍참마속을 통해 공정한 리더라는 인식을 주었다. 사막에서 낙오한 아랍인을 구하기 위해 목숨까지 걸어 사막으로 되돌아간 그의 행동은 아랍인에게 깊은 감동을 주었다. 이러한 리더십이 그와 병사들이 극한 사막과 황야를 건너게 한 원동력이었던 것이다.

로렌스는 비정형전술 이론을 발전시킨 대가로 칭송받는다. 게릴라전이라는 새로운 종류의 전쟁이론을 발전시키고 실제로 행동에 옮긴 최초의 현대 전략가가 로렌스라는 것이다. 로렌스는 아랍 편에 서서 터키와 싸웠다. 그는 아랍군을 광대한 사막에 분산시켜 적에게 어떤 목표물도 허용하지 않았다. 보이지도 않는 군대와 싸우기 위해 터키군은 얇게 포진하고 이동하느라 힘을 소모했다. 터키군의 화력이 월등했지만, 이 전쟁에서 주도권을 쥔 것은 아랍군이었고 터키군의 사기는 갈수록 떨어졌다.

"대부분의 전쟁은 접전 방식으로 이루어지지만 우리는 분산되어 적을 상대해야 한다. 광대한 사막의 적막한 공포로 적을 에워싸고 공격 때까지 모습을 드러내지 않아야 한다."

상대적으로 전력이 약할 경우 교전은 너무 위험할뿐더러 희생 또한 크다. 반면 치고 빠지는 우회전은 더 효과적이고 희생도 훨씬 적다. 적을 교란시키는 데는 비정형적인 전술보다 나은 것이 없다. 그의 전략은 중국의 마오쩌둥 毛澤東, Mao Zedong(1893~1976)에게 영향을 미쳤고 중국의 공산화에도 일조를 했다. 오늘날 아프가니스탄에서 탈레반이 벌이는 전술도 이와 비슷하다.

그는 전쟁에서 사용되는 비정형전술과 전략을 세운 사람으로도 유명하다. 도대체 전략가들도 공부하게 만드는 로렌스의 전략은 무엇일까?

아랍 복장을 한 T. E. 로렌스. 아랍부족을 이끌고 터키군에 저항했다.

손자병법과의 비교를 통해 알아보자. 첫째, 그는 베두인족과 일심동체의 전략을 사용했다. 그는 아랍인처럼 행동했다. 아랍어로 말하고 아랍의상을 입어 아랍인들이 자기 민족으로 인정하게 했다. 아랍인 몸종이 사막에서 낙오하자 되돌아 가 목숨까지 걸고 구출했다. 이런 모습을 본 베두인족은 그를 지도자로 인정했고 그의 지휘 아래 전력을 다해 터키군과 싸웠다. 손자병법 모공편에 보면 '상하동욕자승上下同欲者勝'이라는 말이 있다. 위와 아래가 하고자 하는 것이 같을 때 비로소 승리한다는 말이다. 둘째, 그는 적군의 혈관과 같은 병참선을 공급했다. 예를 들어 터키군의 보급열차를 골라 습격하고 통신망을 절단했다. 손자병법 군쟁편에 "군대에 수송부대가 없으면 망하고, 양식이 없으면 망하고, 비축물자가 없으면 망한다"는 말이 있다. 적군에게 심대한 타격을 가하는 전략인 것이다. 셋째, 상상을 초월하는 기습 전략을 펼쳤다. 죽음의 사막을 가로질러 아카바 만에 진입했고, 영국군에 앞서 다마스쿠스를 공격한다. 손자병법 시계편에 "적이 준비되지 못한 곳을 치고 도무지 상상도 못할 방향으로 나간다"는 전술이다. 그의 놀라운 전략전술은 그 이후의 전쟁에서 게릴라전의 표본이 되었다.

1918년 영국 왕 조지 5세는 로렌스에게 친히 기사의 작위인 바스 훈위와 수훈장을 주고자 했다. 로렌스는 정중히 사양했다. 모든 정치·경제적인 보상을 정중히 거절한 채 명예롭게 물러났다. 자유를 사랑하던 로렌스는 "구하는 자만이 구할 것이요, 찾는 자만이 찾을 것"이라고 말했다. 자기가 구해야 할 것이 무언가를 알았고 또 얻었던 로렌스는 20세기의 진정 위대한 사나이이자 최고의 리더였다.

III

자연은 아무도 예측하지 못한다

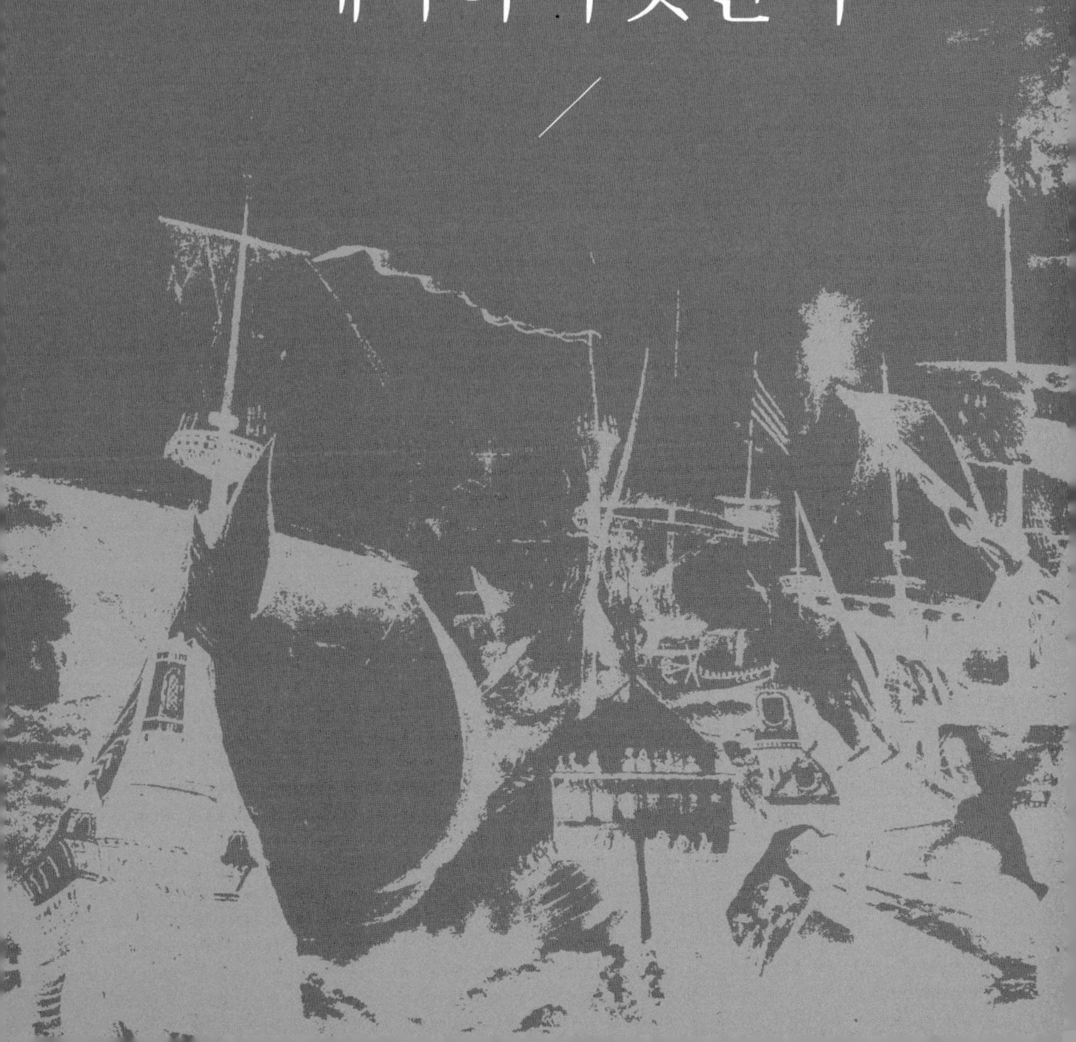

물과 전염병으로 이긴
히즈키야

〈반지의 제왕 - 왕의 귀환〉을 보면 죽은 영혼들이 나온다. 영화에서는 악한 사우론^{Sauron}의 군대가 인간을 멸망시키기 위해 공격해 온다. 사람들은 모든 전사를 규합하지만 상대가 되지 않는다. 이때 죽은 자들의 군대를 깨워 전투에 참여하게 만든다. 영혼 군대의 맹활약으로 인간은 승리를 거두게 된다. 영화에서는 육체로는 만져지지도 보이지도 않는 악령, 요정, 죽은 사람의 영혼 등을 등장시켜 말도 하고 전쟁에도 참여시킨다. 그런데 성경에도 이런 영적인 존재들이 전투를 벌인다. 남유다 왕국의 히즈키야^{Hezekiah} 왕이 아시리아^{Assyria}*의 센나케리브^{Sennacherib} 왕과 벌인 전쟁에서다. 신의 사자들이 남유다 왕국을 도와 아시리아 병사들을 밤새 몰살한다. 어떻게 영혼들이 칼을 들고 싸우고 병사들을 죽일 수 있을까?

기원전 8세기경, 중동지역에서 힘 좀 쓰면서 강한 나라로 행세하던 이집트가 점차 약해지고 있었다. 이때 현재 이라크에 해당하는 지역에서 주변 지역을 통일한 강력한 나라가 나타났다. 바로 아시리아였다. '지는 해'

---

* '아시리아'는 고대 도시이자 이 나라의 수도였던 아수르(Assur)에서 유래한 명칭이다. 초기에는 티그리스강 상류 지역을 가리켰지만, 나중에는 북부 메소포타미아 전체, 이집트, 아나톨리아까지 지배하는 대제국으로 성장했다.

인 이집트와 '떠오르는 해'인 아시리아가 부딪친 곳이 중간에 있던 북이스라엘과 남유다 왕국이었다. 이집트나 아시리아 모두 남유다와 북이스라엘에게 조공을 바치고 자기들의 신을 믿으면 보호해 주겠다고 했다. 북이스라엘이 아시리아의 요구를 단호하게 거절하자 기원전 722년 살만에세르^{Sharmaneser}(B.C. 727~722) 5세가 이끄는 아시리아군이 북이스라엘을 공격했다. 북이스라엘은 무려 2년 동안 온 힘을 다해 아시리아에 대항하여 싸웠으나, 수도인 사마리아^{Samaria}가 함락당하면서 역사 속으로 사라지고 말았다. 북이스라엘이 아시리아에 점령당하고 처참하게 멸망하는 것을 본 남유다 왕국은 큰 충격을 받았다. 이들은 자기들이 섬기는 유일신 여호와가 나라를 지켜주지 못할 것이라고 생각했다. 남유다 왕 아하스^{Ahaz}(B.C. 736~716)는 아시리아와 이집트 사이에서 줄타기를 하며 조공을 바치고 그들이 섬기는 신을 모셔다 숭배하기 시작했다.

그러나 히즈키야가 왕위에 오르면서 사정이 달라졌다. 히즈키야 왕은 여호와에 대한 신앙심이 매우 돈독했다. 그는 아버지 아하스 왕이 세운 우상 신전과 목상들을 부숴버렸다. 백성들이 여호와 앞으로 나와 회개하도록 만들었다. 여호와만이 유다 왕국을 지켜줄 것이라고 역설했다. 유대인의 가장 큰 절기인 유월절을 지키도록 했다. 그는 아시리아에 바치던 조공을 거부했다. 화가 난 아시리아의 센나케리브 왕은 기원전 701년 남유다 왕국으로 쳐들어왔다. 아시리아는 남유다 제2의 도시인 라기스^{Lachish}를 공격했다. 라기스 성의 수비병력은 아시리아 병력에 비해 10분의 1도 되지 않았음에도 목숨을 아까워하지 않고 결사적으로 저항했다. 센나케리브 왕의 군대는 라기스 성을 포위했다. 그리고 수만 명의 궁수가 성벽 위의 수비병에게 화살의 비를 퍼부었다. 수비병들도 화살을 날렸지만 아시리아 궁수들이 앞에 설치한 큰 방패에 막히고 꽂힐 뿐이었다. 아시리아군은 유다 병사들의 시선을 활에 집중시킨 후 기술자들을 동원해

성벽 옆에 거대한 경사로를 만들었다. 성의 수비병은 궁수병과 보병의 공격을 막기에도 역부족이라 경사로 만드는 일을 저지하지 못했다. 경사로가 완성되자 아시리아군은 누거樓車*와 충차衝車**를 밀어 올렸다. 처절한 수비도 아시리아군의 총공격을 막아낼 수는 없었다. 누거에 타고 있던 아시리아군이 성안으로 들이닥치면서 라기스 성은 함락되었다. 센나케리브 왕은 남녀노소를 막론하고 성안의 사람들은 모두 목 베어 죽였다. 라기스의 수비를 지휘한 지도자들은 그 시체를 긴 나무꼬챙이로 꿰서 성벽 위에 매달았다.

라기스를 함락한 수십만 명의 아시리아군이 예루살렘으로 진격해 왔다. 히즈키야 왕이 생각한 것보다 아시리아군은 너무 강했다. 이에 히즈키야는 적의 공격 예봉을 꺾고 시간을 벌기 위해 아시리아의 왕에게 화친을 제의했다. 성안의 모든 금과 신전의 금은까지 주었다. 아시리아가 퇴각하자 히즈키야의 마음이 바뀌었다. 앞으로도 계속 수많은 공물을 바쳐야 하는데다가 저들이 요구하는 대로 아시리아의 신을 섬겨야만 했기 때문이다. 히즈키야 왕은 이집트와 힘을 합쳐 아시리아를 무찌르겠다는 계획을 세운다. 그러나 남유다를 도우려고 출병한 이집트와 에티오피아의 연합군이 아시리아군에게 패배하고 말았다. 아시리아군은 남유다 왕국의 모든 성읍을 초토화하고 다시 예루살렘으로 진격해 왔다. 그런데 이렇게 긴박한 상황에 히즈키야 왕은 군사들을 동원하거나 성을 쌓지 않고 생뚱한 일을 벌였다. 물 공사를 벌인 것이다.

히즈키야 왕이 물 공사를 한 것은 예루살렘의 날씨와 지형 때문이다. 예루살렘 지역은 매우 건조한 기후 특성을 보이는데다가 5월부터 10월

---

* 망루를 설치하여 적의 성이나 진지를 내려다볼 수 있게 만든 수레.
** 많은 사람을 태우는 이동 타워와 성벽을 때려 부수는 망치가 달린 차.

까지 6개월간은 거의 비가 내리지 않는다. 산 위에 위치한 예루살렘 성에는 샘물이 없었고, 성에 사는 사람들은 성 밖에 있는 기혼^{Gihon} 샘*에서 물을 길어다 먹었다. 그런데 아시리아군이 쳐들어와 성을 포위하면 샘물을 빼앗기게 되니 성안에서 버틸 수가 없게 되는 것이다. 히즈키야 왕은 성안에서 아시리아군에게 대항하여 싸우기 위해서는 무엇보다 물이 필요함을 알았다.

"히즈키야가 산헤립이 예루살렘을 치러 올라 온 것을 보고 그 방백과 용사들과 더불어 의논하고 성밖에 모든 물 근원을 막고자 하매 저희가 돕더라."
(역대하 32:2)

왕의 명령에 공병대가 동원되어 바윗굴을 파기 시작했다. 남유다 왕국의 공병대원들은 성 밖의 수원^{水源}인 기혼 샘을 막아서 아시리아군이 이용하지 못하게 만든 다음에, 성안으로 물을 끌어들이는 터널을 파기 시작했다. 만일 아시리아 군사들이 예루살렘을 포위하면 성 밖의 기혼 샘을 이용할 수가 없기 때문이다. 기혼 샘에서부터 지하 터널을 파서 성안의 실로암 못으로 물을 끌어들이기 위한 공사는 너무 어려웠다. 두 사람이 힌끼빈에 작업하기도 힘든 폭 60센티미터의 좁은 공간에서 횃불의 그을음과 사방으로 튀는 돌가루를 뒤집어쓴 채 청동 도끼로 바위를 부수는 난공사는, 아시리아군의 진격속도와 겨루는 전쟁이기도 했다.

오랫동안 성을 사이에 두고 전투를 벌이는 공성전에서는 식량과 물의 확보가 가장 중요하다. 당시에는 건기에 물의 공급을 막고 성을 포위하는

---

* 예루살렘의 동쪽 기드론 골짜기에 있는 샘이다. 기혼이란 이름은 '넘쳐오는 샘'이란 뜻이며, 오늘날에도 우기에는 이곳에서 하루에 5회 정도 풍부한 물이 솟아오른다.

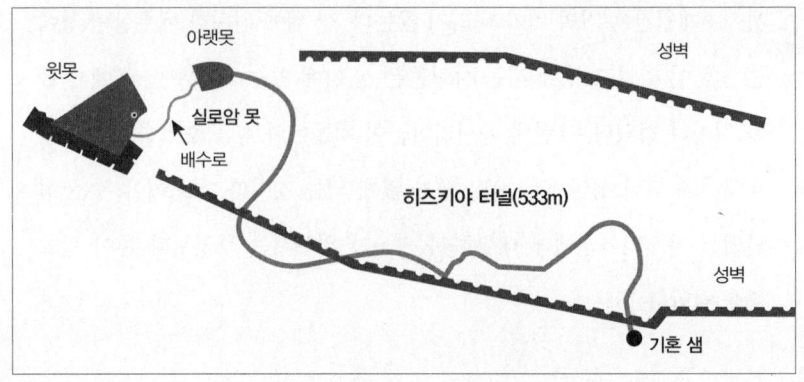

히즈키야 왕이 판 히즈키야 터널의 구조

전술을 주로 사용했기 때문이다. 지하로 흐르는 수로는 단단한 암반 밑에 만들어졌기 때문에 아시리아군은 예루살렘 성이 안전하게 물을 공급받는다는 사실을 알지 못했다. 그들은 예루살렘이 워낙 건조한 곳이며 비가 오지 않는 건기였기 때문에 좀 더 포위하고 있으면 저절로 항복할 것이라고 생각했다. 그러나 포위가 계속될수록 식수 부족에 시달리기 시작한 것은 오히려 아시리아군이었다.

성을 사이에 두고 대치가 길어지면서 아시리아의 군대장관이 예루살렘 성 앞에서 어느 나라가 그들의 신으로부터 도움을 받은 적이 있었느냐며 놀렸다. 군대장관은 아시리아에 멸망당한 나라들 신의 이름을 들며 유다 왕국이 믿는 여호와도 아무 도움도 주지 못할 것이라며 즉시 항복하라고 한다. 아시리아 군대장관의 여호와를 비방하는 말과 편지를 받은 히즈키야 왕은 곧바로 성전으로 나아가 전심으로 기도 드렸다. 성경에 의하면 여호와는 그 밤에 천사들을 보내 아시리아 군대를 쳐서 멸망시켰다. 다음 날 아침에는 18만 5,000명의 아시리아 군사들이 다 송장이 되어 있었다는 것이다.

그런데 정말 천사들이 칼을 들고 아시리아 군사들을 쳐 넘겼을까? 데

니우스Thenius라는 사람은 아시리아 군사들이 전멸한 것은 진내에 갑작스런 온역Plague*이 발생했기 때문이라고 말한다. 온역은 따뜻한 계절에 유행하는 전염병으로 기후와 날씨에 상당히 민감하다. 그리스 역사가인 헤로도토스Herodotos(B.C.484~425)는 이 전쟁에 대해 이집트 제사장들이 했던 말을 기록했다. "아시리아군이 이집트와 전투를 벌이기 위해 펠슘에 도착했을 때 무수한 들쥐들이 활시위를 씹어 끊었다." 들쥐들이 군대의 활시위까지 씹을 정도라면 숫자가 엄청났을 것이다. 그런데 들쥐들이 옮기는 가장 큰 전염병이 선페스트**이다. 선페스트의 전염 속도와 사망률은 엄청나다. 두 사람의 말을 종합해보면 아시리아 군사들이 떼죽음을 당한 것은 이집트 원정에서 옮아온 선페스트 때문이 아닌가 한다.

당시의 기상조건은 선페스트가 창궐하기 좋은 조건이었다. 거기에다가 선페스트는 사람들이 많이 모여 있는 곳에서 급격히 전염된다. 당시 아시리아군은 좁은 지역에 수십만 명의 병력이 밀집해 있었다. 전투중이라 적절한 영양공급과 깨끗한 의복 지원도 어려웠다. 죽거나 병든 동료와 같이 지내다보니 위생도 엉망이고 감염되기도 쉬웠을 것이다. 전염병이 돌면서 순식간에 많은 병사들이 감염되어 죽었다고 보는 견해가 여기에 바탕을 두고 있는 것이다.

아시리아군은 일부 병력만 살아서 간신히 후퇴해 본국으로 돌아가게 되고 남유다 왕국은 대승리를 거두었다. 우리는 이 전쟁에서 승리한 배경에는 최선을 다해 싸우기 위해 물 공사를 벌인 히즈키야 왕의 뛰어난 판단력이 있었음을 알아야 한다. 굴복하지 않고 끝까지 싸운 남유다 병사들

---

* 더운 지방인 이집트에 흔히 발병했던 모든 전염병을 총칭하는 말로 신의 심판의 결과로 오는 치명적인 전염병을 언급할 때 자주 쓰이던 단어이다. 이에 해당하는 히브리어 '데베르'는 파괴하다의 뜻인 동사 다바르에서 유래했는데 흑사병과 같은 악성 전염병을 가리킨다.

** 흑사병의 병형(病型)의 하나. 전신의 림프절이 부어 아픈 것이 특징이다.

▲ 실로암 못
◀ 오늘날 발견된 히즈키야 터널의 모습

의 투혼도 있었다. 이런 저항이 시간을 벌어주었고 시간이 흐르면서 선페스트가 아시리아 군대에 급속히 퍼진 것이다. 히즈키야 전쟁은 앞에서는 최선을 다한 용맹한 항쟁과 뒤로는 기후와 날씨가 도운 전쟁이었다. 하늘은 스스로 돕는 자를 돕는 법이다.

히즈키야가 아시리아와의 전쟁에서 만든 터널은 어느 순간 역사에서 잊혀졌다. 그러나 1838년 미국의 성서지리학자 에드워드 로빈슨Edward Robinson이 기혼 샘에서부터 실로암까지 최초로 좁은 터널을 탐사하면서 성경 기록이 사실임을 증명했다. '히즈키야 터널'이라고 불린 수로는 우연히 발견되었다. 예루살렘의 실로암 마을의 어린아이들이 못에서 놀이를 하고 있었다. 그중 한 아이가 물이 흘러나오는 지하터널 안쪽으로 들어갔다가 벽에 있는 글씨를 발견한다. 놀라운 발견에 고고학자들은 경쟁적으로 비문 해독에 매달렸다. 모두 여섯 줄로 구성된 실로암 비문은 지하 터널 개통의 상황을 잘 묘사하고 있었다.

"3큐빗(1.3미터) 쯤 남았을 때 반대편에서 상대방을 부르는 소리가 들렸다. 터널이 뚫렸을 때 동료들은 얼싸안고 도끼를 서로 부딪쳤다. 물은 샘으로부터 1,200큐빗(525미터)이나 흘러와 실로암 연못에 고이기 시작한 것이다."

양쪽 끝에서 동시에 뚫기 시작한 이 지하터널은 놀랍게도 기울기가 0.06퍼센트, 즉 양쪽의 고저 차이가 고작 32센티미터밖에 되지 않은 정교한 수로였다.

히즈키야와 아시리아의 전쟁은 유대교의 교리가 틀을 세우는 기간이 되었다. 기원전 6세기에 바빌론에 의해 유다 왕국이 멸망했다. 바빌론에 포로로 끌려간 유대인들이 그들의 신앙을 버리지 않을 만큼 탄탄히 자리를 잡았던 것은 히즈키야 전쟁 덕분이었다. 이후 유대인은 어디를 가든 핍박과 고통을 당한다. 제2차 세계대전 때는 홀로코스트[Holocaust]의 대학살까지 겪었지만 유대교 신앙을 중심으로 민족 정체성을 지켜냈다. 이들의 믿음은 결국 1948년에 이스라엘을 건국하는 기초가 되었다.

페르시아의 악몽,
살라미스 해전

"황영조입니다. 선두는 황영조 선수입니다. 국민 여러분! 몬주익 언덕을 질주하는 자랑스러운 대한의 건아 황영조 선수의 모습을 보십시오!"

감격에 찬 중계 아나운서의 목소리가 아직도 귀에 쟁쟁하다. 스페인 바르셀로나Barcelona 올림픽 경기장을 방문했을 때 다시금 감격했던 순간의 기억이 되살아났다. 올림픽 경기장 길 건너편에 황영조 선수가 질주하는 부조가 설치되어 있었기 때문이다. 황영조가 같은 한국 사람이라는 것이 얼마나 자랑스러웠는지 모른다.

올림픽의 마지막 경기로 마라톤을 하는 것은 경기 중의 꽃이라 불릴 만큼 인간의 한계를 뛰어넘어야 하는 특성과 함께 마라톤 경기의 유래가 독특하기 때문일 것이다. 마라톤은 고대 그리스와 페르시아가 격돌했던 마라톤 평야의 전투에서 그리스가 승리하자, 필리피데스Philippides라는 병사가 아테네 시민에게 승리를 알리기 위해 쉬지 않고 약 40킬로미터의 거리를 달린 것에서 유래한다. 이처럼 마라톤의 유래가 된 그리스와 페르시아의 전쟁은 용맹한 장군들의 리더십과 함께 날씨가 승패를 좌우하는 큰 변수로 작용했던 전쟁이었다.

그리스는 우리나라와 같이 3면이 바다로 둘러싸여 있으며 지중해성

기후구*에 속한다. 겨울철에 우기가 닥치면서 많은 비나 눈이 내리고 강한 바람이 부는 특성을 보인다. 그리스 반도에는 올림포스^{Olympos} 산을 비롯 2,500미터급 산들이 즐비한 핀두스^{Pindus} 산맥이 위치하고 있다. 평지보다는 산이 월등히 많은 산악지형이기에 날씨의 변화가 심하고 평지에 비해 추운 특성을 보인다. 따라서 그리스에서 농사를 지을 수 있는 평지는 산맥의 골짜기와, 펠로폰네소스^{Peloponnesos} 반도 북부와 테살리아^{Thessalia}의 일부지역, 서부해안에 있는 좁은 평지 정도다.

고대 그리스의 아테네^{Athenae}에서 시민이 된다는 것은 세금을 내고 군인이 될 수 있고, 15에이커(약 6헥타르)의 땅을 소유할 수 있다는 것을 의미했다. 아테네인들의 땅에 대한 집착은 남다르다. 땅을 가지고 있는 시민은 생계를 유지할 수 있을 뿐만 아니라, 갑옷을 입은 전사로서의 자격이 있었다. 또한 도시 행정관을 뽑고 법률을 통과시키는 권한이 있었고, 정치가로 나설 수도 있었다. 따라서 만일 다른 사람이나 나라가 자기의 땅을 침범하거나, 자기 경작지의 농작물을 태우겠다는 협박에는 참지를 못했다. 왜냐하면 좁은 땅에서 나는 식량으로 혹독한 겨울을 나야하기에 땅과 식량은 곧 생명과 같았기 때문이다. 그리고 땅을 포기한다는 것은 자유민으로서 삶을 포기하는 것이나 다름없었다. 농사를 풍족하게 지을만한 평야가 없었기에 아데네인들은 일찍 바다로 눈을 돌렸다. 지중해와 그 사이에 있는 수많은 섬들로 이루어진 에게 해$^{Aegean\ sea}$는 아테네인들의 주 활동무대였다. 그러다보니 아테네인들은 항해에 능숙했고 아테네는 해군력이 강한 나라였다.

당시 그리스와 접해있는 중동지역에서는 페르시아 제국이 강국으로

---

* 아열대의 지중해성 기후는 남유럽 해안지대의 특징이며, 내륙에서는 고도와 지형에 따라 차이를 보인다. 온화하고 습윤한 겨울, 무덥고 건조한 여름, 맑은 하늘이 주된 특징이다.

Ⅲ. 자연은 아무도 예측하지 못한다 · 147

부상하고 있었다. 페르시아의 키루스^{Cyrus}(B.C.576~530) 왕은 바빌로니아 ^{Babylonia}를 멸망시키고 광대한 제국의 지배자가 되었다. 성경에서 바빌론에 의해 포로로 붙잡혀왔던 이스라엘 민족을 풀어준 사람이 바로 이 왕이다. 그의 아들 캄비세스 2세$^{Cambyses\ II}$(??~B.C.522)는 이집트까지 점령하면서 페르시아를 아시아와 아프리카까지 지배하는 강국으로 만들었다. 캄비세스의 아들 다리우스^{Darius}(B.C.550~486) 왕은 인도 국경까지 점령한 다음 대제국이 오직 자기의 명령에 철저히 복종하도록 통치했다. 도로를 닦아서 칙령이 제국의 모든 지역에 골고루 전달될 수 있도록 했다. 비밀 요원들을 시켜 최고관리까지도 감시했다. 다리우스 왕은 그리스 도시들이 있는 소아시아까지 제국을 확장시켜 나갔다. 이제 당시 세계에서 페르시아에게 점령되지 않은 땅은 그리스뿐이었다.

민주주의의 꽃을 피웠던 그리스인들은 남에게 예속되는 노예의 삶을 살기를 원치 않았다. 그러기에 페르시아의 억압적인 통치에 반발한 이오니아^{Ionia} 해의 일부 도시국가가 반란을 일으키자, 그리스 본토인들은 이오니아 식민지를 적극적으로 지원했다. 크게 격분한 다리우스 왕은 이 참에 눈엣가시 같은 그리스 본토를 정복하기 위해 대규모의 군사를 동원한다.

페르시아의 아테네 1차 원정은 기원전 492년 지상과 해상에서 동시에 시작되었다. 지상군은 마케도니아의 반란을 진압하며 승승장구했다. 그러나 에게 해 연안을 따라 진군하던 페르시아의 함대가 아토스 곶에서 폭풍을 만나 거의 침몰하고 말았다. 병력을 잃고 보급선이 끊긴 페르시아군은 아테네 정복을 포기하고 후퇴했다. 아무런 성과 없이 피해만 입고 끝나자, 밥 먹을 때마다 "왕이시여, 아테네인을 기억하소서"라고 외치도록 할 정도로 복수를 다짐하던 다리우스 왕은 2차 원정을 시도한다.

2년 후 페르시아군은 에게 해를 가로질러 곧바로 그리스의 마라톤 평야로 상륙했다. 아테네 내부에서 페르시아군과 대항해 싸울 것인가를 놓고 화전 양측의 주장이 팽팽히 맞서게 되었다. 아테네의 장군 밀티아데스Miltiades(B.C.554~489)는 아테네인들에게 호소한다.

"아테네를 노예로 전락시키는 것도, 아테네를 자유롭게 해서 영원히 빛나는 기념으로 남기는 모두 우리에게 달려 있다. 아테네 시민들이여! 노예로 전락하기보다 자유를 위해 결연히 싸우자!"

그의 연설에 감동한 아테네인들은 자유를 위해 싸우기로 결정한다. 아테네와 페르시아는 피할 수 없는 전쟁의 길로 접어들게 된다.

약 4만에 이르는 페르시아군이 상륙한 곳은 길이가 9킬로미터에 이르는 마라톤 평야의 북단부였다. 비록 1만 명밖에 되지 않았지만, 자유를 지키겠다는 신념하에 똘똘 뭉친 밀티아데스의 군대는 사기에서 페르시아 군대를 압도했다. 아테네군은 양익포위 및 밀집대형 작전으로 페르시아군을 크게 무찔렀고, 패배한 페르시아군은 도망치기에 급급했다. 그런데 마라톤 평야에는 큰 늪지가 여러 곳에 산재되어 있었다. 이 늪지는 도망치는 페르시아군에게 큰 장애물이 되었다. 결국 페르시아군은 6,400명이 사살되는 처절한 패배를 당했다. 바로 이 전투가 그 유명한 마라톤 전투이고, 쉬지 않고 뛰어가 승리의 소식을 아테네로 전한 젊은 청년을 기념한 운동이 마라톤이다.

두 차례 정벌에서 참패한 페르시아는 복수를 위해 10년 동안 철저한 준비를 한다. B.C 480년 페르시아의 왕 크세르크세스Xerxes(B.C.519~465)는 18만의 육군 및 1,200척의 전함과 3,000척의 수송선으로 편성된 16만의 해군으로 3차 원정에 나섰다. 비상이 걸린 그리스는 모든 도시국가가 협조하여 방어하기로 결정한다. 아테네는 육군과 대결하기보다는 병참지원과 해상작전을 수행하는 해상부대를 격파하는 것이 승리의 지름길이라고 판단하여 380척의 대선단으로 대항했다. 스파르타의 왕 레오

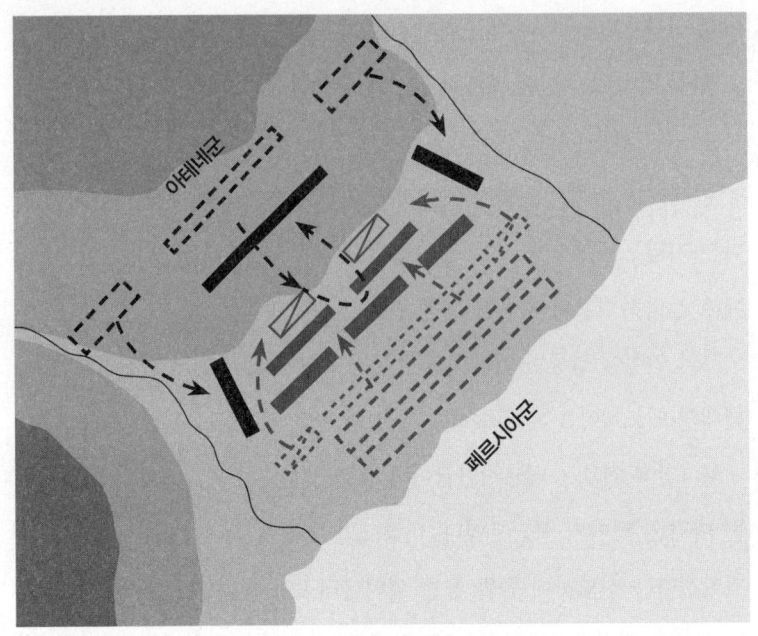

마라톤 전투

니다스^{Leonidas}(B.C.540~480)는 7,000명의 장갑보병으로 아테네로 향하는 테르모필레^{Thermopylae}*의 좁은 산길에서 페르시아군의 진격을 저지한다. 그러나 배반자로 인해 산길을 돌아간 페르시아군에 의해 스파르타군은 전멸하고 만다. 이젠 해군만이 그리스를 구할 수 있었다. 이때 육군의 진격과 보조를 맞춰 진군하던 페르시아 함대는 북동쪽에서 불어오는 강한 돌풍으로 400척이 해안 암벽에 충돌하여 침몰하고 말았다. 절호의 공격 기회를 잡은 아테네의 장군 테미스토클레스^{Themistocles}(B.C.524~459)는 페르시아 함대에 맹공을 퍼붓는다. 그러나 워낙 전력 차가 심해 큰 성과를 거두지 못하고 쫓기게 된다.

---

* 그리스 중부 칼리드로몬 산괴와 말리아코스 만 사이의 동해안에 있는 좁은 고개. 길이 7.2킬로미터의 이 고개는 수많은 침략으로 인해 유명해졌다.

승리하기 위해선 페르시아 함대를 유인해 그리스군에게 유리한 해전을 벌일 필요가 있었다. 아테네의 테미스토클레스는 그리스 도시국가의 지휘관들을 설득한다. 살라미스 해협에서 전 그리스 해군전력을 동원하여 페르시아와 결전을 벌여야 한다는 것이다. 테미스토클레스는 이렇게 주장한다.

"첫째, 코린트 지협에서 교전할 경우 넓은 대해에서 해전이 벌어지게 되므로 군선 수나 기동성 면에서 열등한 그리스 함대는 페르시아 함대에 포위당해 격멸당할 것이다. 둘째, 반면 폭이 좁은 살라미스 해협에서는 페르시아의 수적 우위를 제대로 발휘할 수 없다. 셋째, 함대를 코린트 지협으로 옮길 경우 스스로 페르시아군을 불러들이는 형국이 되지만, 살라미스 해협에의 주둔은 반대가 될 것이다. 넷째, 살라미스 해협을 떠나 다른 곳으로 가는 순간 그리스 도시국가들의 이해관계에 따라 함대가 사분오열될 가능성이 높다."

테미스토클레스의 주장대로 그리스 도시국가 연합은 살라미스 섬 부근을 결전장으로 정한다. 이 섬은 단지 두 방향에서만 접근이 가능한데 페르시아군이 진격해오고 있는 동쪽 접근로는 2개의 좁은 해협으로 나누어져 있었다. 그런데 두 해협 모두 폭이 1.2킬로미터를 넘지 않는다. 이렇게 좁은 해협에서는 대규모의 페르시아 함대가 수적 우세를 누릴 수 없었다. 당시의 해상전은 단단한 뱃머리로 적의 배를 부딪쳐서 부수는 방법이 주로 쓰였다. 수로가 좁아지자 진격해오던 페르시아 함대는 3중 전열을 2열종대로 바꿔야 했다. 하늘의 도움이었을까? 페르시아 함대는 너무 밀집된 데다가 강한 조류로 인해 혼란에 빠져 버렸다. 게다가 바람도 강한 서풍으로 바뀌면서 돌진하는 그리스 배에는 가속도가 붙지만 맞바람을 받는 페르시아 함대는 기동이 어려워진다. 해협 입구에 진입할 때까지만 해도 질서정연한 전열을 유지하고 있었던 페르시아 함대였다. 이

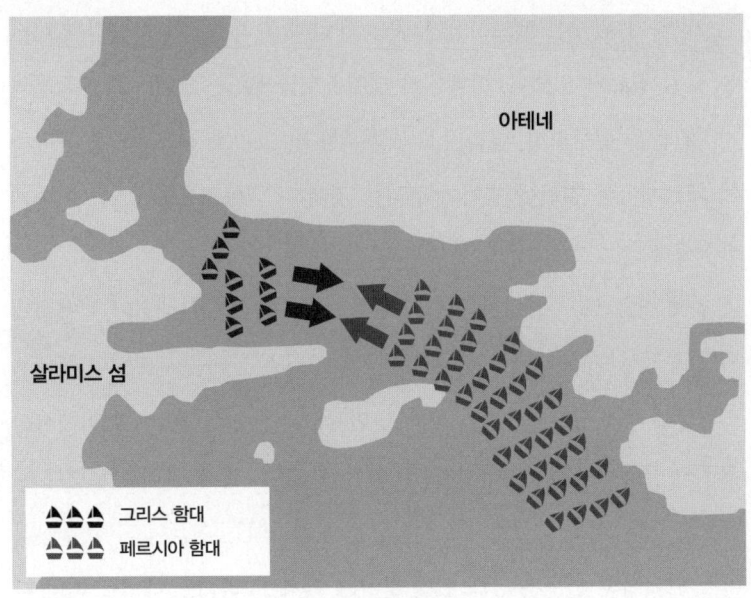

살라미스 해전도

제는 선두에 위치한 일부 군선들을 제외하고는 대부분이 꼼짝달싹 못한 채 우왕좌왕하고 있었다. 수적 우위를 바탕으로 그리스 함대를 측면 포위하는 것은 고사하고 기본적 방어를 위한 작은 기동조차도 하기가 어려웠다. 이런 페르시아 함대를 향해 정연한 대오를 갖춘 그리스 함대가 돌격해오기 시작했다. 그리스 전함들이 최대 속력으로 페르시아 함대의 옆구리를 힘껏 들이받았다. 수병들은 장창을 휘두르며 적선에 올라 페르시아군과 싸웠다. 페르시아군은 그리스군의 무서운 공격에 당황하여 배를 돌리려 했다. 그러나 좁은 수로에서의 기동은 오히려 자기들 전함의 충돌로 이어졌다. 전투는 아침부터 시작하여 오후 늦게까지 계속되었다. 날이 어두워지면서 강한 서풍이 불기 시작하더니 이내 강한 폭풍우로 바뀌었다. 전투를 벌이던 그리스 함대는 재빨리 해협 깊숙이 들어가 버렸다. 그러나 기동하기조차 어려웠던 페르시아 함대는 폭풍우에 휩쓸려 전함의 4

분의 3이 침몰하고 말았다. 조류^{潮流}와 바람의 도움을 받은 그리스 함대는 이 전투에서 겨우 40척의 손실로 페르시아 함선 400척 이상을 침몰시키거나 나포하는 놀라운 승리를 거두게 된다. 기록에 의하면 "페르시아 배의 부서진 조각과 시체로 융단을 깔아 놓은 것 같았으며, 그리스 수병들은 부러진 노와 널빤지 조각으로 물에 빠져 허덕이는 페르시아 수병들을 참치 때리듯이 때렸다"고 표현할 정도로 일방적인 전투였다. 페르시아의 처참한 패배로 끝난 전쟁이 그리스와 페르시아 간에 벌어진 3차 전쟁이었다.

고기후 분석 등에 의하면 기원전 1500년에서 100년까지 유럽의 기후는 한랭했다. 화석 분석에 의하면 큰 수목의 삼림이 영국이나 스칸디나비아의 거의 대부분 지역에서 사라져 버렸다. 기원전 850년에는 북유럽이나 알프스의 빙하가 급격히 확장되었으며 중앙 유럽의 강들은 겨울에 동결하여 대규모로 확대되었다. 이런 기후는 서서히 온화한 날씨로 바뀌면서 기원전 100년경에는 상당히 따뜻하고 건조한 기후로 바뀌었다. 그러나 그리스와 페르시아가 전쟁을 벌였던 기원전 500년경에는 아직 춥고 습윤한 날씨가 지배하고 있었다. 페르시아가 지배하던 중앙아시아 지역도 현재보다 습윤했다. 비단길 주변 지역도 현재보다 물이 많아 도로를 따라 큰 도시들이 생겨났다. 당시 지중해 문명이 전성기를 이룬 것은 다른 지역에 비해 상대적으로 온화했기 때문이다. 당시 유럽을 지배했던 춥고 습윤한 기후는 기압 배치상 북쪽으로 강한 기압골의 빈번한 통과를 의미한다. 지금도 에게 해는 가을부터 봄까지는 저기압이 자주 동진해 가면서 심한 폭풍과 눈비를 보이는 기상학적 특성을 보인다. 따라서 이상기후가 지배했던 그리스와 페르시아의 전쟁 기간 중 강한 폭풍, 바람, 이상조류 등은 현재보다는 강하게 발생했을 것이다. 이런 사실은 그리스 이후 지중해 패자로 나선 로마 해군의 역사를 보면 잘 알 수 있다. 카르타고와의 전쟁에서 패한 로마가 400척의 함대를 동원하여 패잔 병력을 철수시키던 중 폭풍우를 만나 함선 280척과 병력 10만 명을 잃었다. 그리고 다시 2년 후 지중해에서 폭풍우로 150척의 함선을 잃는 재난을 당했다. 시칠리아에 군수품을 지원하던 함대가 폭풍우를 만나 거의 대부분의 함선을 잃었다. 6년에 걸쳐 폭풍우로만 700척의 함선과 20만 명 이상의 병력을 잃는 크나 큰 손실을 당할 정도로 그 당시 지중해의 폭풍은 현재보다 훨씬 강력했을 것으로 추정한다. 지중해의 살인적인 돌풍과 폭풍은 성경에서 사도 바울이 로마로 붙잡혀갈 때 만난 유라굴로^{Euraquilo}*라는 광풍狂風에서도 잘 나타나고 있다.

살라미스 해전에서 패배한 크세르크세스는 육군 장수 마르도니우스 휘하의 육군 병력만을 그리스에 남긴 채 소아시아로 귀환한다. 그리스에 남았던 페르시아 육군마저 플라타이아이^{Plataeae} 전투에서 그리스 동맹군에 패배했다. 살라미스 해전에서 살아남은 해군력마저 미칼레^{Mycale} 해전에서 패배했다. 페르시아의 완벽한 패배였다. 이로써 3차에 걸친 페르시아와 그리스 전쟁은 막을 내린다.

이 전쟁에서 결정적인 패배를 당한 페르시아의 크세르크세스는 이후 다시는 그리스를 넘보지 못한다. 당연히 그리스는 오랫동안 지중해의 강자로 군림하게 되었다. 언제나 새로운 것을 찾아 끊임없이 연구하고 토론하는 민족, 세계에 헬레니즘 문화를 전파한 민족, 자유민주주의 정신을 꽃피운 민족, 사랑과 박애를 전파한 민족이 그리스인이다. 만일 이때 날씨의 도움이 없었더라면 그리스는 페르시아의 속국이 되었을 것이다. 그

---

* 라틴어로 동풍을 의미하는 에우루스(Eurus)와 북풍을 의미하는 아퀼로(Aquilo)의 합성어로 동북풍을 뜻한다. 이 바람은 크레타 섬 한가운데 솟아있는 2,100미터의 이다(Ida) 산맥에서 형성된 두 반대 기류가 맞부딪힐 때 일어난다. 즉, 순한 남풍이 돌풍과 겹쳐 북풍으로 급격하게 변하기 때문에 거센 회오리가 일어나며, 거기에 돌풍을 동반한 바람이 태풍이 되기에 유라굴로 광풍이라 불린다.

렇게 되었다면 역사는 어떻게 바뀌었을까?

　기상학적으로 보면 에게 해 연안에서 강한 폭풍이 자주 발생하고는 한다. 그러나 이때 폭풍이 몰아치거나 마라톤 평야의 늪지가 그리스군의 승리에 도움이 된 것은 결코 우연이 아닌 것이다. 오랜 역사 동안에 수없는 외적의 침입에 대항해 싸워온 국민들의 명예심이 대단한 나라가 그리스라고 한다. 노예의 삶을 살기보다는 자유를 쟁취하려 한 그리스인들, 민주주의의 싹을 틔운 그들을 하늘이 도운 것이 아닐까?

고구려를 이기지 못한
부여

"분열과 파괴의 시대, 운명에 맞서 싸운 신화보다 위대한 영웅. 아무도 보여주지 못한 한민족의 가장 위대했던 시대, 고구려의 하늘을 연 승리의 이야기."

MBC에서 2006~2007년 방영했던 대하사극 〈주몽〉은 당시 중국의 동북공정과 맞물려 국민들의 많은 사랑을 받았다. 한국인에게 있어 '고구려'란 자부심이자 큰 자랑이다. 한국인의 기상이 중국을 넘어선 때는 이때 전에도 후에도 없었다. 고구려를 세운 주몽의 이야기는 언제 들어도 신이 나고 흥이 솟구치는 것은 우리가 하늘을 연 이들의 후손이기 때문이리라.

고구려를 세운 사람은 주몽朱蒙 혹은 추모鄒牟라고도 불리는 동명성왕東明聖王(B.C.58~19)이다.

"고구려 시조 동명성왕은 성이 고씨이고, 이름이 주몽이다. … 그의 나이 겨우 일곱 살 때에 활을 쏘면 백발백중이었다. 부여에서는 활 잘 쏘는 것을 주몽이라 불렀으므로 이것으로 이름을 삼았다."

- 『삼국사기』「고구려본기」 중에서

주몽은 한국인의 신화에 자주 등장한다. 어느 날 동부여 왕東扶餘王 금와金蛙가 강가에서 물의 신인 하백河伯의 딸 유화柳花를 만났다. 유화는 태양신 해모수解慕漱와 사랑했다가 그가 돌아오지 않는 바람에 부모에게 쫓겨나 우발수優渤水에 살고 있었다. 금와왕은 유화를 궁중에 데려왔는데, 유화는 햇빛을 받고 임신하여 알 하나를 낳았다. 그 알에서 남자아이가 나와 성장하니 이가 곧 주몽이다. 여기까지는 신화적인 요소가 강하다. 신화에서 주몽의 아버지는 태양신이며, 어머니는 물을 다스리는 하백의 딸이다. 적당한 태양 빛과 풍부한 물은 농경사회에서 가장 중요한 자연의 은혜다. 그 둘의 원만한 결합이 대지의 풍요를 약속하기 때문이다. 고구려 신화에서 태양과 물의 합치로 나라를 다스리는 왕이 태어났다는 것은 이 신화를 만들어낸 사회가 농경사회였음을 알려준다.

그 다음 전개되는 이야기는 역사다. 주몽이 너무 똑똑하고 총명하자 금와왕의 아들인 대소帶素 왕자 등이 시기하여 죽이려 했다. 이에 화를 피하여 주몽은 졸본부여卒本扶餘로 도망쳤다. 졸본의 대표귀족인 소서노召西奴와 결혼한 주몽이 기원전 37년에 세운 나라가 고구려이다. 다음 해 비류국沸流國의 왕 송양松讓의 항복을 받았고, 기원전 33년 행인국荇人國을 정복하고, 기원전 28년 북옥저北沃沮를 멸망시켰다고 삼국사기는 기록하고 있다. 이 와중에서 주몽은 차츰 친위세력을 형성했다. 부여에 있던 아들 유리가 찾아오자 고구려 조정은 후계 문제를 두고 양분되어 싸우게 된다. 이 싸움에서 소서노파가 밀려 소서노가 비류와 온조를 데리고 남하하여 세운 나라가 백제다.

주몽이 죽으면서 등극한 유리왕琉璃王(?~18)은 수도를 국내성으로 옮겨 왕권을 강화했다. 역사서에 보면 당시 고구려의 인구가 50만 명 정도 되었다고 한다. 당시 고구려에 반감을 갖고 있던 대소왕帶素王(?~22)이 다스리던 부여는 영토만도 2,000리에 이르렀다고 하니 국력은 고구려보다

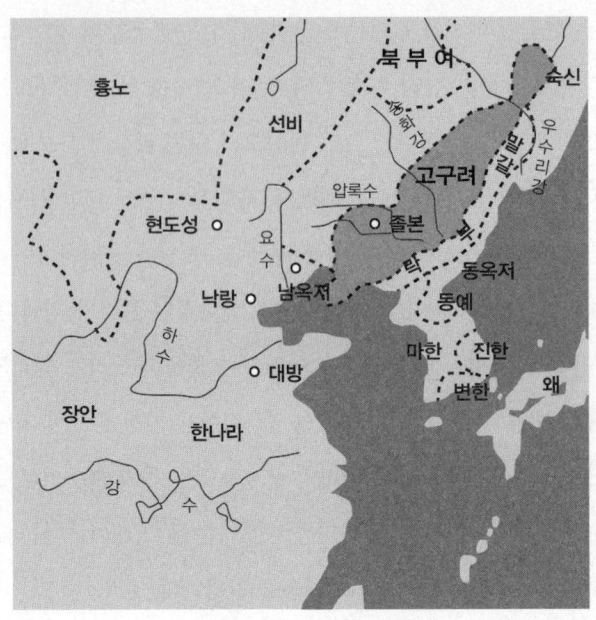

주몽 시기의 고구려 영토

강했을 것이다. 부여 왕 대소는 유리왕이 등극하자 조공을 바치라고 요구했다. 고구려가 거부하자 부여 왕 대소는 무려 5만 명의 대군을 이끌고 고구려를 침공했다. 일부 역사학자들은 부여가 만주 벌판의 풍요한 평원에 자리 잡은 부유한 국가였다고 말한다. 부여의 정치체제는 각 부족의 부족장들의 권력이 막강했기에 같이 모여 싸우기가 어려웠다. 그럼에도 대소가 5만의 대군을 모을 수 있었던 것은 그의 능력이 출중했기 때문이다.

필자는 고구려와 부여의 전쟁은 주몽에 대한 대소왕의 감정보다는 날씨의 영향 때문이었다고 생각한다. 기록을 분석해 보면 전한 말기 이후 한랭한 기후로 바뀌었다. 기후 기록과 화분 화석의 연구를 통해 과학자들은 당시의 연평균기온이 오늘날보다 0.5~1도 낮았다고 추정하고 있다. 이 정도면 엄청난 날씨 차이를 보인다. 또 당시 몹시 가물었다는 기록이 많이 나타난다. 『한서漢書』*에 "한 성제 영시 3년(B.C.14) 여름, 큰 가뭄이 들었다." 『동관한기東觀漢記』**에 "한 광무제 전무 4년(28년), 왕망 말기 이래 매년 천하가 가물고 서리가 내려 모든 곡식이 여물지 않았다"라고 기록했다. 기후학적으로 소빙하기의 영향을 받았다고 볼 수 있다.

2007년 중국과 미국, 영국의 과학자들은 공동으로 기후변화가 전쟁의 발발과 어떤 연관이 있는지를 광범위하게 조사해 미 국립과학원회보(PNAS)에 발표했다. 연구팀은 1400년에서 1900년까지 일명 '소빙하기'라고 불리는 시기 동안 기온의 변화와 함께 전 세계적으로 일어난 전쟁 발발에 대한 곡선을 그려보았다. 놀랍게도 기온이 오르거나 내려가는 것에 맞춰서 전쟁 발발 그래프도 함께 요동을 쳤다. 온도가 급작스럽게 떨어지면 전쟁의 발발 수가 늘어났고, 기온이 온화해지면 그 수는 줄어들었다. 추운 시기에 전쟁이 발발한 경우가 기온이 온화했을 때보다 2배나 많았다. 추위로 곡식 생산량이 줄어들면서 부족한 식량을 얻기 위해 전쟁을 일으켰던 것으로 해석할 수 있다.

중국 동쪽에 위치했던 부여의 경우 농업국가여서 가뭄과 추위는 치명적이었을 것이다. 부여 왕 대소는 식량 부족을 해결하기 위해 고구려에 조공을 요구했다. 그러나 국내성으로 수도를 옮겨 왕권을 강화한 유리왕은 부여의 요구를 들어줄 수가 없었다. 고구려도 날씨의 영향으로 어려웠을 것이다. 그가 부여의 요구를 거부하자 기원전 6년 11월, 부여 왕 대소는 무려 5만의 병력을 이끌고 고구려를 침공했다. 그러나 예상치 못한 강력한 한파와 폭설이 내습했다. 출정 첫날부터 몹시 추웠음에도 대소는 무리하게 공격을 감행했다. 결국 갑작스런 혹한과 폭설로 부여군은 제대로

---

* 중국 후한(後漢)시대의 역사가 반고(班固)가 저술한 기전체(紀傳體)의 역사서.

** 중국 후한 광무제(光武帝)부터 영제(靈帝)까지의 시대를 기전체로 기술한 역사서.

싸워보지도 못한 채 엄청난 병력의 손실을 입고 퇴각했다. 고구려와 부여의 1차 전쟁은 혹한과 폭설이 고구려의 손을 들어주었다.

서기 13년 11월, 부여 왕 대소는 두 번째로 고구려를 침공한다. 이때는 승승장구하면서 고구려의 수도인 국내성 진출을 눈앞에 두었다. 그러나 유리왕의 아들 무휼의 군대가 강추위가 몰아친 밤에 기습공격했다. 미처 대비하지 못한 부여군은 대패하고 소수의 병력만 비참하게 퇴각했다.

유리왕의 대를 이어 왕위에 오른 무휼은 역사에서는 대무신왕大武神王 (4~44)이라고 부른다. 부여와의 두 차례에 걸친 전쟁에서 승리한 후 내실을 기한 고구려는 주변국가의 정복전쟁에 나섰다. 그는 적은 수의 병력을 동원했다. 병력 수는 적더라도 충분한 훈련을 시켰기에 자신 있었다. 또 막대한 군수물자의 보급을 고려했기 때문이기도 했다.

고구려와의 두 차례에 걸친 전쟁에서 처참하게 패배했던 부여의 대소왕은 모든 병력을 동원하여 고구려에 맞섰다. 대무신왕과 부여 왕 대소는 부여의 남쪽 벌판에서 대치했다. 부여의 대군이 고구려군을 포위했다. 초봄의 따스한 해가 떠오르면서 언 땅이 녹기 시작하자 평원이 진창으로 변했다. 전차와 기병을 주 무기로 했던 부여군의 기동력이 급격히 떨어졌다. 이때를 노린 대무신왕은 병력을 집중하여 부여군의 심장부를 공격했다. 이 전투에서 고구려의 3대 왕을 이어 내려오면서 세 차례에 걸친 전쟁을 벌인 부여 왕 대소는 전사했다.

비록 왕은 죽었으나 기력을 잃지 않았던 부여의 군사들은 고구려의 군사들을 여러 겹으로 포위했다. 포위된 고구려군은 식량이 떨어지면서 굶주리며 어려움에 빠졌다. 그러나 날씨는 마지막까지 고구려의 손을 들어주었다. 무려 이레 동안이나 지척도 분간할 수 없을 정도로 짙은 안개가 낀 것이다. 이 틈을 타 포위망을 뚫고 나온 고구려의 대무신왕은 강한 군대를 양성하여 정복전쟁을 계속했다. 부여와의 전쟁 다음 해에 부여 왕

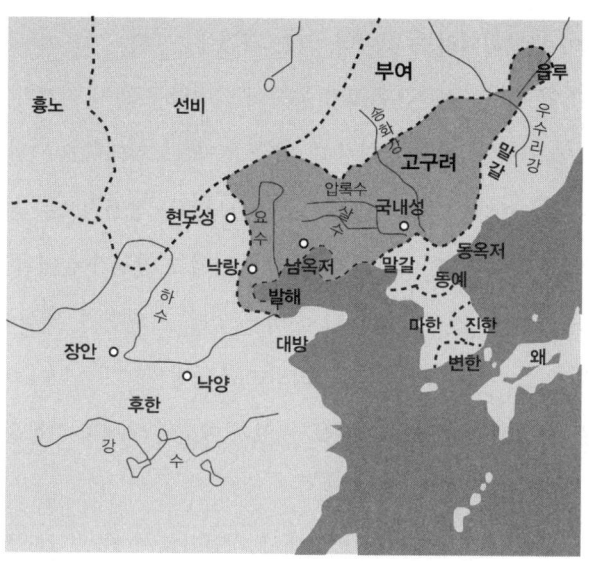

대무신왕 때의 고구려 영토

대소의 사촌이 1만여 명을 데리고 고구려에 투항하면서, 전쟁으로 약화한 동부여는 멸망하게 되었다. 다시 10년 후 대무신왕은 낙랑을 쳐서 멸망시킨다. 자명고와 호동왕자와 낙랑공주에 얽힌 사랑이야기가 애틋하게 전해 내려오는 전쟁이기도 하다.

부여의 대소 왕이 세 차례 전쟁에서 처참하게 패배했던 것은 병력과 상비의 우세만을 지나치게 의지했기 때문이다. 이에 비해 고구려는 적절한 전술과 날씨를 이용한 대승을 거두었다. 이것이 우리에게 말해주는 것은 무엇일까? 전쟁의 승리가 병력의 수나 장비의 질에서 결정되는 것만은 아니다. 리더의 뛰어난 전술과 날씨와 지형을 적절하게 이용하는 지혜가 더 중요한 것이다.

홍콩대학교University of Hong Kong 데이비드 장David Zhang 교수는 2011년 「기후변화가 전쟁을 부른다」는 논문을 발표했다. 전쟁 4,500여 건의 상관관계를 조사한 결과 날씨가 추웠던 1450년, 1640년, 1820년 전후에 기근과 전쟁이 발발하더라는 것이다. 그는 과거에는 낮은 기온이 전쟁을 일으켰다면 앞으로는 지구온난화가 농사에 악영향을 끼쳐 전쟁과 기근 등 재앙을 가져올 것이라고 전망했다. 미국 조지아공과대학교Georgia Institute of Technology 피터 브렉Peter Brecke 교수는 "지구온난화는 장기적으로 농작물 작황에 악영향을 미칠 것"이라며 "가뭄이 확산되고 인구가 늘어날 경우 물과 식량을 둘러싼 전쟁이 늘어날 수밖에 없다"고 말한다. 펜실베이니아 주립대학교Pennsylvania State University 윌리엄 이스털링William Easterling 교수는 "기후변화는 자원배분에 영향을 미칠 수 있기 때문에 국제적 긴장을 높이고 전쟁을 불러올 수 있다"고 말했다.

영국 런던의 분쟁연구기관 인터내셔널 얼러트International Alert: IA도 최근 보고서를 통해 지구온난화에 따라 46개국 27억 명이 폭력분쟁의 위험에 놓여 있고 56개국에서는 정치적 불안정이 우려된다고 발표했다. 무엇보다 중요한 것은 우리가 과거로부터 중요한 메시지를 얻어야 한다는 것이다. 과거의 기후변화 폭이 현재 진행되고 있는 기후변화에 비해 훨씬 적었다는 점은 크게 걱정스러운 부분이다.

조류와 추위와 폭풍으로 지켜낸
비잔틴 제국

밀물과 썰물은 거의 눈에 보이지 않게 서서히 밀려오거나 빠져나간다. 하지만 캐나다의 펀디 만^{Bay of Frundy}은 밀물 때 약 15미터나 되는 거대한 바닷물이 해일처럼 밀려온다. 중국의 첸탕 강^{錢塘江}에서는 약 8미터의 거의 수직적인 밀물이 파동처럼 강의 입구로 파도쳐 들어와서 13노트의 속도로 상류로 돌진한다고 한다. 아마존^{Amazon} 강의 경우 5미터 높이에 12노트의 속도로 무섭게 돌진해오는데 원주민들은 이를 '포로로카^{pororoca}'라 부른다. 우리나라에도 밀물이 무섭게 밀려와 소리를 내며 통과하는 곳이 있다. 바로 울돌목*이다. 울돌목은 밀물 때 바닷물이 한꺼번에 통과하여 빠져나가기에 조류가 초속 5미터 이상으로 매우 빠르다. 이런 빠른 조류를 이용해 승리한 전쟁이 있으니 콘스탄티노플 공방전이다.

622년, 아라비아 사막에서 새로운 종교집단이 만들어졌다. 마호메트가 창시한 이슬람교는 이내 강력한 군사집단을 형성하여 정복전쟁에 나선다. 당시의 유럽인은 이들을 '사라센^{Saracen}인'이라 불렀다. 이들은 야르무크 강 전투^{Battle of Yarmouk}를 통해 비잔틴 제국의 지배하에 있던 예루살렘을

---

* 전라남도 해남군 화원반도와 진도 사이에 있는 좁은 해협.

포함한 중동지역을 점령한다. 그리고 계속 영토를 확장하여 이집트, 북아프리카 지역을 점령했고, 카디시야 전투를 통해 오늘날의 터키까지 정복하는 데 성공한다. 마호메트의 후계자들은 채 100년도 되지 않아 거대한 사라센 제국을 건설했다. 이들이 세력을 급격히 팽창하게 된 데는 마호메트의 가르침인 성전(지하드Jihad)*의 영향도 있었지만 기후의 영향도 있었다. 당시 남부 아라비아가 더욱 건조해지면서 아라비아에 살던 이슬람교도들이 북부로 이동했다. 아랍 민족의 연쇄적인 대규모 민족이동은 중동과 소아시아, 아프리카의 세력판도를 바꾸어 놓았다. 아랍인들은 중동의 초승달 지역, 유프라테스 강가, 나일 강 유역을 차례로 정복했다. 이슬람 제국 건설은 그들의 종교에 대한 뜨거운 열정, 놀라운 기동성, 억센 사막의 삶을 통해 길러진 끈기 등이 하나의 힘으로 결집되었기 때문에 가능했다.

아시아와 중동, 아프리카 북부지역을 정복한 이슬람교 '사라센'에게 유럽 정복은 다음 번 성전이었다. 우리가 아랍인이라고 하면 사막이나 낙타의 이미지만 떠올리지만, 사실 그들은 발달한 해양기술을 가지고 있었다. 홍해나 인도양 무역 등을 통해 상당한 선박건조기술과 해양 경험을 축적한 것이다. 시리아와 레바논에서 출항하여 지중해를 휘젓고 돌아다니는 이슬람 함대는 비잔틴 제국에게는 그야말로 골칫덩어리였다. 이런 우려는 652년 나일 강 하구의 전투에서 비잔틴 함대가 이슬람 함대에게 격파당하는 사건으로 나타났다. 곧 이어 터키 남부 해안에서 벌어진 해전에서도 비잔틴 제국은 또 지고 만다. 기세가 오른 이슬람군은 673년에는 비잔틴 제국의 수도 콘스탄티노플을 3년 동안 포위하기도

---

* 이슬람교도에게 부과된 종교적 의무. 이슬람교 신앙을 전파하거나 방어하기 위해 벌이는 이교도와의 투쟁을 이른다.

했다.

이 당시 비잔틴 제국을 구한 것은 신무기인 '그리스의 불'이었다. 칼리니코스^{Kallinikos}에 의해 개발된 '그리스의 불'은 비잔틴 함대에게 큰 힘이 되었다. '그리스의 불'은 유황, 초석, 생석회, 수지, 나프타 등을 섞은 반액체 상태의 혼합물이다. 불이 붙으면 격렬한 연소 작용으로 물로는 끌 수가 없었다고 한다. 당시 배는 나무로만 만들어졌기에 꺼지지도 않는 '그리스의 불'은 엄청난 위력을 발휘했다. 비잔틴 제국의 함대는 이슬람군과의 해전 때마다 '그리스의 불'을 사용하여 위기에서 벗어나곤 했다고 한다. 당시 최신무기였던 '그리스의 불'은 오늘날로 말하면 화염방사기와 비슷하다. 뱃머리 부근에 '그리스의 불'과 공기펌프가 담긴 용기를 설치한다. 그 용기에 청동으로 안을 댄 사이펀*을 연결한다. 그런 다음 용기를 화롯불 등으로 가열한다. 동시에 내부에 설치된 공기펌프를 가동시켜 용기 내의 압력을 높여준다. 그러면 '그리스의 불'은 스프레이처럼 관을 통해 분출된다. 이때 관 끝에서 분출해 나오는 기체에 불을 가져다 대면 바로 맹렬한 화염으로 변한다. '그리스의 불'의 화염을 맞은 적함은 탈 수밖에 없었다. '그리스의 불'의 위력을 가장 잘 보여준 것은 677년에 벌어진 실라이움 해전이다. 비잔틴 함대는 '그리스의 불'을 이용해서 이슬람 함대를 완전히 격파했다.

다시 힘을 비축한 이슬람군은 717년 콘스탄티노플 공략으로 그들의 야심을 드러냈다. 비잔틴 제국은 이슬람교의 유럽 침략을 저지하는 최후 방어선이었다. 그러나 이슬람 제국에 맞서 싸워 기독교 국가들을 수호해야 할 비잔틴 제국은 너무 허약했다. 717년 초 비잔틴 제국의 황제 레오 3세$^{Leo\ III}$(675?~741)는 이슬람 제국의 침략에 대비해 콘스탄티노플

---

* 높은 곳에 있는 액체를 용기를 기울이지 않고 낮은 곳으로 옮기는 연통관(連通管).

위) 비잔틴 제국은 '그리스의 불'을 이용해 이슬람군을 격퇴했다.
아래) 복원한 콘스탄티노플 성벽 모습.

Constantinople* 성벽을 보수하고 식량을 비축했다. 그리고 불가리아로부터 정치적·군사적 동맹을 이끌어낸다.

717년 8월 마슬라마가 지휘하는 8만 명의 이슬람군이 비잔틴 제국을 침공했다. 콘스탄티노플은 갑岬 위에 세워져 3면이 바다로 둘러싸여 있었다. 이 성을 공략하기 위해서는 해군력의 우세가 필수적이었고, 이 사실을 인식한 이슬람군은 해군력을 대폭 강화하여 침공을 시작했다. 9월 1일 술레이만 해군제독이 이끄는 1,800척의 함선이 콘스탄티노플을 봉쇄했다. 이슬람군은 2개 선단으로 지중해 통로와 보스포루스 해협Bosphorus Strait**을 봉쇄하여 물자 공급을 막았다. 레오 3세는 골든 혼Golden Horn 항구의 진입로 양쪽에 2개의 탑을 세우고 탑 사이에 거대한 사슬 방책을 매달았다. 9월 초 이슬람 함대가 보스포루스로 공격해 들어왔다. 이곳은 좁은 보스포루스 해협과 마르마라Marmara 해***, 폭이 좁은 만灣이 만나는 곳이다. 한국의 울돌목과 유사하게 조류의 유속과 변화가 매우 심하다. 공격해 오던 이슬람 함대가 강한 조류로 혼란에 빠졌다. 기독교회의 수장이자 비잔틴 제국 황제로서 군을 지휘하고 있던 레오 3세는 이슬람 함대가 급류에 휘말리자 즉시 콘스탄티노플의 항구를 막고 있던 거대한 쇠사슬을 풀고 공격해 나갔다. 레오 3세의 해군은 '그리스의 불'을 쏘아댔고 급류에 휘말려 있던 이슬림 해군은 손쓸 틈도 없이 20척의 전함이 불타버리고 말았다. 어찌나 호되게 당했던지 이슬람 해군사령관은 해군의 증원이

---

* 오늘날의 터키 이스탄불. 도시가 형성된 기원전 660년 그리스 시대에는 '비잔티움(Byzantum)'이라고 불렀으며 서기 330년 콘스탄티누스가 비잔틴 제국의 수도로 삼으면서 '콘스탄티노폴리스(Konstantinopolis)'라고 바꾸어 불렀다. 1453년 술탄 메메드 2세가 이곳을 점령하면서 오스만 제국의 중심 도시가 되었다. 보스포루스 해협의 남쪽 입구에 있으며, 아시아와 유럽에 걸쳐 있다. 1923년까지 1,600년 동안 오스만 제국의 수도였던 이스탄불에는 그리스·로마 시대부터 오스만 제국 시대에 이르는 다수의 유적이 분포해 있다.

** 터키의 서부, 마르마라 해와 흑해를 연결하는 해협.

*** 터키 북서부, 유럽과 아시아 사이에 있는 내해.

있기 전까지는 다시 콘스탄티노플을 배로 공격하려는 생각을 하지 않았다. 그들은 해전보다는 멀리서 포위망을 유지하는데 전력을 기울였다.

육지와 바다가 봉쇄된 콘스탄티노플은 어려움을 겪는다. 아이러니컬한 것은 밖에서 포위하고 있던 이슬람 제국군이 더 큰 어려움을 겪었다는 것이다. 이해 겨울이 닥치면서 큰 추위가 몰려왔다. 비잔틴 제국이 온 힘을 기울여도 무너뜨리지 못했던 포위망을 허문 것은 매서운 추위였다. 콘스탄티노플의 겨울은 기록적인 강추위를 보였다. 게다가 콘스탄티노플 주변에 석 달 동안 폭설이 내렸다. 성안의 집에 있는 비잔틴 군인들의 피해는 거의 없었지만 얄팍한 천막 안에서 지냈던 이슬람군은 맹추위 앞에 속수무책으로 죽어 나갔다. 중동지역에서 주로 살았던 이슬람군에게 유럽의 추위는 너무 혹독했다. 눈이 많이 내리고 강한 바람이 불고 맹추위로 보급이 끊기면서 식량까지 동이 나 버렸다. 굶주림은 질병을 가져왔다. 땅이 얼어붙어 시신을 매장할 수 없게 되자 시신은 바다로 던졌다. 상황이 얼마나 심각했는가는 이슬람 해군제독 술레이만이 병으로 죽은 것을 보면 알 수 있다. 악천후는 콘스탄티노플에 대한 봉쇄도 느슨하게 만들었다. 이 틈을 타 유럽에서 지원된 막대한 공급물자가 성안으로 들어가면서 비잔틴군의 사기는 충천했다.

칼리프 술레이만은 다마스쿠스에서 구원군을 이끌고 증원에 나섰다. 그러나 콘스탄티노플에 도착하기 전 비잔틴 제국군과의 전투에서 전사했다. 술레이만이 죽자 우마르 2세가 새로운 칼리프^{Caliph}*로 등극했다. 이슬람군은 718년 봄에 이집트로부터 증원군 5만 명을 동원하여 콘스탄티노플의 포위군을 지원했다. 이슬람 해군사령관은 증원군과 함께 온 함대 760척 중 400척을 흑해 쪽으로 진출시키고자 했다. 이슬람 해군이 흑

---

* 이슬람 제국의 주권자의 칭호. 사전적 의미는 '신의 사도의 대리인'이다.

해 쪽에서 콘스탄티노플을 봉쇄한다면 곡창지대인 우크라이나의 식량을 차단할 수 있었기 때문이다. 그러나 계획은 정말 좋았으나 문제가 있었다. 증원된 병력 대부분이 최근에 사라센에 의해 정복된 지역의 기독교도였기 때문이다. 이들은 비잔틴 제국과의 전쟁에 소극적이었을 뿐만 아니라 틈이 나면 탈주하곤 했다. 탈주한 이들이 비잔틴 제국에 귀순해 정보를 제공하면서 자연스럽게 비잔틴 병력은 증강하는 효과를 가져왔다. 이슬람에 의해 강제로 끌려와 노를 젓던 기독교인들은 기회만 생기면 배를 몰아 콘스탄티노플로 도망쳤다. 도망자들로부터 노를 젓는 군인들이 대부분이 기독교도라는 것을 알게 된 레오 3세는 지나가는 이슬람 함대를 적극적으로 공격했다. 기독교도 선원들은 이슬람 함대가 패하는 듯이 보이면 지체 없이 비잔틴 쪽에 항복했다. 이슬람군의 콘스탄티노플 봉쇄작전은 실패로 돌아갔다. 오히려 레오 3세는 기습부대를 이끌고 콘스탄티노플의 반대편에 상륙하여 그곳에 진을 친 이슬람군을 기습공격했다. 예상치 못한 비잔틴군의 기습에 이슬람군은 엄청난 사상자를 낸다.

콘스탄티노플 공방전은 이제 물러설 수도 더 싸울 수도 없는 지경에 빠져버린다. 해상의 전함 피해가 갈수록 커지는 것과 비례하여 지상전에서도 이슬람군이 계속 밀렸다. 발칸 반도 북쪽의 불가리아가 비잔틴 제국 편에 가세하자, 이슬람군은 사면초가에 빠진 꼴이 되었다. 다음은 이슬람군이 얼마나 어려웠는가를 잘 보여주는 당시의 기록이다.

"아랍인들은 육지에서는 콘스탄티노플 수비군과 불가리아인에 의해, 해상에서는 비잔틴 함대에 의해 공격을 받았다. 그들은 식량을 찾기 위해 주변 지역을 돌아다녀야 했지만 숙영지로부터 4킬로미터 이상 벗어날 수가 없었다. 불가리아인이 아랍인을 도륙하고 다녔기 때문이다. 겨울이 찾아왔지만 아랍인들은 퇴각을 꺼려했다. 우선은 그들의 왕 때문이었고, 그 다음은 바다와 불가리아인 때문이었다. 이내 죽음의 기미가 그들을 덮쳤으며, 아랍인들은 포위당한 비잔티움 사람들과 별반 다르지 않은 상황에 놓이게 되었다. 굶주림이 너무나 극심했기 때문에 밀 6킬로그램이 10데나리우스에 거래되었으며*, 아랍인들은 군선의 쓰레기를 뒤지거나 심지어 죽은 자의 시체를 먹기도 했다."

레오 3세는 이슬람군이 고전한다고 하더라도 비잔틴군만으로는 결정적인 승리가 힘들다는 것을 알았다. 그는 불가리아의 왕에게 사자를 보내 동맹을 제의했다. 불가리아 병력은 이슬람군의 후방을 공격했고 이슬람군은 결국 뒤쪽에도 참호를 파야만 했다. 몇 개월 사이에 불가리아 병사들에게 죽은 이슬람 병사가 무려 2만 2,000명에 달했다고 한다. 7월에는 아드리아노플Adrianople에서 불가리아군과 격돌한 이슬람군이 대패했다. 게다가 프랑크족이 기독교를 수호한다는 명분으로 움직이기 시작했다는 소문까지 나돌았다. 어쩔 수 없었다. 더 이상 버틸 힘도 명분도 없었다. 이슬람군 총사령관은 퇴각을 결정했다. 비잔틴 함대는 적을 추격해 헬레스폰트Hellespont** 까지 내려갔다. 거기서 이슬람 함대는 폭풍을 만나 거의 전 함대가 침몰하고 말았다. 이슬람과 비잔틴 제국이 맞붙은 콘스탄티노플 전투는 이슬람군이 정복전쟁을 나선 후 당한 최악의 참패였다. 당시의 기록에 의하면 전투에 동원된 21만 명의 이슬람군 중 3만 명만이 고향땅을 밟았고 2,000척의 배 중 겨우 5척만이 항구로 돌아갔다. 철저한 패배였다.

이 전쟁을 세계 역사에서 중요하게 여기는 이유는 이슬람군이 동유럽

---

* 이는 평소 밀 가격의 약 3~5배에 해당했다.
** 에게 해와 흑해를 잇는 좁은 해협에서 그리스 쪽.

진출에 실패했다는 것 때문이다. 만약 이슬람군이 콘스탄티노플을 무너뜨렸다면 유럽도 이슬람교 영향력 아래 들어갔을 것이다. 당시 이슬람 세력을 막을 만한 나라가 유럽에는 없었기 때문이다. 그러나 콘스탄티노플에서 패배함으로 인하여 이슬람은 중동인의 종교로 남아있게 되었다. 콘스탄티노플 정복에 실패한 사라센은 그 후에도 야망을 버리지 않았다. 726년에 터키의 마르마라 해 연안에 있는 니케아^{Nicaea*}를 공격했으나 실패했다. 739년에 이슬람은 비잔틴 제국과 결전을 벌였다. 당시 비잔틴군을 이끌었던 사람이 레오 3세 황제였다. 그는 아크로이논^{Akroinon**}에서 2만 명의 이슬람군을 철저히 격파했다. 이슬람군을 이끌었던 우마이야^{Umayya} 왕조가 무너지는 순간이었다. 이후 아랍인들은 서부 소아시아에서 철수했고 수세기 동안 그리스 지방을 침범하지 못했다. 영국의 몽고메리 장군$^{Bernard\ Law\ Montgomery}(1887{\sim}1976)$은 비잔틴이 거둔 승리가 레오 3세의 뛰어난 리더십과 용기에 기인했다고 말한다. 거기에 추가한다면 조류^{潮流}와 추위와 폭풍을 이용한 레오 3세의 지혜, 그리고 신무기 '그리스의 불'이 아니었을까?

---

* 아나톨리아의 고대 도시. 오늘날의 터키 이즈니크(Iznik).

** 오늘날의 터키 동부 아피온카라히사르(Afyonkarahisar).

무더위의 굴욕,
십자군 전쟁

사막에 널브러진 말들, 피바다에 누워 있는 수천의 병사들, 성벽에 끼어 우글거리는 양 진영의 군대. 이 엄청난 장면을 담아내는 카메라는 금세 창을 맞댄 두 병사 앞에 바짝 붙어 그 처절함을 보여준다. 리들리 스콧 감독이 만든 영화 〈킹덤 오브 헤븐$^{Kingdom\ of\ Heaven}$〉의 한 장면이다. 이 영화는 십자군이 이슬람의 살라딘^{Saladin}(1138~1193)* 장군에게 패배하여 물러나는 과정을 한 기사의 눈을 통하여 잘 보여준다.

7세기에서 9세기에 이르는 혹한의 기후가 유럽을 지배한 후 10세기에 들어서면서 온난기가 찾아왔다. 온난한 기후는 사람들의 생활을 여유 있게 만들었다. 풍요한 시대가 닥치면서 사람들은 신에 감사하는 삶을 살기 시작했다. 그들은 높이 치솟은 고딕 성당을 짓고, 성지순례를 통하여 신께 감사를 표시했다. 그러나 이 당시 중동지역을 통일한 셀주크튀르크가 예루살렘을 정복한 후 성지순례자를 박해하기 시작했다.

영화 〈킹덤 오브 헤븐〉은 교황 에우게니우스 3세$^{Eugenius\ III}$(?~1153)가 2

---

* 본명은 살라흐 앗 딘 유수프 이븐 아이유브(Salah ad-Din Yusuf ibn Ayyub). 이집트 · 시리아 · 예멘 · 팔레스타인을 통치한 아이유브 왕조의 시조로, 1187년에 십자군을 격파하여 예루살렘을 탈환하고 제3차 십자군도 격퇴하여 세력을 확보했다. 재위 기간은 1169~1193년.

차 십자군을 소집하고, 이슬람에서는 명장 살라딘이 나타나면서 예루살렘을 함락하는 과정을 그렸다. 영화에서처럼 살라딘은 위대한 장군이었다. 그는 갈릴리 호수 근처의 하틴 전투에서 예루살렘 주둔 십자군을 전멸시켰다. 하틴 전투는 1187년 7월 4일 예루살렘 왕국의 십자군과 이슬람의 살라딘군 사이에 벌어진 전투이다. 전투가 벌어진 곳은 현재의 이스라엘 갈릴리^{Galilee*}의 티베리아스^{Tiberias**} 근처로 '하틴의 뿔'이라 불리는 2개의 산 중간 지역이다. 이 전투에서 살라딘은 날씨를 이용해 대승리를 거둔 후 예루살렘을 점령하게 된다.

전쟁이 벌어진 배경을 살펴보자. 하틴 전투가 벌어지기 1년 전 예루살렘의 왕 보두앵 4세$^{Baudouin\ IV}$(1161~1185)가 죽었다. 왕의 누이 시빌라^{Sibylla}는 기 드 뤼지냥$^{Guy\ de\ Lusignan}$(1160~1194)을 남편으로 맞아들여 공동으로 왕위에 올랐다. 당시 예루살렘 왕국은 성전기사단, 성 요한 기사단, 그리고 귀족들 간에 알력이 심했다. 시빌라가 기 드 뤼지냥을 왕위에 앉히자 예루살렘 권력축의 하나였던 귀족 레몽^{Raymond}이 왕위찬탈을 노리다가 실패하는 사건이 발생했다. 그는 살라딘과 평화협정을 맺어 예루살렘 왕국을 더욱 약하게 만들었다. 레몽의 반역은 이에 그치지 않았다. 레몽은 기 드 뤼지냥을 왕좌에서 몰아내기 위해, 예루살렘 왕국을 약탈하러 가는 이슬람군이 자신의 영토를 지나가게 허락했다. 누가 봐도 이슬람군과 예루살렘군의 균형은 이슬람군 쪽으로 기울고, 살라딘의 영향력이 매일매일 커지고 있었다.

이젠 누구나 살라딘이 예루살렘 왕국을 공격할 것이라고 예상하고 있

---

* 팔레스타인 북부지방의 총칭. 북쪽은 레바논 산, 남쪽은 에즈렐 평야, 동쪽은 갈릴리 호, 서쪽은 앗코 평야와 접하며, 깊은 계곡을 끼고 상갈릴리와 하갈릴리로 나누어진다. 전체적으로는 우기의 강수량이 많으며, 갈릴리 호라는 대수원으로 용천도 많이 있다. 그러나 물의 분포는 균등하지 않고, 수원이 풍부한 저지부는 배수가 나쁘며, 말라리아 모기가 서식하는 저수지가 많은 지형이다.

** 갈릴리 호수 서안에 있는 마을. 그 이름은 로마 황제 티베리우스에서 따왔다.

었다. 그러나 십자군은 자금도 병력도 너무 모자랐다. 교황청이나 유럽 국가들의 지원도 눈에 띄게 줄어들었다. 먼저 성전의 열정이 많이 식었다. 둘째, 유럽 각국은 예루살렘의 십자군보다는 스페인의 재정복 Reconquista*이나 튜튼 기사단Teutonic Order의 슬라브 지역 정복에 더 많은 관심을 가지고 병력과 자금을 투입했다. 당장 자금이 부족해지면서 예루살렘의 십자군은 충분한 용병조차 구할 수 없었다. 이젠 십자군의 전력이 이슬람군에 비해 크게 열세를 보이기 시작했다. 주요 거점에서 십자군의 기사들이 요새에 머무르면서 이슬람군의 공격을 막아낼 수는 있었다. 그러나 주변 지배지역을 이슬람군에게 빼앗기면서 자금은 더 부족해졌다. 그렇다고 요새를 나가면 이슬람군이 텅 빈 요새를 공격해왔다. 이러지도 저러지도 못하는 상태가 되어 버렸다.

어려운 상황이 이어지는 가운데 1174년 살라딘은 자신을 이집트의 술탄으로 선포하고 다마스쿠스로 진군했다. 살라딘은 10년간의 전투 끝에 중동의 막대한 영토와 병력을 확보할 수 있었다. 또한 그의 군자금은 차고도 넘쳤다. 이젠 모든 십자군의 도시들을 완전히 포위할 수 있게 되었다. 이젠 살라딘에게는 휴전 중이던 예루살렘 왕국의 십자군을 전면 공격할 구실이 필요했다. 이때 십자군의 귀족 레노 드 샤티용Renaud de Chatillon이 울고 싶은 뺨을 때려준다. 레노는 1182년 홍해 해안을 따라 내려가며 메디나Medina와 메카Mecca를 약탈했다. 그는 휴전협정을 위반하고 이슬람 카라반Caravane**을 공격했다. 드디어 때가 온 것이다. 살라딘은 십자군 장군 레노의 만행을 온 이슬람 세계에 전했다. 그는 성전을 선포했다. 이슬람 세계에서 최초 성전으로 모든 이슬람 국가가 뭉치기 시작했다. 이슬람의

---

* 이베리아 반도 대부분을 점령한 이슬람교도들로부터 영토를 탈환하려는 운동.

** 사막이나 초원 같은 교통이 발달하지 않은 지방에서, 낙타나 말에 짐을 싣고 먼 곳으로 다니면서 특산물을 교역하던 상인 집단.

성스러운 도시인 메카와 메디나가 위협받고 공격받은 것에 분노한 살라딘은 레노를 자신의 손으로 처형하겠다고 선언했다. 이슬람군이 성전의 깃발 아래 모여들었다. 살라딘은 3만 명의 병력으로 예루살렘을 공격하기로 결정한다.

예루살렘의 왕 기 드 뤼지냥은 다급해졌다. 예루살렘의 병력으로는 도저히 이슬람군에 대적할 수 없었으므로, 반역행위를 한 레몽을 용서하고 그와 힘을 합쳐 살라딘과 싸우기로 한다. 살라딘과의 전투에 십자군의 운명이 달려있었다. 기 드 뤼지냥은 예루살렘을 지킬 최소한의 병력만 남기고 세포리스^{Sepphoris}*로 군대를 모았다. 6월 말이 되자, 십자군은 약 1,200명의 기사와 2만 명의 보병을 보유하게 되었다. 여기에다가 성십자가$^{True\ Cross}$**를 가져오게 해서 전쟁터로 가지고 나갔다. 1187년 7월 십자군은 갈릴리 남단의 세포리스에 진지를 구축했다. 세포리스의 진지가 견고했으므로 살라딘은 세포리스에서 십자군을 끌어내기 위해 레몽의 요새인 티베리아스를 공격했다. 티베리아스의 성주였던 레몽은 가족의 위험에도 불구하고 티베리아스를 포기하자고 주장한다. 이슬람에 모여 있는 비정규군이 해산하는 건기$^{dry\ season}$까지 참고 기다리자는 것이다. 그러나 십자군은 수비가 아니라 공격을 통해 이슬람을 응징해야 한다는 일부 장군들의 주장을 기 드 뤼지냥이 받아들였다. 여기에 레몽의 아내가 구원을 간절히 바라는 편지도 이 결정에 영향을 끼쳤다. 기는 결국 티베리아스를 구하기 위해 세포리스를 포기한다.

살라딘의 미끼를 십자군이 물어버린 것이다. 기 드 뤼지냥과 레몽의 연합군은 티베리아스를 구하기 위해 세포리스를 출발했다. 레몽이 선발대

---

* 세포리스는 히브리어로 '칩포리'이며, 이름의 뜻은 '새'(bird)이다. 아마도 새가 횃대에 앉아 있는 것처럼 이 도시가 큰 언덕 꼭대기에 자리 잡고 있기 때문인 듯하다.

** 예수가 못박혔던 십자가의 일부

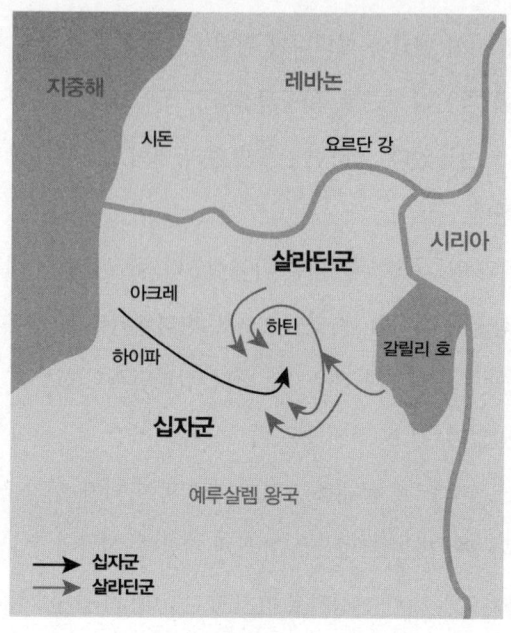

하틴 전투도

를 맡고 기 드 뤼지냥은 본진을 맡았다. 영화 〈킹덤 오브 헤븐〉의 주인공이었던 기사 발리앙Balian of Ibelin과 레지널드Reginald of Sidon는 후위를 맡았다. 그러나 티베리아스는 살라딘군에 7월 2일 이미 함락된 상태였다. 십자군은 투란Turan이라는 오아시스를 향해 진격했다. 십자군은 투란에서 물을 공급하지 않고 계속 진군해나갔다. 이제 티베리아스까지는 어떤 오아시스도 없었다. 나무도 없는 뜨거운 평원만 계속 이어지기에 물을 공급하지 않았던 십자군의 행동은 이해할 수 없다. 살라딘도 편지에서 십자군의 결정을 "무엇이 가장 중요한지도 몰랐다"라고 기록하고 있을 정도다. 투란에서 물을 공급받지 않았던 순간에 하틴 전투의 승패는 이미 갈려 있었다. 살라딘은 십자군이 미끼를 물었다는 것을 확인하자 주력부대로 십자군을 포위하고 보급로를 끊어버렸다. 기 드 뤼지냥은 티베리아스가 내려다보이는 마스카나Maskana 언덕까지 이동을 했다. 그러나 강력하게 공격해오는 이슬람군에게 진로가 막혀버렸다. 여기에서 기 드 뤼지냥은 패배의 결정을 한다. 언덕에서 밤새 병력을 재정비하고 아침에 티베리아스로 진격하기로 한 것이다. 더 이상 진군이 어렵게 되자 십자군은 마스카나 언덕에서 이슬람군에 포위된 채 밤을 보냈다. 이슬람군은 십자군에게 물이 공급되는 것을 막기 위해 근처의 우물을 장악했다. 십자군은 물도 없는 곳에서 숙영지를 차린 것이다. 전사가들은 오아시스인 투란에서 숙영지를 차렸어야 한다고 말한다. 적에게 포위된 상태에서 언덕에서 숙영을 한 것은 전술적인 실수라는 것이다.

드디어 운명의 날이 밝았다. 7월 4일 새벽 이슬람군은 연기를 피워 십자군의 시야를 가렸고 보강된 병력으로 십자군을 겹겹으로 포위했다. 십자군은 전날의 무리한 행군에다가 물이 공급되지 못하면서 심한 갈증으로 고통을 겪고 있었다. 때를 기다려 온 이슬람군은 십자군을 포위한 후 공격하기 시작했다. 중동의 뜨거운 태양아래 강철 갑옷을 두른 십자군의 행렬은 계속 느려졌다. 살라딘의 경기병들은 쉴 새 없이 십자군을 기습했다. 십자군의 병력들은 쓰러지기 시작했다. 원거리에서 쏘아대는 이슬람의 화살을 피하기 위해 대열이 무너지면 곧 이슬람 중장기병의 먹이가 되었다. 이슬람은 십자군의 후위를 계속 조여 왔다. 투란으로 후퇴하려는 십자군의 퇴로도 차단했다. 이슬람 역사가는 전두장면을 다음과 같이 기록하고 있다.

"궁수가 메뚜기 떼와 같이 하늘을 화살로 뒤덮어 프랑크인의 말을 쓰러뜨렸다. 보병의 호위를 받던 프랑크인들은 티베리아스의 물까지 길을 열려고 시도했다. 이미 그들의 목표를 알고 있었던 살라딘은 일말의 희망도 남기지 않고 그들의 앞을 막았다."

십자군은 마지막 승부수를 던진다. 중장기병을 투입해 활로를 열자는 것이다. 여기에 보병부대의 생사도 맡기기로 한다. 십자군 전쟁사를 보면 십자군 기사의 파괴력은 전투의 승패를 바꾸는 계기가 되어왔다. 그러나 이때는 살라딘도 준비하고 있었다. 십자군의 중장기병이 돌격하자 이슬람군은 대열을 열어 그대로 빠져나가게 했다. 그리곤 포위 안에 있는 주력보병과 장군들을 공격했다. 대부분의 십자군 기사와 보병은 전투 중에 죽었다. 기 드 뤼지냥과 많은 십자군 장군들은 포로로 잡혔다. 레몽과 발리앙은 겨우 살아서 도망쳤다. 레노 드 샤티용은 살라딘의 약속대로 처형되었고, 예루살렘의 왕 기 드 뤼지냥은 포로로 성십자가와 함께 다마스쿠스로 이송되었다.

하틴 전투에서 이슬람의 명장 살라딘은 철저히 날씨를 활용했다.

"왜 신이 주관하는 전쟁에서 이슬람군이 수도 없이 패했는가? 우리는 더운 날씨에 준비가 되어야만 한다. 물을 확보해야만 한다. 날씨에 대한 대책이 없다면 전투는 하지 않는다."

십자군을 공격하면 신이 돕는다는 이슬람 사제의 말에 살라딘이 대답한 말이다. 그만큼 이 지역의 날씨와 물의 중요성을 알고 있었다는 것이다. 이에 반해 예루살렘 왕 기 드 뤼지냥은 참모의 건의를 무시하고 물도 없이 뜨거운 싸움터로 병력을 이끌고 나갔다. 무모하기 그지없는 지휘관이었다.

십자군과의 전쟁을 앞두고 살라딘은 더위를 이용해 적과의 전쟁에서 승리하기 위한 필승의 전략을 세웠다. 그는 뛰어난 전술가이기도 했지만 날씨를 전쟁에 가장 잘 활용한 장군이기도 했다. 건기에, 그것도 가장 더운 한낮에 공격을 감행할 것, 물을 충분히 확보할 것, 태양을 등지고 진을 칠 것, 무장을 가벼이 할 것, 전장에 나오기 전 궁기병弓騎兵으로 하여금 게릴라전으로 적을 지치게 할 것. 한낮의 열기 속에서 살라딘이 지휘하는

하틴 전투 후 살라딘과 기 드 뤼지냥. 이슬람의 명장 살라딘은 철저히 날씨를 활용하여 승리할 수 있었고, 무모하기 그지없는 뤼지냥은 포로가 되었다.

이슬람군의 최초 공격이 감행되었다. 이슬람군이 태양을 등지고 진을 쳤으므로, 뜨거운 태양을 정면으로 바라볼 수밖에 없는 십자군은 서서히 지치기 시작했다. 더구나 그들은 완전무장을 했고, 물마저 동이 나버렸다. 태양은 점점 뜨거워지고, 열피에 지친 십자군은 결집력을 잃고 말았다. 십자군이 그토록 중시했던 밀집대형은 무너졌다. 후미 경호대와 대부분의 병력이 적의 궁수들에게 포위되고 말았다. 십자군은 너무나 허무하게 전멸했다. 이후 이스라엘 지역은 영원히 이슬람교도들의 손에 들어가게 되고 만다.

전투가 벌어졌던 갈릴리 지역의 날씨를 살펴보면, 이 지역은 6월에서 9월까지가 건기철로 비가 한 방울도 오지 않는다. 낮 최고기온은 섭씨 45도 전후까지 올라가며, 상대습도 또한 평균 65퍼센트로 상당히 높다.

이러한 살인적 무더위 속에서 십자군의 중장기병은 방어용 갑옷과 사슬 갑옷, 쇠 미늘, 투구 등으로 중무장했다. 이에 반해 이슬람군은 가볍게 무장했고, 활과 작은 방패와 짧은 창만을 소지했다. 무엇보다 더위에 적응이 되어있었다. 이 전쟁의 결과는 그야말로 불을 보듯 뻔한 것이었다. 날씨를 아군에 가장 유리하게 이용했던 뛰어난 전략가의 모습은 현대전에서도 지휘관에게 가장 필요한 덕목이 아닐까 생각해본다.

모세의 기적을 이용한
왜구 토벌

 이집트를 탈출한 이스라엘 백성이 홍해에 다다랐다. 뒤에는 중무장한 이집트의 군대가 뒤따라오고 있었다. 앞에는 큰 파도가 출렁이는 홍해 바다가 가로막고 있었다. 공포로 울부짖는 이스라엘 백성을 뒤로하고 모세가 지팡이를 들고 손을 바다로 내미니 이게 어찌된 일인가? 홍해의 출렁이던 바닷물이 둘로 갈라지며 땅이 드러나는 것이었다. '모세의 기적'이 일어나는 순간이었다.
 "한국판 모세의 기적인 진도 바닷길 축제를 보러 오세요."
 전남 진도군 고군면 희동리와, 의신면 모도 사이의 바다는 해마다 음력 3월 보름 때 모세의 기적처럼 바다가 갈라진다. 바다가 갈라지는 현상을 이용한 관광마케팅으로 진도군은 엄청난 돈을 벌어들인다.
 그런데 어떻게 바다가 갈라지는 것일까? '바다 갈라짐 현상'은 간조 때 해저지형이 해상으로 노출되어 마치 바다를 양쪽으로 갈라놓은 것 같아 보이는 자연현상이다. 해저지형이 복잡하고 조차가 큰 지역에서 볼 수 있는데, 밀물과 썰물의 차가 4미터 이상일 때에 일어난다. '모세의 기적'에 나타난 홍해의 갈라짐도 홍해의 독특한 사구 지형과 강력한 캄신^{khamsin*}이 만들어낸 작품이라는 것이다. 이런 바다 갈라짐 현상을 이용해 큰 승리를 거둔 전투가 있다.

15세기 일본은 기근으로 어려움을 겪는 가운데 '오닌의 난応仁の亂'** 등으로 국가가 불안정했다. 전국시대로 접어들면서 각처의 호족과 다이묘 등 다양한 계층의 항쟁이 이어지면서 극심한 혼란에 빠졌다. 영락제 이후 명나라는 일본과의 정상적인 통상을 금지했다. 이에 불만을 품은 일본의 일부 영주와 중국 상인들이 결탁해 '왜구倭寇'라는 골치 아픈 집단을 만들었다. 이들은 명나라와 일본의 중앙정부가 통제할 능력이 없는 틈을 타서 중국 연안에 상륙하여 약탈을 감행했다. 해가 갈수록 이들의 약탈 행위는 도를 더해 갔고, 급기야는 연안뿐만 아니라 내륙의 성까지 점령하기에 이르렀다. 1553년 8월 왜구가 절강성 상우현에 상륙해 벌인 참극은 처참했다. 이들은 무자비한 살육을 감행했고, 항주에서 절강 서쪽을 지나 안휘성 남쪽을 유린한 다음 남경에 육박했다. 그 후 또다시 표양·무석·소주 등지에 상륙하여 절강성 등 3성을 유린하면서 80여 일에 걸쳐 4,000명 이상을 무자비하게 죽였다. 어린아이를 장대에 꿰어달아 매단 후 끓는 물을 퍼붓는가 하면, 임신부의 배를 갈라 성별내기를 하는 등 왜구의 잔인함은 상상을 초월했다. 왜구의 만행은 엄청난 피해를 입은 다음에야 진압되었는데 왜구의 병력이 겨우 100여 명 미만이라는 사실에 명나라는 충격을 받았다. 이 정도의 병력에 중국 남부 성들이 유린당했다는 것은 그만큼 명나라가 부패하면서 국가방어체제가 무너져 있었다는 것을 뜻한다. 가정제嘉靖帝 후반에 이르러 부패한 관리들을 쫓아내고 청렴강직한 대

---

* 주로 이집트에서 지중해 쪽으로 부는 남풍으로 봄철에 나일 강의 동쪽에 고기압이 위치하고 저기압이 지중해에서 아프리카로 이동할 때 발생한다. 대단히 건조하고 더우며 많은 모래 먼지를 운반한다.

** 무로마치 시대 가장 강력한 쇼군이었던 요시미쓰가 죽은 후, 슈고 다이묘의 힘은 쇼군의 힘을 능가하기 시작했다. 오닌의 난은 쇼군의 후계자를 둘러싸고 슈고 다이묘들의 대립이 얽히면서 11년간이나 지속된 내란이다. 오닌의 난의 직접원인은 쇼군 집안의 후계자 문제, 쇼군을 보좌하는 관령이며, 당대 최대의 슈고 다이묘인 시바(斯波)·하타케야마(畠山)라는 두 집안의 다툼 문제였다.

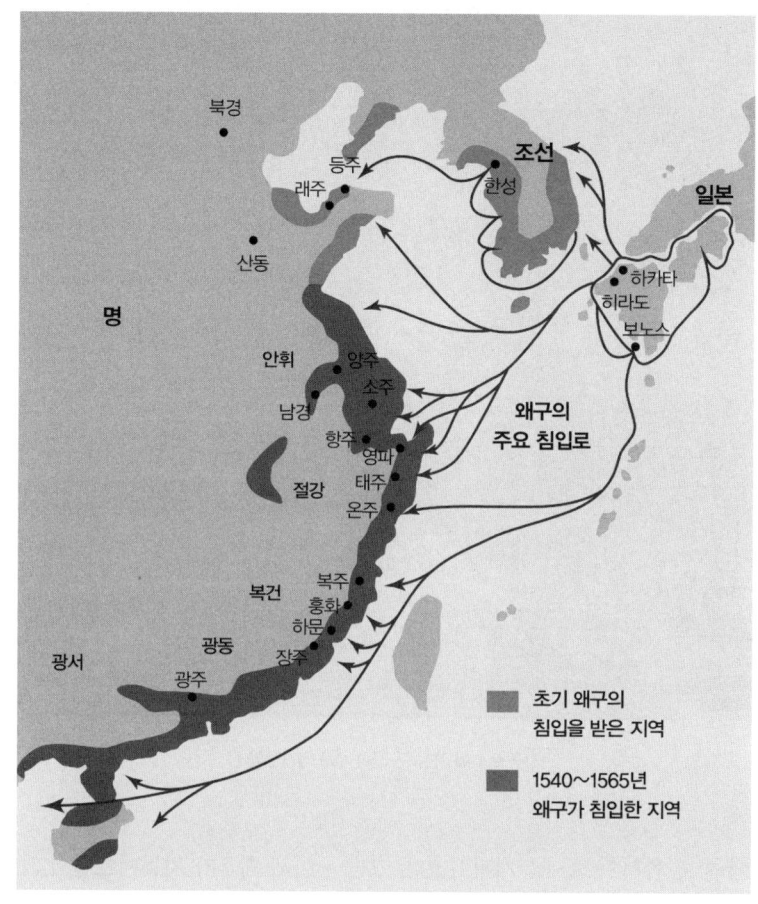

16세기 왜구의 침입

신들이 중용되면서 피해가 극심했던 왜구 토벌이 시작되었다. 이 왜구 토벌에 가장 큰 공을 세운 사람이 척계광이다.

척계광戚繼光(1528~1588)은 동주 출신으로, 군벌 가문에서 태어나 젊었을 때부터 큰 뜻을 품고 있었다. 1550년 향시鄕試* 무과에 합격하고 북경

---

* 과거(科擧)의 제1차 시험

Ⅲ. 자연은 아무도 예측하지 못한다 · 183

왜구 토벌에 가장 큰 공을 세운 척계광의 상

에 와서 회시^{會試}*를 볼 계획이었다. 그러나 이해 왜구가 쳐들어오면서 과거시험이 무산되었다. 무신으로 가는 길 첫머리에 왜구와 인연을 맺은 그는 곧 군사지도자로서 중국이 자랑하는 영웅으로 자리매김했다. 그는 왜구의 침입을 물리쳤으며, 알탄 칸^{阿勒坦汗}(1507~1582)이 이끄는 몽골 타타르족의 침략에 맞서 성공적으로 명나라를 지켰다. 가정제부터 융경제^{隆慶帝}까지 '남왜북로^{南倭北虜}'의 외환^{外患}을 극복하는 데 큰 공을 세웠으며, 중국인들에게는 특히 항왜^{抗倭}의 민족영웅으로 숭앙되었다.

등주 지방 주둔군의 참모장으로 군대 생활을 시작한 척계광은 왜구의

---

* 문·무과(文武科) 초시(初試) 급제자가 제2차로 보는 시험

침입에 대비해 절강지구 사령관으로 부임했다. 절강에 도착한 척계광은 장병들 가운데서 가장 용맹한 자를 선발하여 맹훈련을 실시했다. 그러나 용맹하다는 이 부대도 전투가 벌어지자 겁을 먹고 포위한 왜구들을 다 놓쳐 버리는 것이었다. 그는 먼저 군대의 과감한 개편이 없이는 왜구와의 전쟁에서 승리할 수 없다는 사실을 깨달았다.

첫째로 강한 군대가 필요했다. 1559년 가을 척계광은 "우리 힘으로 해적을 몰아내고 백성들의 생명과 재산을 보호하자"는 구호를 내걸고 군사 모집에 나섰다. 절강 및 의오현 사람 가운데 광산 근로자와 농민들이 적극적으로 호응해왔다. 척계광은 3,000명을 군사로 모집했다. 이 일대의 사람들은 순박한데다 투쟁심이 강해, 정병으로는 그 자질이 딱 들어맞았다. 그는 도시민을 뽑지 않았고, 얼굴이 희고, 눈치가 빠르고, 동작이 가벼운 자는 일체 채용하지 않았다. 전투가 벌어지면 이 사람들이 가장 먼저 도망친다는 것이었다. 그는 이 3,000명으로 새로운 부대를 편성하여 맹훈련을 실시했다. 이 부대는 조국과 백성을 위해 싸운다는 결의에 차 있어 그 사기와 전투력이 하늘을 찌를 듯했다. 척계광은 이들 장병들을 엄격한 규율로 다스렸다. 전투에서 가장 중요한 병사들의 자존심과 자신감은 전투기술과 훈련을 통한 숙달이 없으면 유지될 수 없었다. 그는 왜구와 같이 창검을 잘 쓸 수 있도록 군사들을 훈련시켰다. 사람들은 이처럼 엄한 군기를 가진 이 부대를 '척가군戚家軍'이라 불렀다.

둘째는 전술이었다. 왜구는 지형을 최대한 활용해 배를 숨길만한 섬과 하구를 미리 알아 두고 내륙으로 들어와 약탈을 자행한 다음, 명나라군이 공격해 오면 숨겨둔 배로 재빨리 이동해 수전水戰을 통해 무찔렀다. 또한 왜구에게는 중국 사람들이 가장 겁내는 무기인 일본도와 조총이 있었다. 척계광은 왜구의 전술과 공격 방법을 무력화하고 승리할 수 있는 방법을 만들어냈다. 그는 왜구를 상대하는 데 자신이 고안한 '원앙진鴛鴦陣'

을 채용했다. 원앙진의 기본 단위인 1개 보병분대는 이와 같이 구성된다. 대장 1명, 취사 담당 1명, 병졸 10명. 병졸 10명 중 긴 창을 다루는 4명이 공격-방어의 주력이 되며 전방에 배치되는데, 우측의 병사는 세로로 긴 5각형의 방패를, 좌측의 병사는 둥근 모양의 작은 방패를 장비했다(모두 등나무로 만든 것이었다). 그들 뒤에는 '낭선狼筅'을 가진 병사 둘을 배치했다. 낭선은 가지와 잎이 그대로 달린 길이 1장 3척(약 3.6미터)의 긴 대나무로, 이것은 그대로 남겨둔 가지 때문에 창 몸이 잘 잘리지 않고 화살을 막아낼 수 있었기 때문에 방어 효과가 뛰어났다. 하지만 낭선은 사용하기 불편했고 숙련된 병사만이 다룰 수 있었다. 원앙진을 채용한 것은 일본도에 대항하기 위해서였다. 원앙진의 구체적인 전술은 이러하다. 우측의 5각 방패를 가진 병사는 이미 잡은 위치를 확보, 자기 부대의 진형을 안정시키고, 좌측의 원형 방패를 가진 병사가 포복으로 전진해 방패 너머로 창을 던져 숨어 있는 적을 유인해 낸다. 적을 유인해내면 뒤에 있던 병사 둘이 낭선으로 그들을 쓰러뜨리고, 긴 창을 가진 병사들이 덤벼들어 적을 찔러 죽였다. 최후미의 당파鐺鈀*를 소지한 병사 둘은 분대의 후방과 측면의 경계를 담당했고, 필요하면 공격으로 전환했다

셋째로, 군사저작인 『기효신서紀效新書』라는 책을 써서 척가군의 효율적인 전투능력을 배가시켰다. 이 책에는 병사 배치의 기본 원칙, 군기와 군호軍號, 전략과 훈련 계획, 군대 내부의 예절, 군법회의의 규칙 등이 들어 있다. 우리나라 조선에서도 임진왜란 이후 『기효신서』의 내용 중 속오법束伍法과 삼수기법三手技法에 따라 훈련도감訓鍊都監 등의 5군영과 속오군束伍軍을 편성할 정도로 병법서로 훌륭했다고 한다. 척계광은 전쟁에서의 전

---

* 일명 삼지창이다. 세 창날의 뿌리 부분에 주석으로 용수(龍鬚)를 떼어 붙였으며, 좌우의 밑뿌리는 모두 입안에서 솟아나와 있다. 가운데의 정봉(正鋒)과 가로놓여진 엽가지가 합해져 한 자루이다. 창날 끝이 가지런하면 깊이 찌를 수 없기 때문에 가운데 날을 높이 치켜올렸고, 옆의 두 날보다 길다.

략이나 전술, 생각 등을 글로 많이 남겼다. 다음의 글을 보면 그가 왜구의 전술을 꿰뚫고 있음을 알 수 있다.

"나는 지난 수십 년간 임했던 수많은 전투를 통해서 왜구는 항상 고지에 앉아서 아군을 기다린다는 사실을 깨달았다. 보통 그들은 저녁 때까지 움직이지 않다가, 아군이 지치면 달려들었다. 그렇지 않으면 아군이 퇴각을 시작할 때, 반격을 개시해서 아군을 바짝 따라붙었다. 왜구는 항상 자신들이 신체적·정신적으로 사기가 높을 때에만 부대를 움직였다. 그들은 투구에 여러 가지 색줄이나 금은으로 만든 소뿔 모양의 장식을 달았는데 그 괴이한 모양에 아군은 겁을 먹었다. 적군은 햇빛을 받으면 반짝거릴 정도로 창과 검을 갈고 닦았기 때문에, 아군은 싸우지 않고 여러 시간 기다리는 과정에서 그 창검의 위용에 기가 죽어 버렸다."

이런 판단으로 그는 왜구와의 전투에서 승리하는 방법을 찾아냈다.

넷째로, 엄격한 군율을 세워 지켰다. 그는 "부대 전원이 적을 피해 퇴각하면 부대장을 처형할 것이며, 퇴각하는 부대를 저지하던 부대장이 전사한 경우에는 그 부대의 부관을 처형할 것이고, 부대원들이 부대장을 엄호하지 않아서 부대장이 죽게 되면 그 부대원 전원을 처형할 것"이라고 선언했다. 극단적인 군율이라 할 수 있지만 이로 인한 효과를 본 것은 사실이다. 그는 패배로 끝났어도 전투 중 훌륭한 행동을 한 병사에 대해서는 포상을 했다. 그러나 전투에서 승리했을 때라도 전투 중에 비겁한 행동을 한 병사는 반드시 처벌했다. 그가 황제에게 올린 상소문 중에는 1562년의 전투에서 벌어졌던 일화가 있다. 척가군은 왜구에게 빼앗긴 다리를 탈환하는 작전을 수행 중이었다. 첫 번째 탈환 작전에 나섰던 부대원 36명 전원이 죽었다. 두 번째 탈환작전에 나선 부대원도 절반이 전사했다. 그러자 나머지 병사들이 후퇴를 했다. 척계광은 퇴각한 부대장의 목을 베어 버렸다. 결국 척계광이 이끄는 부대는 왜구를 무찌르고 다리를 탈환했다.

그는 이런 여러 가지 방법을 통하여 막강한 군대를 만들어 냈다.

척계광이 거느리는 척가군은 왜구와의 전투에서 연전연승했다. 척가군은 당시 왜구의 3대 소굴로 일컬어지는 영덕현의 황서, 복청현의 우전牛田, 홍화부의 임돈林墩 지역으로 이동했다. 1562년 복건福建의 연해에서 왜구의 피해는 심각했다. 특히 황서도橫嶼島는 지세가 준험하여 왜적들은 성채를 쌓고 진영을 쳤을 뿐 아니라 우전, 임돈의 왜구와 손잡고 도처에서 노략질을 감행했다. 척계광은 전력이 가장 강하고 잔인한 왜구의 근거지인 황서도를 공격하기로 결정했다. 황서도는 육지로부터 10리 정도 떨어진 외딴 섬이었다. 해군력이 강한 왜구에 비해 수군이 약했던 명나라는 조그만 섬이었어도 감히 공격할 엄두도 내지 못했다. 황서도를 공략할 비책을 찾던 척계광은 이곳이 조수 간만의 차가 높아 썰물 때면 섬까지 땅이 드러난다는 사실을 알게 되었다. '모세의 기적'처럼 바다가 갈라지는 것이었다. 그러나 바다가 갈라져 땅이 드러나도 바닥이 진흙과 뻘로 이루어져 왕래할 수가 없었다. 그는 바닷물이 갈라져 땅이 가장 많이 드러나는 시기와 시간을 파악한 후 모든 병사들에게 짊어질 수 있는 만큼의 마른 풀을 준비하라고 명령했다. 드디어 바다가 갈라지면서 땅이 드러났다. 척계광은 총공격을 명령했다. 마른 풀을 짊어진 병력들이 물에서 드러난 진흙탕과 뻘에 마른 풀을 깔면서 전진하기 시작했다. 꿈에도 섬으로 올 것이라고 예상치 못했던 왜구는 대비조차 못한 상태에서 공격을 받았고 이 섬에 주둔하던 왜구 2,600명 전원이 소탕되고 말았다.

우전에 주둔하던 왜구는 황서도의 왜구가 전멸했다는 소식을 듣고 경비를 강화했다. 척계광은 이들의 경계를 누그러뜨리기 위해 자신의 군대가 황서도의 왜구와 싸우느라 몹시 지쳐있다는 거짓소문을 냈다. 왜구들은 정찰 결과 실제로도 척계광의 군대가 지쳐있는 것처럼 보여 경계를 풀었다. 이 틈을 이용한 기습공격으로 척계광은 우전의 왜구를 토벌했다.

이어 복건의 왜구도 대파한 후, 왜구들이 마지막으로 모든 병력을 끌어모아 홍화에 근거지를 만들자 이곳마저 초토화시켜 버렸다. 1566년 마침내 척계광이 이끄는 척가군은 명나라를 괴롭히던 왜구를 토벌하는데 성공한다.

척계광은 전투에서 승리하는 가장 큰 요인을 병사들로 보았다. 그는 병사들의 사명감과 자부심을 세우는데 힘을 기울였다. 둘째, 개인기보다는 팀워크를 중시했다. 아무리 공을 세웠어도 '원앙진' 팀에 문제가 되었다면 처벌했다. 셋째, 둘째 아들의 처형을 명할 정도로 엄격하고 공정한 신상필벌을 시행했다. 넷째, 그는 위험한 공격에도 직접 참가했다. 그리고 총사령관으로서 병사들을 잘 파악하고 있었다. 여러 해가 지난 뒤에도 부하들의 이름을 줄줄이 외울 정도였다고 한다. 그러니 그가 이끌었던 척가군은 어떤 어려운 전투에서도 최상의 전투력을 발휘했고 모든 싸움에서 승리하는 기록을 세운 것이다. 현대의 야전지휘관들도 척계광의 리더십을 배워야 하지 않을까?

무적함대도
어찌하지 못한 폭풍

"대영제국의 영예를 드높인 공로로 기사의 작위를 내리노라."

일개 해적에 지나지 않았던 드레이크Francis Drake(1545~1596)가 영국 여왕 엘리자베스 1세로부터 귀족의 작위를 받는 순간이었다. 그는 신세계로부터 보물을 실고 오는 스페인의 배를 공격하여 보물들을 빼앗아 고스란히 자신의 여왕에게 바쳤다. 이 공로로 드레이크는 영광스럽게도 평민에서 '경Sir'이라 불리는 귀족의 지위로 상승한다.

16세기경에 스페인은 포르투갈과 함께 신대륙의 발견과 신항로의 개척에 가장 선구적인 역할을 했다. 적극적인 신대륙 경영으로 경제적 번영을 누렸는데 이의 바탕에는 막강한 해군력이 있었다. 1571년 유럽을 침공하는 이슬람 세력과 대결전을 벌였던 레판토 해전Battle of Lepanto*에서 대승을 거둔 다음 스페인 해군은 '무적함대Armada'라는 영광스러운 이름을 얻으면서 세계 최강의 해군력을 자랑하게 되었다.

스페인은 식민지로부터 엄청난 금과 은을 실어왔다. 그러나 영국의 드

---

* 지중해를 제압하고 있던 오스만 제국이 베네치아령 키프로스 섬을 빼앗자 서지중해 지역으로 팽창할 것을 두려워한 베네치아·제노바·스페인의 신성동맹(神聖同盟) 함대가 1571년 10월 7일 레판토 앞바다에서 오스만튀르크 함대를 격파함.

레이크가 이끄는 해적선들은 신출귀몰한 항해술과 뛰어난 전투 능력으로 번번이 스페인 상선을 공격하여 금과 은을 빼앗아 갔다. 드레이크는 카리브 해 연안에 근거지를 두고 식민지와 본국을 오가는 스페인의 배를 집중적으로 공격했다. 금과 은을 빼앗고 배는 침몰시키고 병력은 죽였다. 전쟁이 일어나기 이전에 드레이크가 거둔 전과는 스페인 함선 25척 격침, 병력 2,500명 살상이었다. 스페인의 왕 펠리페 2세$^{Felipe\ II}$ (1527~1598)는 자존심이 상할 대로 상했다. 그렇지 않아도 영국이 프로테스탄티즘^{Protestantism}*을 표방하는 바람에 가톨릭의 대부를 자처하던 스페인으로서 용납하기 어려운 판에, 영국의 해적마저 귀중한 보물을 탈취하니 도저히 참기가 힘들었던 것이다. 그러는 중 1585년에 스페인 북부에 흉년이 들었다. 영국의 곡물상들이 스페인에 식량을 팔러 갔다가 모두 체포되었다. 스페인 재판소는 영국 선원들을 이단이라는 죄목으로 처형했다. 스페인과 영국은 감정의 골이 깊어졌다. 영국의 엘리자베스 여왕은 스페인이 영국을 침공할 것이라는 사실을 예견하고 전쟁준비를 한다. 이 전쟁의 배경에는 기존의 대서양 지배 기득권을 보호하려는 스페인과 새롭게 대서양으로 진출하려는 영국의 야심이 있었다. 언젠가는 양대 세력이 맞붙을 수밖에 없는 상황이었다. 여기에 유럽의 가톨릭 국가들이 '이단자인 영국을 징벌하라'는 요구가 높아졌던 것도 하나의 원인으로 볼 수 있다.

스페인 왕 펠리페 2세는 '무적함대'를 영국 침공의 주력부대로 결정한다. 무적함대는 군함 130척에 해군 8,000명, 육군 1만 9,000명, 그 밖에도 3만 명이 승선한 대함대였다. 먼저 강력한 무적함대로 영국의 해군을 제압한 후에 네덜란드 지역에 있는 스페인 육군 2만 5,000명을 영국에 상륙시켜 점령하겠다는 것이었다. 네덜란드 지역에서는 스페인 총독 알

---

* 16세기 루터, 칼뱅을 주축으로 한 개혁자들이 가톨릭교에 반항하여(protest) 이루어진 기독교 사상

레산드로 파르네세$^{Alessandro\ Farnese}$ 공이 지휘하는 2만 5,000명의 육군이 대기하고 있었다. 파르네세 휘하의 스페인 육군은 됭케르크와 칼레 지역으로부터 해협을 건너 상륙작전을 벌이기로 계획했다. 만일 스페인의 육군이 영국에 상륙한다면 육군이 매우 약했던 영국은 스페인의 식민지가 될 판이었다. 이제 영국의 운명은 해군에 달려 있었다.

여름으로 접어드는 무렵 유럽 서부해안지방은 아조레스^{Azores}에 중심을 둔 북대서양 고기압의 영향을 받아서 대체로 온화하고 남서풍이 일정하게 부는 경우가 많다*. 그런데 1588년에는 날씨가 고르지 않아서 겨울에 부는 북풍이 강하게 불었다. 무적함대가 출정한 얼마 후부터 비바람이 몰아치는 북풍 때문에 배들은 남쪽으로 밀려나 상비센테 곶$^{Cabo\ de\ São\ Vicente}$에서 맴돌았다. 이때의 기상상태는 무적함대의 선원들이 누구도 경험해 보지 못한 12월에나 나타날 수 있는 매우 나쁜 날씨였다고 한다. 강한 북풍으로 인해 무적함대는 동쪽으로 가지 못하고 남쪽으로 밀려나면서 영국 쪽으로 항진하지 못했다. 출항한 지 40여 일 지난 7월 12일경에 간신히 북진하여 브리스톨^{Bristol} 해협 근처까지 도달했으나, 급변하는 강한 바람과 날씨 때문에 스페인으로 되돌아올 수밖에 없었다. 7월 22일에 다시 원정길에 나서 30일에는 영불해협까지 진출하게 된다. 8일이면 갈 수 있는 거리를 무려 두 달 걸려 도착한 꼴이 된 것이다. 병사들은 싸우기도 전에 이미 지쳐버렸다. 한편 이에 맞서는 영국 함대는 총 197척으로 배의 숫자는 무적함대보다 많았지만 그중 정식 해군함정은 고작

---

* 북반구의 중위도고압대(아열대고압대)에 나타나 포르투갈 서쪽 대서양의 아조레스 제도 부근에 중심을 두는 대규모의 고기압 덩어리를 말한다. 중심기압의 영년 평균값은 1월에 1,022hPa, 7월 1,025hPa로서 여름철에 가장 잘 발달한다. 이 고기압의 중심지역은 아조레스 제도 주변인 북위 35° 부근으로 북대서양을 광범위하게 덮는다. 여름철 지중해 연안 지방은 이 고기압의 세력권하에 들어가게 된다. 이로 인해 지중해 연안 지방은 맑은 날씨가 지속되고 기온이 급상승하여 고온건조한 전형적인 지중해성기후의 특징이 나타난다.

해상에서의 주도권을 다툰 스페인 왕 펠리페 2세와 영국 여왕 엘리자베스 1세.

34척에 불과했다. 나머지 배들은 개인 소유 배들이거나 드레이크의 '해적함대'들이었다.

7월 31일 드디어 영국 함대는 무적함대와 마주쳤다. 영국해협은 멕시코 난류의 영향으로 연중 동쪽으로 해류가 흐른다. 그리고 겨울에는 편서풍의 영향으로 남서풍이 불지만 여름에는 북대서양 고기압의 영향으로 북서풍이 우세하다. 그러나 이해 여름엔 특이하게도 '프로테스탄트 바람'이라 불리는 남서풍이 불었다. 당시 아이슬란드 부근의 해수온도와 영국 남해안 지역의 해수온도차가 무척 커졌다. 이런 이유로 폭풍 등이 자주 발생했다. 기록에 의하면 1580년대 내내 폭풍이 자주 영국을 강타했다고 나와 있다. 기상이상은 여름에 주로 부는 바람인 북서풍 대신 남서풍을 불러왔고 영국은 이 바람을 이용하여 무적함대와 싸우게 된 것이다. 드레이크는 스페인의 함대가 진격해 들어오는 쪽을 가로질러 바람이 불어오는 쪽을 먼저 차지한다. 바람과 해류를 등지는 유리한 고지를 점하게 된 것이다. 이때 전체적인 전력상으로는 열세였던 영국 해군은 기동성과 대포의 사정거리에서만큼은 앞서 있었고, 또 숙련된 병사를 더 많이 갖고 있었다. 전투가 벌어지자 맞바람을 받게 된 스페인 함대는 영국해협 북쪽으로 밀리며 후방 방위작전을 펼칠 수밖에 없었다. 비록 스페인의 대함대에 비해 보잘 것 없는 영국 해군이었지만 '해적함대'를 포함한 잉글랜드의 소형 선박들은 기대 이상의 전과를 올렸다. 스페인의 대형 함선이 좁다란 해협에서 쉽게 기동하지 못할 때, 이들 작은 선박들은 스페인의 대형 전함 사이를 재빨리 움직이면서 무적함대를 공격했다. 배에 불을 질러 스페인 함대에 돌진하는 작전도 큰 효과를 보았다. 드레이크는 기동성과 사정거리가 먼 대포를 활용하여 적 후미의 배들에 집중적인 공격을 가했다. 이 전투에서 무적함대의 가장 큰 기함이 나포되었고 11척의 전함이 침몰했으며 많은 배가 부서졌다. 영국 함대의 승리는 노련한 해적 드레이크의 지휘하에 영국 함대가 신속하게 남서풍을 등지고 싸우는 진용을 갖출 수 있었기 때문에 가능했다. 바람을 잘 이용한 영국의 승리라고 할 수 있으며 이후부터 영국을 도운 남서풍을 영국은 '프로테스탄트 바람'이라고 부르게 된다.

이 전투 이후 스페인의 무적함대는 프랑스의 칼레^{Calais} 부근 해안으로 피신했다. 8월 6일부터는 강한 남서풍과 함께 비바람이 불기 시작했다. 무적함대는 강한 바람에 대비하기 위해 배들을 밀착하여 닻을 내리고 있었는데, 7일 밤에 영국 해군은 8척의 작은 화공선^{火攻船}으로 공격했다. 무적함대는 급하게 배의 돛을 끊고 피하기 위해 일대 혼란이 일어났다. 다행히 바람이 바뀌면서 큰 피해는 입지 않았지만 무적함대의 사기는 뚝 떨어져 버렸다.

오랜 시간 바다에서 지체하며 악천후와 싸우고 드레이크가 이끄는 영국 해군에게 타격을 입자 무적함대는 기진맥진하게 되었다. 해군력이 영국을 압도하지 못하는 상황에서 네덜란드에 있는 육군을 영국으로 상륙시킨다는 것도 불가능했다. 결국 무적함대는 펠리페 2세의 회군 명령에 따라 스페인으로 귀환하게 된다. 그런데 남쪽으로 돌아가는 길목을 영국 함대가 지키고 있었다. 할 수 없이 영국 해안을 따라 북쪽으로 돌아서 스페인으로 돌아가기로 결정한다.

아래의 1588년 9월 21일 일기도는 영국 이스트앵글리아대학교University of East Anglia의 램H. H. Lamb 교수가 그 때의 상태를 추정한 것으로, 강력한 기압골이 영국에 영향을 주고 있는 모습이다.

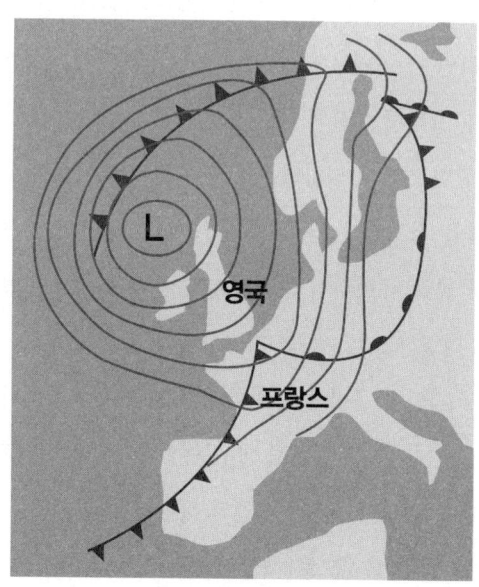

1588년 9월 21일 추정일기도

날씨는 무적함대의 편이 결코 아니었다. 스코틀랜드의 동해안지역에 도착한 16일에는 심한 폭풍이 불었다. 스코틀랜드 해안을 돌아서 가려니 강한 북풍이 불고, 다시 남하하려고 하면 남풍이 부는 것이었다. 폭풍 앞에서는 스페인의 무적함대도 나약했다. 무적함대는 이 지역에서 우왕좌왕하며 보름이나 지체하다가 많은 전함을 북해 바다의 짙은 안개로 인해 잃어버렸다. 당시 스페인 해군 기록에는 "우리는 폭풍우가 심한 바다에서 돌풍과 비와 안개를 겪었는데 서로 배를 식별할 수가 없었다"라고 기록되어 있다. 이날 북해의 남부 해상에 있던 드레이크도 험악한 날씨를 다음과 같이 기록하고 있다. "이 계절에 부는 바람치고는 엄청나게 큰 폭풍이다." 그로부터 한 달 뒤 강한 열대성 저기압이 아조레스 제도 부근에서 북동쪽으로 진행하고 있었다. 9월 18일, 무적함대는 비스케이 만$^{Bay of Biscay}$에서 이 폭풍을 만났다. 사흘 뒤 이 강력한 폭풍은 아일랜드 서해안을 강타했다. 수많은 전함들이 높은 파도에 밀려 아일랜드 해안에 난파하고 말았다. 그러면 무적함대는 왜 이렇게 나쁜 날씨를 만나게 되었을까? 램 교수에 의하면 1565년부터 1600년까지는 혹한이 계속된 소빙하기의 시작 시기였다. 그래서 여름과 겨울철 기온은 1900년대의 기온보다 1.2도가 낮았다. 탐험 기록에 의하면 1586년 6월에 아이슬란드 인근 해협의 바다가 얼어붙을 정도였다. 당시의 아이슬란드 부근의 해수온도는 지금보다 5도 정도 낮았다. 따라서 무적함대가 영국과 전쟁을 벌인 시기에는 한여름인데도 맹렬하고 급변하는 기상상태가 계속되었다는 것이다.

고난 끝에 스페인에 돌아온 무적함대의 모습은 처참했다. 50여 척의 전함을 잃었으며 나머지 전함들도 대부분이 파손된 상태였고, 6,000명의 병사가 사망했다. 전사가들은 스페인의 사령관 메디나 시도니아 공$^{Duque de Medona-Sidonia}$이 육군 출신으로 해상의 돌변기상에 무지했던 것이 패배의 한 원인이라고도 한다. 이에 반해 영국의 드레이크는 오랜 해적 경험

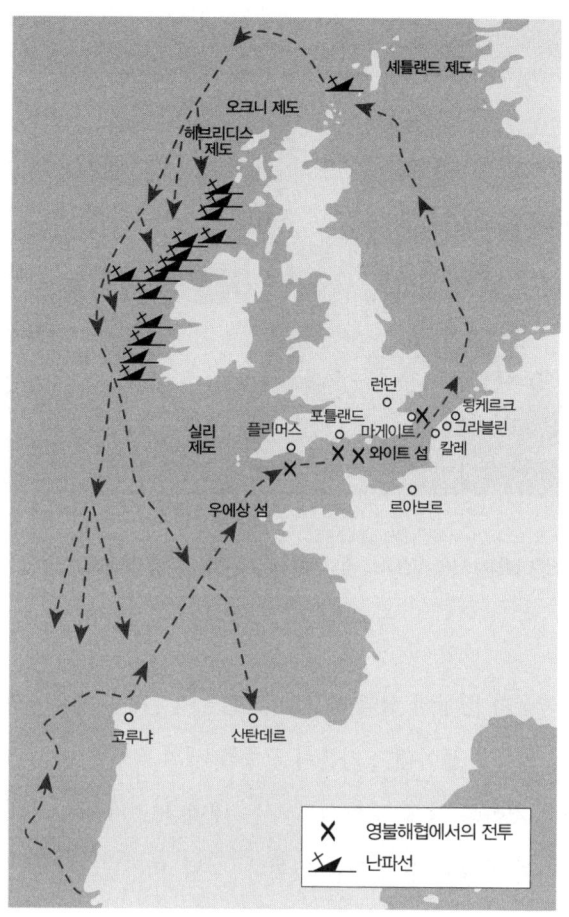

무적함대 공격 및 퇴각 경로

을 통해 바다의 날씨에 대한 상당한 지식을 가진 자였다. 바로 이 차이가 바람과 해류를 활용한 영국에 승리를 안겨 주었고, 똑같은 폭풍우 속에서 스페인 함대만 결정적인 타격을 입게 되었다는 것이다. 무적함대의 몰락으로 펠리페 2세는 꿈을 접어야만 했고 스페인은 세계 역사에서 2류 국가로 전락했다. 당연히 승리한 영국은 스페인의 뒤를 이어 대서양을 지배하는 1류 국가로 발돋움한다.

만일 이때 스페인의 무적함대가 영국의 드레이크 선단을 무찌르고 네

〈엘리자베스 1세와 스페인 무적함대(Elizabeth I and the Spanish Armada)〉, 니컬러스 힐리어드(Nicholas Hilliard) 作. 영국은 철저히 나의 강점으로 적의 약점을 공격하는 전략을 사용하여 스페인 무적함대를 격파했다.

덜란드의 육군이 영국에 상륙했다면 역사는 어떻게 바뀌었을까? 먼저, 엘리자베스 여왕을 몰아내고 가톨릭 군주를 세워 유럽은 통일된 신앙으로 복귀했을 것이다. 둘째, 독립을 꿈꾸는 네덜란드 지역에 대한 영국의 지원을 완전히 차단할 수 있었을 것이다. 셋째, 엄청난 전쟁배상금으로 위기에 처해있던 스페인의 재정난을 해결할 수 있었을 것이다. 흔들리던 프랑스와 독일에 대한 가톨릭의 지원을 확대할 수 있었을 것이다. 신대륙의 확고한 식민지 지배가 가능해졌을 것이다. 글쎄, 그럼 우리는 영어 대신에 스페인어를 배워야 했을까?

경제학자들은 무적함대와 영국의 전투를 최소의 비용으로 최고의 효과를 올린 전투라고 말한다. 영국은 철저히 나의 강점으로 적의 약점을 공격하는 전략을 사용했다. 영국의 강점은 첫째, 배들은 작지만 기동성 있는 해군이 있었다. 둘째, 신뢰도가 높은 정교한 정보망을 가지고 있었다. 약점으로는 병사의 수가 적었고, 무기류도 약했으며, 전쟁을 치르기 위한 돈도 적었다. 반대로 스페인은 세계에서 최강을 자랑하는 무적함대가 있었다. 재정적인 지원도 충분했고, 병력의 수도 월등했으며 무기도 최신식이었다. 함대는 대규모의 육중함을 자랑했다.

  영국은 스페인의 장점이 오히려 약점이 될 수 있음을 알았다. 스페인의 대형 함선은 크고 무기도 많이 실었지만 속도가 느렸다. 영국은 기동성이 뛰어난 작은 배들로 스페인의 무역선을 약탈했다. 신대륙에서 들어오는 돈으로 유지되던 스페인은 재정 혼란에 빠졌다. 병력 수는 적지만 훈련된 정예병으로 육성된 영국군은 전투에서 뛰어난 기량을 발휘했다. 바람을 이용하는 방법으로 스페인의 무기를 무력화했다. 전쟁에서 전적으로 강한 집단은 없다. 제아무리 천하무적이라도 반드시 약점이 있다. 상대편의 약점을 철저히 이용하는 전략을 펼 경우 약한 집단이라도 승리할 수 있다는 것을 영국은 우리에게 보여주고 있다.

추위가 결정지은
임진왜란과 병자호란

우리나라 역사 중에 가장 치욕적인 전쟁이 임진왜란과 병자호란이다. 수많은 국민들이 일본과 청나라 군사들에게 짓밟히고 죽어갔다. 이 두 전쟁은 우리 민족에게 왜 이런 수치를 당했는지, 어떻게 하면 다시는 이런 치욕을 겪지 않을 수 있는지를 배우는 반면교사가 된다.

혼란하기만 했던 일본을 최초로 통일한 도요토미 히데요시豊臣秀吉는 아직도 강성하기만 한 제후들의 관심을 밖으로 돌릴 필요가 있었다. 그는 명나라를 정복하겠다는 허울 아래 1592년 4월 13일에 700여 척의 전함에 약 20만의 대군으로 조선을 침공했다. 부산에 상륙한 후 파죽지세로 진격한 일본군은 20일 만에 서울을 점령했다. 일본군은 서울에서 대오를 정비한 후 평안도와 함경도의 두 길로 나누어 진격한다. 고니시 유키나가小西行長(?~1600)는 평양으로 도망친 조선 왕 선조를 추격하기 위해 개성을 거쳐서 북서방면으로 진군했고, 가토 기요마사加藤淸正(1562~1611)는 함경도로 피신한 두 왕자 임해군과 순화군을 사로잡고 동쪽지방을 점령하기 위해 함경도로 진격했다.

개전 두 달 만인 6월 16일에는 선조가 압록강변의 의주로 다시 피난했고, 백성들마저 모두 도망해버린 텅 빈 평양이 고니시의 일본군 수중으로 들어갔다. 함경도 회령까지 진입한 가토의 일본군은 종성과 경흥을 거쳐 성진·길주 지역에 자리 잡았다. 비록 왕을 사로잡지는 못했지만 서울과 평양을 점령했고, 왕자 2명을 포로로 잡았으며, 한반도 전역을 거의 점령한 일본은 조선이 항복하기를 요구했다. 그러나 조선 왕은 항복하지도 않고, 화의 요청에도 응답이 없었다. 이런 와중에 조선에서는 명나라에 원병을 요청했다. 이에 명나라에서는 원병을 보내기에 앞서 심유경沈惟敬(?~1597)을 일본군에게 보내어 협상을 시작했다. 협상을 하면서 시간을 벌자는 계책이었다.

이 사이에 명나라에서는 이여송李如松(1549~1598)을 동정군東征軍 제독으로 임명하여 조선에 출정 준비를 진행시키고 있었다. 강추위가 몰아치는 12월 25일에 5만여 명의 명나라 군사가 압록강의 얼음 위를 건너왔고, 1월 7일 이른 아침에 조선군과 함께 평양성 공격을 개시했다. 그런데 놀랍게도 일본군은 거의 저항다운 저항조차 해보지도 못하고 후퇴하기 시작했다. 전쟁 초에 승승장구하던 일본군, 그리고 평양과 함경도에서 주둔하던 막강한 일본군이 전투다운 전투조차 하지 못하고 후퇴한 이유는 무엇이었을까? 당시 사대주의에 사로잡힌 대신들의 말처럼 명나라의 참전 덕분이었을까? 그러나 당시 명나라 군사는 약 5만 명밖에 되지 않았다. 병력이나 장비 그리고 전쟁 경험 면에서 일본군이 결코 뒤질 것이 없었기에, 명나라 참전이 전적인 이유가 될 수는 없다. 그렇다면 일본군이 꼬리를 내리고 패주하게 된 가장 큰 이유는 무엇이었을까? 바로 추위 때문이었다.

일본 장군들은 대체로 도요토미 히데요시의 가신으로 일본 남부지방 사람들이다. 이 지역의 겨울기온은 평균 영상 2~4도로 영하로 떨어지는 경우가 거의 없다. 당시 일본의 전투 관습은 추운 겨울에는 싸우지 않고 쉬는 것이었다. 그런데 우리나라 평안도와 함경도 지역은 겨울철에 평균

기온이 영하 10도에 이르고, 강한 시베리아 고기압이 영향을 줄 때면 영하 30도까지 떨어진다. 그러니 혹한이 몰아치는 조선의 북부지역까지 진격한 일본군은 추운 날씨에 적응할 수 없었다는 것이다. 여기에다가 일본은 속전속결을 예상하고 여름옷 차림이었는데, 이순신 장군에게 보급로가 봉쇄당하면서 겨울옷의 지급이 제대로 이루어지지 않았다. 일본군에게 명나라의 참전보다는 겨울 추위가 더 무서운 적이었던 것이다.

이해 겨울은 유난히 추웠다고 한다. 12월에는 추위가 예년에 없이 무섭게 몰아 닥쳐서 평안도 지방은 문자 그대로 얼음지옥이었다고 한다. 평양성에서 후퇴하던 일본군 병사는 다음과 같이 기록하고 있다.

"이날 밤은 북풍이 무섭게 불고 한기는 살갗을 에며 뼛속까지 스며들어 인간의 지각을 모두 빼앗아 갈 듯했다. 동상에 걸린 병사들은 활은커녕 지팡이조차 잡지 못할 정도였고, 막대가 다 된 다리를 몽유병자처럼 질질 끌고 걸어갈 뿐이었다. 그렇게라도 하지 않으면, 동사라는 확실한 죽음이 큰 아가리를 벌리고 기다리고 있었다."

- 『요시노 일기吉野日記』

기록적인 추위 이외에도 침공 두 달 만에 거의 전국이 일본군의 수중에 들어갔음에도 조선이 망하지 않았던 것은 조선 민중의 끈질긴 항쟁도 한몫을 했다.

"일본군이 가장 두려워했던 것은 조선군의 창검보다는 청야전淸野戰이었다. 조선인들은 피난가면서 싸들고 갈 수 있는 것은 모조리 가지고 갔고, 들판의 곡식까지 깡그리 망쳐놓고 산성으로 들어가버렸다. 식량 부족은 일본군의 전력을 급속도로 저하시켰다. 주님은 결코 일본의 손을 들어주지 않으셨다."

일본군을 따라 종군했던 포르투갈 신부 루이스 프로이스Luis Frois의 말이다.

이처럼 조선 민중은 자신을 희생한 청야전으로 일본군을 괴롭혔을 뿐더러, 의병을 일으켜 끈질긴 저항을 함으로써 일본군을 교란시켰다. 무능한 국가지도자들로 인해 7년간 참담한 어려움을 당해야 했던 민중이었다. 그러나 나라를 지키겠다는 그들의 소박한 애국심에 하늘이 감동한 것은 아니었을까? 예년보다 억세고 매섭고 추운 날씨로 전쟁을 도운 것을 보면 말이다.

국가적인 위기가 올 때 미리 앞을 내다보는 선지자들이 있다. 임진왜란을 앞두고는 율곡栗谷 이이李珥(1536~1584)가 있었다. 사람들은 그의 리더십을 '위기의 예측 리더십'이라 부른다. 1582년 『선조실록』에는 "미리 10만의 군사를 양성해서 앞으로 뜻하지 않은 변란에 대비해야 한다"는 이이의 '십만양병설'이 기록되어 있다. 그로부터 10년 후인 1593년에 임진왜란이 일어났다. 그의 주장에 반대한 사람들도 감탄했다고 하는 놀라운 예측력이다. 후에 율곡 선생의 뛰어난 예측 리더십을 흠모한 사람들이 만들어 전한 전설도 많다. 그중 하나가 화석정花石亭*과 관련된 이야기다. 율곡 선생이 화석정에서 명상을 할 때면 늘 아랫사람들에게 기름걸레로 화석정을 닦으라고 지시했다. 의아해하는 하인들에게 '다 소용이 있을 것'이라는 말만 했다고 한다. 임진왜란이 일어나 선조가 피난을 위해서 임진강을 건너려 했으나 너무 어두워 움직일 수 없었다. 이때 화석정에 불을 지르자 그 동안 기름에 닦인 정자가 활활 타올라 무사히 어둠을 뚫고 피난에 성공했다는 전설이다. 이런 예측력이 공짜로 얻어진 것은 아닐 것이다. 평소에 부단한 연구와 노력을 한 대가일 것이다. 세상의 흐름을 살피

---

* 경기도 파주시 파평면 율곡리 임진강변에 위치한 조선시대의 정자. 율곡 이이가 자주 들러 시를 짓고 명상을 하며 학문을 연구하던 곳으로 임진강이 굽어보이는 강가의 벼랑 위에 위치하고 있다.

고 분별하다 보면 미래가 보인다고 영웅들은 말한다.

임진왜란의 참화가 채 가시기도 전에 우리나라는 다시 청나라의 침략을 받게 된다. 몇 년 전에 우리나라 서점가에 김훈의 소설『남한산성』열풍이 불었다. 한국 소설이 독자들에게 외면을 당하는 현실에서 베스트셀러로 올라선 것은 작가의 탄탄한 능력 외에 새롭게 한국을 바라보려는 당시 시대적 역사인식이 맞물렸기 때문이다. 김훈의『남한산성』은 병자호란을 배경으로 한 소설이다. 결사항쟁을 고집한 척화파 김상헌金尙憲(1570~1652), 역적이라는 말을 들을지언정 삶의 영원성은 치욕을 덮어서 위로해줄 것이라는 주화파 최명길崔鳴吉(1586~1647), 그 둘 사이에서 번민을 거듭하며 결단을 미루는 임금 인조仁祖(1595~1649). 그리고 많은 조연들의 모습을 정말 비극적으로 형상화한 뛰어난 작품이다.

내몽골을 통일한 후금의 태종은 나라 이름을 청으로 바꾸면서 자신을 황제로 칭한다. 그는 1636년 사신 용골대龍骨大(1596~1648)를 조선에 보내 군신관계를 맺고 명나라와의 관계를 끊을 것을 요구했다. 국제정세에도 무지했고 명에 대한 사대사상에 사로잡혔던 조선의 인조는 용골대를 상대조차 하지 않았다. 홀대를 받은 용골대는 서울을 떠나면서 객사의 벽 위에 청靑자 한 글자를 써놓고 갔다고 한다. 어떤 사람들은 청(靑)자는 십(十)+이월(二月)이 되며 이것은 12월 압록강에 얼음이 얼 때 조선을 쳐들어올 것이라는 예고한 것이며, 전쟁 시기를 자기들에게 가장 유리한 날씨 조건에 맞춘 것이라고 말한다. 청나라의 병력은 아시아에서 가장 추위에 적응이 잘 된 군사들이었기에 이런 해석이 나온 것이 아닌가 한다.

지도자들의 가장 큰 덕목이 정확한 판단이라고 한다면 사실 당시 조선의 정보 판단력은 너무 부족하지 않았나 싶다. 새로운 강국으로 떠오른 청나라의 사신조차 만나지 않은 것을 보면 말이다. 조선의 왕이 자기의 사신을 만나주지도 않았다는 보고를 받고 격노한 청태종은 1637년 1월

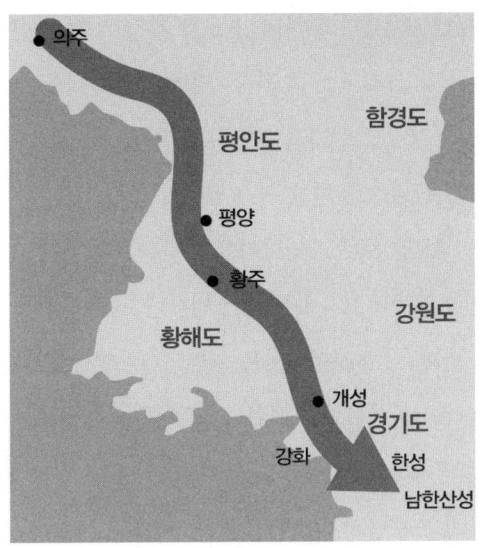

병자호란 때 청나라 병력의 진군도

직접 20만 대군을 이끌고 얼어붙은 압록강을 건넌다. 본래 이들은 만주 북부와 몽골 지방에 살던 기마 민족으로 겨울에는 영하 40도까지 떨어지는 혹한과 살을 에는 강한 바람에서 단련된 민족이었다. 그러기에 그들은 가장 추운 1월에 침공을 단행한 것이다.

조선에서는 청나라의 실력을 우습게 여겼을 뿐만 아니라, 혹 그들이 쳐들어오더라도 명나라가 구원해 줄 것이며, 또 조선의 가장 유능한 맹상인 임경업 林慶業(1594~1646) 장군이 백마산성을 지키므로 아무런 문제가 없을 것이라고 믿고 있었다.

명나라에 국방을 의지하는 사대사상, 하나의 산성이 나라를 지켜줄 것이라는 군사적 판단 미숙 등은 너무나 어이없는 생각이었다. 조선의 이런 생각을 비웃듯 청나라의 선봉대는 임경업 장군이 지키는 백마산성을 피해 서울로 직행했다. 그들은 마치 날아가는 화살처럼 9일에는 압록강을 14일에는 개성을 통과해 버렸다. 그런데 정작 조선의 조정이 청나라의 침입을 안 날은 13일이었다고 하니, 참으로 기가 막힌 일이다. 놀란 조정에서는 왕자와 비빈, 그리고 남녀 귀족들을 급히 강화도로 피난시키고 난 후 인조도 뒤따라 강화도로 가려 했으나, 이미 강화도로 가는 길은 막혀 있었다. 겨우 남한산성으로 피할 수 있었던 인조는 그곳에서 8도에 근왕병*을 모집하는 격문을 보내고 명나라에 지원을 요청한다. 그러나 남한산성에 갇혀있는 왕을 구하고자 도처에서 일어난 구원군은 청군에 의해 격파되어 버리고 만다. 이제 성안에 있는 1만 3,000명의 병력은 18배의 병력에 달하는 청나라에 포위되어 버렸다. 전쟁에 대해 아무런 준비가 되어 있지 않다 보니 청나라가 화살과 같이 조선의 수도로 진군하는데도 전혀 방어를 하지 못하고 도망치기에 급급했던 부끄러운 우리의 역사를 본다. 조선왕조실록에 의하면 이해 정월에 수척이나 쌓이는 큰 눈과 맹추위가 있어 모든 강이 다 얼어붙었다고 기록하고 있다. 지금도 이정도의 눈이 내리면 모든 교통이 마비되고 말 정도의 큰 눈이다. 그러니 제대로 된 장비와 무기, 그리고 갑옷이 없었던 조선의 근왕병들은 청나라 군사에 아예 상대가 되지 않을 수밖에 없었다. 포위된 지 45일이 지나자 식량은 떨어졌고, 유달리 눈이 많고 추웠던 그해 겨울이 기승을 부렸다. 병사들은 추위와 굶주림으로 매일 수백 명씩 죽어나갔다. 성안에서는 죽을 때까지 싸워야 한다는 척화파와 항복하고 미래를 바라보자는 화친파가 대립한다. 소설 『남한산성』에서 척화파인 김상헌이 말한다.

"적이 비록 성을 에워쌌다 하나 아직도 고을마다 백성들이 살아있고, 또 의지할 만한 성벽이 있으며, 전하의 군병들이 죽기로 성첩을 지키고 있으니 어찌 회복할 길이 없겠습니까? 죽음으로 싸워야 합니다."

주화파인 최명길이 답한다.

---

* 임금이나 왕실을 위해 충성을 다하는 군인.

"전하, 살기 위해서는 가지 못할 길이 없고, 적의 아가리 속에도 삶의 길은 있을 것이옵니다. 이제 적들이 성벽을 넘어 들어오면 세상은 기약할 수 없을 것 이옵니다. 죽음으로서 삶을 지탱하지는 못할 것이옵니다."

이 들 사이에서 더 싸워야 할지 항복해야 할지 결단하지 못하던 인조는 강화도까지 함락되었다는 소식을 듣자 항복을 결정한다. 1637년 정월 30일 인조는 성문을 열고 왕세자와 함께 삼전도에 나아가 수항단受降壇에서 청 태종을 향하여 치욕스런 삼궤구고두*의 항복을 하게 된다.

역사의 기록을 보면 한국 역사상 가장 많은 부녀자들이 욕을 당했으며 또 고아들이 가장 많이 나온 전쟁이 병자호란丙子胡亂이라고 한다. 수십만 명이 포로로 잡혀간 치욕적인 기록을 가지고 있는 전쟁이기도 하다. 청나라가 외국과의 전쟁에서 가장 적은 희생으로 가장 큰 승리를 거둔 것이 병자호란이다. 그런데 청나라가 조선에 쾌승을 하게 된 배경은 명나라가 겨울에는 조선을 돕기 위해 출병하기 어렵다는 것, 모든 강이 얼어붙어 공격하기가 쉽다는 점, 청나라 병사들이 다른 나라의 군사와 달리 추위에 가장 적응을 잘하며 놀라운 전투력을 발휘한다는 점이 있었다. 철저하게 날씨를 전쟁에 이용한 청나라의 전략이 돋보이는 전쟁이 병자호란이라고 할 수 있다. 만일 이해 겨울이 별로 춥지 않아 강이 얼지 않았거나 눈이 덜 내려 근왕병들이 더 많이 전투에 참여했거나, 명나라의 구원병이 참전했다면 역사는 어떻게 바뀌었을까?

잠언에 보면 지혜가 없는 자는 그 미련함으로 망한다고 한다. 싸울 힘도, 능력도, 정보력도 없는 상태에서 싸우겠다고 큰소리치는 것은 미련한 짓이다. 병자호란을 역사에 가장 가깝게 고증한 소설이 『남한산성』이라고 한다. 이 책을 읽으면서 작가 김훈이 우리에게 말하고 싶은 메시지는

---

* 세 번 절을 하는데 절을 한 번씩 할 때마다 이마가 땅에 닿도록 세 번 머리를 조아려야 하는 의식

바로 '치욕을 기억하라$^{memento\ infamia}$'가 아닐까 하는 생각이 들었다. 다시는 무능한 지도자들로 인하여 무고한 백성들이 수치와 치욕과 죽음을 당하지 않는 나라가 되어야겠다고 말이다.

바다가 얼어
위기에 처한 스웨덴

"러시아 황제가 저에게 바다를 덮은 얼음이 충분히 얼지 않았기 때문에 스웨덴을 향한 공격이 지연되고 있다고 말했습니다. 그리고 보스니아 만 북쪽 끝 부분에 위치한 부대는 영하 36도에 이르는 추위로 인해 진군이 느려지고 있다고 합니다. 그러나 공격은 곧 시작될 것입니다. 러시아 황제는 사령관에게 공격명령을 내리겠다고 말했습니다."

러시아 주재 프랑스 대사가 나폴레옹에게 보낸 보고서의 내용이다. 역사상 최초로 공식문서에서 기온이 외교나 군사적 논의에서의 논거로 사용된 재미있는 사례이다.

무척 추웠던 1808~1809년 겨울, 러시아군은 얼음으로 꽁꽁 얼어버린 보스니아 만을 핀란드에서부터 스웨덴까지 가로질러 공격해갔다. 스웨덴이 나폴레옹에 대항해서 영국 편을 드는 것을 막기 위해서였다. 이때 부대 지휘관이었던 폰 베르크von Berg 소장은 얼어붙은 바다를 가로질러 진격하는 동안 기온 측정을 포함한 기상관측을 시도했고, 그 기록을 남겼다. 이때 전투에 활용하기 위한 기온 측정은 야전부대에서 역사상 최초로 시도한 일이었다.

나폴레옹이 유럽을 석권하면서 영국을 견제하던 때인 1807년 7월 7일

틸지트Tilsit에서, 나폴레옹과 러시아의 알렉산드르 1세는 스웨덴이 영국의 편에 서는 것을 막기 위해 필요하다면 스웨덴을 공격하자는 비밀동맹을 체결했다. 경고에도 불구하고 스웨덴의 구스타브 4세Gustav IV는 영국 편을 들지 말라는 프랑스와 러시아의 요구를 거절했다. 이에 1808년 2월 러시아는 스웨덴령 핀란드를 침공하게 된다. 스웨덴에게 일격을 가하기는 했으나 스웨덴의 주력군은 보스니아 만 건너편인 스웨덴 본토에 있었다. 따라서 확실하게 영국 동맹군을 와해시킬 필요가 있었던 나폴레옹은 러시아 황제에게 스웨덴을 공격하도록 요구했다. 그러나 러시아의 해군력은 바다를 건너 스웨덴을 공격할 전력이 되지 않았다. 따라서 스웨덴을 공격한다면 바다가 얼었을 때 얼음 위로 병력을 이동하여 공격하는 방법이 최상이었다.

1808년 11월의 끝 무렵, 러시아의 폰 크노링von Knorring 장군은 황제로부터 보스니아 만을 건너 스웨덴을 공격하라는 명령을 받았다. 스웨덴을 공격하는 부대는 3부대로 편성되었다. 가장 북쪽을 담당한 부대는 핀란드의 최북단인 토르니오Tornio(보스니아 만의 북쪽 끝 부분)를 통과하여 스웨덴의 해안을 따라 남쪽으로 내려와 공격하고, 가장 남쪽을 담당한 부대는 얼어붙을 것으로 예상되는 발트 해 위로 올란드Åland 섬을 경유해 공격한다. 마지막으로 중앙 부대는 얼음으로 덮일 것으로 예상되는 보스니아 만의 '허리'라 할 수 있는 크바르켄Kvarken을 횡단하여 스웨덴을 공격할 계획이었다. 이때 온도계로 기온을 측정하면서 공격한 부대가 바로 중앙부대였다.

아무리 가까운 곳이라고 해도 핀란드 해안에서 스웨덴 해안까지 100킬로미터가 넘었다. 설령 얼음이 완벽하게 얼어 병력과 대포와 물자가 건넌다 해도 그 이후에 얼음이 곧 깨지고 함정에 빠져 스웨덴 군대에 전멸당할 수도 있다는 생각을 할 수 있었다. 그러기에 지휘관들과 부대가 스웨덴 육지에 닿을 동안 바다를 덮은 얼음이 길을 열어 줄 것이라는 설득

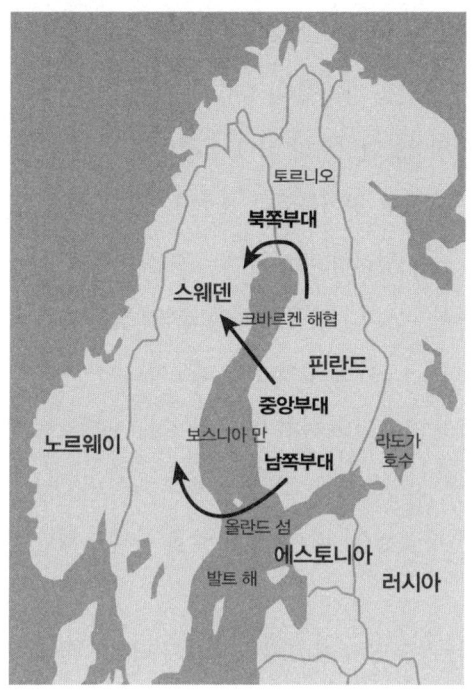

러시아의 바다를 통한
스웨덴 침공로

을 지속적으로 했다. 그리고 두려워하는 전장 지휘관들의 불안감을 가라앉히기 위해 기상관측을 전쟁에서 최초로 실시했다.

1808~1809년의 겨울은 무척 추웠다. 기상관측 기록에 따르면 히틀러 Adolf Hitler(1889~1945)가 러시아를 침공했던 1941~1942년의 혹독한 겨울과 비견될 정도로 기온이 많이 내려갔다. 특히 유럽의 북서부지역에서 기온이 더 많이 내려가는 특성을 보였던 해이다.

스웨덴의 스톡홀름Stockholm에서는 1756년부터, 러시아의 상트페테르부르크Sankt Peterburg*는 1743년부터 기상관측을 시작했는데, 이 기록에 의하면 바로 1808년과 1809년이 기상관측 사상 가장 추웠던 해이다. 이 당

---

* 러시아 제2의 도시. 1914년 페트로그라드(Petrograd)로 개칭되었다가, 1924년 레닌이 죽자 그를 기념하여 레닌그라드(Leningrad)라 불렀다. 1991년 다시 옛 이름인 상트페테르부르크로 고쳤다.

시는 기후적으로 소빙하기였기도 했지만 국지적으로 강한 북극한기가 내려오면서 기록적인 한파가 유럽을 강타했다. 1808~1809년의 겨울은 유럽의 각 지역에서 12월에 접어들면서부터 이미 심각했다. 12월 15일이 되기 전에 이미 대륙의 큰 강들은 얼어붙었다. 또한 12월에 '100년간 12월에는 눈이 오지 않았다'는 이탈리아 피렌체Firenze 같은 지역에 눈이 내렸다. 12월의 끝 무렵 나폴리Napoli의 기온은 영하 9도까지 떨어졌고 단치히Danzig에서는 12월에 영하 23도까지 떨어졌다. 리투아니아Lithuania에서는 1월 1일에 수은주가 섭씨 영하 28도까지 내려갔고 상트페테르부르크에서는 영하 33도를 기록했다. 강추위의 결과로 크바르켄은 1809년 1월 중순에 완벽하게 얼어붙었다. 그러나 러시아 장군들은 아직도 횡단할 준비가 되지 않았다.

1809년 2월 5일 상트페테르부르크 주재 프랑스 대사가 러시아 황제와 만나 바다를 건너 스페인을 공격하는 것에 대한 의견을 나누었다. 대사는 나폴레옹에게 러시아 황제와의 만남을 보고했다.

"러시아 황제가 저에게 말하기를, 바다를 덮은 얼음이 충분히 굳지 않았기 때문에 올란드 섬을 향한 원정대의 진군이 지연되고 있다고 합니다. 그리고 토르니오 해변에 위치한 부대는 영하 36도에 이르는 추위로 인해 진군이 느려지고 있다고 했습니다. 그러나 스웨덴 원정은 성취될 것입니다. 그는 '다시 크노링 장군에게 명령을 내리겠다'고 했습니다."

이 대화는 역사 속에서 처음으로 기온 측정 자료를 외교적 논의에서 사용했다는 명백한 증거이다.

러시아 황제는 바다를 건너 공격할 것을 명령하면서 무자비하기로 소문난 국방장관 아라크체예프Arakcheyev 백작을 전쟁터로 보냈다. 머뭇거리던 러시아 장군들은 할 수 없이 바다를 건너 공격할 준비를 마친 후 3월 19일 바다를 건너 스웨덴을 공격했다. 이 당시 기상을 관측하고 자료를 기록했던 폰 베르크 장군은 원래 핀란드에 주둔한 러시아 침공군의 병참부대장이었으나, 크바르켄 해협을 횡단할 때에는 3,700명의 병력과 6개의 대포로 무장된 부대를 지휘했다. 그는 모든 날에 대해 날씨와 함께 예기치 않았던 일들, 그리고 정확한 기온을 기록했다. (214쪽 표 참조) 크바르켄 횡단이라는 군사작전을 하는 동안 러시아군에 의해 시행되었던 기온 측정에 관한 기록들은 전시 상황과 군사 행동을 목적으로 한 것으로는 역사 속에서 최초였다. (덴마크와 같은 몇몇 국가의 군함에서 이루어진 초기의 기상학적 관측은 제외한다.) 독일 기상청Deutscher Wetterdienst의 클렘Ing. F. Klemm은 크바라켄 군사작전 이전에는 어떤 전쟁에서도 기상관측을 이용한 전투가 없었다고 말했다.

러시아가 얼어붙은 보스니아 만을 건너 스웨덴을 공격한 날은 3월 19~21일이었고, 무기력한 스웨덴군에게 일대 타격을 가하고 다시 바다를 건너 돌아온 것은 3월 27~29일이었다. 스웨덴이 받은 정신적인 충격은 엄청 컸다. 러시아는 얼음바다를 건너는 모험을 감행함으로써 전략적인 승리를 획득한 것이다. 핀란드를 빼앗기고 스웨덴 본토마저 공격당한 스웨덴은 1809년 구스타브 4세를 강제 퇴위시켰다. 그리고 나폴레옹 휘하의 프랑스 육군원수 장 바티스트 베르나도트Jean-Baptiste Bernadotte가 스웨덴의 왕위계승자로 임명되어 후일 카를 14세Karl XIV로 왕위에 오르게 된다.

그런데 바닷물도 정말 얼까? 세계에서 바닷물 온도가 가장 높은 지역은 아라비아 해*이다. 평균수온은 영상 32도이며, 얕은 곳은 36도까지 올라간다. 그러나 극지방의 해수온도는 평균 영하 1도이다. 아무리 추워도 영하 2도 이하로는 내려가지 않는다. 바닷물은 염분이 함유되어 물보다

---

* 인도양 서북부에 있는 바다. 인도와 아라비아 반도 사이에 있는데 염분 농도가 36.5퍼센트로 세계 바다 중에 가장 높으며 계절풍이 규칙적으로 분다. 면적은 386km².

표. 1809년 3월 17~30일간 폰 베르크 장군의 저널에 실린 기상관측 자료와 Rector Eric Haeggquist가 Umeå에서 행한 관측 자료. 실제 핀란드에서 스웨덴으로 바다를 횡단한 날은 3월 19~21일이었고, 3월 27~29일에 되돌아왔다. 참고로 폰 베르크는 기온을 때로는 퍼센트 단위로 표현했다. 예를 들면 7퍼센트=7℃ 이다.

날짜 1809년 3월		폰 베르크 장군의 저널	Umeå에서 Haeggquist의 관측 (9, 14, 21은 관측 시간을 의미함)	
17	−5℃	오전의 날씨는 가변적이었다. 바람과 함께 눈이 내렸으며 저녁에는 멈추었다. 추위는 −5℃에 이르렀다.	09: −19.2℃	NW 1, clear
			14: −4.3℃	NW 1
			21: −15.4℃	E
18	−3℃	날씨는 맑으며 −3℃ 이하로 온도가 떨어지지 않았다.	09: −3.1℃	SW 1
			14: 0.5℃	W 2
			21: −2.2℃	W 2
19	−3℃	화창한 날씨였다. 저녁이 되면서 약간의 눈이 내렸으나 −3℃ 이하로 추워지지는 않았다.	09: −3.1℃	SW 1
			14: +2.9℃	SW 1
			21: −3℃	SE 1
20	−5℃	화창한 날씨였다. 저녁이 되면서 바람이 불기 시작했고 기온은 대략 5퍼센트 떨어졌다	09: −12.3℃	NW 1
			14: −2.5℃	W 3
			21: −13.2℃	W 1
21	−8℃	−15℃로 변했다. 날씨는 하루 종일 맑았고 8퍼센트 정도의 추위였다. 밤이 되면서 추위는 한층 심해져 아마 15퍼센트까지 떨어진 것 같다. 밤에는 맑지만 얼음 위로 길이 없었다. 새벽 4시가 다 되어서는 박무가 끼어서 별이 보이지 않았다. 때문에 von Berg 장군과 부대는 날이 밝을 때까지 멈춰 기다려야 했다.	09: −13.5℃	W 1
			14: −1℃	W 1
			21: −9.6℃	E
22	−15~ −17℃	맑은 날씨로 하루 종일 기온은 15퍼센트~17퍼센트였다.	09: −13.0℃	E
			14: −8.6℃	N 1
			21: −17.8℃	E
		23일부터 26일까지는 날씨에 관한 기록이 없음		
27	−8℃	맑은 날씨였다. 오전에는 약간의 바람과 눈이 내렸다. 저녁에는 눈이 그쳤으며 추위는 8퍼센트를 기록했다.	09: −18.4℃	N 1, clear
			14: −9.2℃	E 2, scattered skies
			21: −18℃	E 1, clear
28	−10℃	맑은 날씨였으나 때때로 눈구름과 강한 바람이 불었다. 이 때문에 얼음 위의 길은 눈으로 덮였고 추위는 10퍼센트에 이르렀다.	09: −15.2℃	N 1, overcast
			14: −6.8℃	S 2, overcast a little snow
			21: −10℃	E, partly cloudy
29	−7℃	바람이 전처럼 강하지는 않았지만, 이전의 날씨와 비슷했다. 저녁이 되면서 잠잠해졌다. 추위는 7퍼센트를 넘지는 않았다.	09: −21.2℃	SSE 1, clear
			14: −1.3℃	S 2, scattered skies
			21: −5.4℃	N 1, scattered skies
30	−5℃	맑은 날씨였고 추위는 5퍼센트를 넘지 않았다.	09: −7.2℃	NW 3, partly cloudy
			14: 2.0℃	NW 2, nearly overcast
			21: −3.9℃	NW 1, partly cloudy

빙점이 낮고(영하 1.91도), 파도가 일어 잘 얼지 않는다. 그러나 혹한이 닥치면 얼 수밖에 없다. 이 당시 유럽 대륙은 12월에 접어들면서 강한 한파가 휩쓸고 있었다. 이런 강추위로 북쪽 바다인 크바르켄 해협이 꽁꽁 얼어붙어 버린 것이다.

볼가 강에 떠내려간
히틀러의 꿈

1942년 봄이 되자 전해 겨울 모스크바 공략에서 자존심이 상할 대로 상했던 히틀러는 작년의 패배를 설욕하고, 또 유류난油類難을 해결할 수 있는 스탈린그라드Stalingrad와 캅카스Kavkaz를 점령하기로 결심한다. 유전지대였던 이곳을 빼앗으면 독일은 전쟁에서 쓸 수 있는 기름을 차지할 수 있는 반면 소련은 큰 타격을 받게 된다. 한마디로 '나의 기쁨은 적의 슬픔'이라 할 수 있는 전형적인 제로섬zero-sum* 게임이었다. 이를 위해 북부와 중부전선은 대치상태로 둔 다음 주력 병력을 남부전선으로 돌려 4월 5일 대공세를 시작했다. 시기를 봄으로 택한 것은 여름이 진흙탕으로부터 가장 자유로우며, 겨울이 오기 전에 점령할 수 있는 시간이 필요했기 때문이다.

3단계 작전까지 승승장구하며 소련군을 무찌르던 독일군은 4단계 작전에서 결정적 실수를 범하고 만다. 스탈린그라드로 진격하는 주력 기갑부대를 고전하고 있는 다른 지역에 지원군으로 보냈다가 2주일 후에 되돌아오게 한 것이다.

---

* 어떤 시스템이나 사회 전체의 이익이 일정하여 한쪽이 득을 보면 반드시 다른 한쪽이 손해를 보는 상태.

전쟁에서 승리하기 위한 요인 중 적국 주민들을 자기편으로 끌어들여야 한다는 전략이 있다. 프랑스의 나폴레옹이 스페인 침공에서 스페인 국민 전체를 적으로 돌리는 우를 범하여 패전했던 것이 좋은 예이다. 소련을 침공해 들어간 독일도 동일한 실패를 겪는다. 그리고 이런 작은 부분이 전세에 영향을 주었다. 독일군은 소련인을 열등인종으로 대접했다. 주민들을 무시하고 갈취하고 협박했던 것은 물론 전쟁포로들에게 아무것도 주지 않았다. 포로들은 동물에 가까울 정도로 뼈와 가죽만 앙상하게 남을 때까지 굶다가 죽었다. 독소전쟁 발발 후 6개월도 안되어 약 200만 명의 소련 포로들이 독일의 포로수용소에서 굶어 죽었다. 독일의 이러한 어설픈 전략은 소련 민중이 단합하여 독일에 대적하게 만들었다. 그리고 1942년에 벌어진 스탈린그라드 전투에서 소련인이 필사적으로 저항하게 만든 요인이었다. 이래 죽으나 저래 죽으나 마찬가지라는 생각으로 목숨을 걸고 독일에 저항한 것이다.

독일이 침공해 오자 소련은 결사적인 항전을 선언한다. 악명 높은 제227호 작전 명령이 7월 말 소련 최고사령부로부터 내려졌다.

"단 한 걸음의 후퇴도 용납할 수 없다."

이제 소련 병사들은 독일군과 맞서 사력을 다해 싸울 수밖에 없는 상황이었다. 무기에서 절대적 열세를 보인 소련으로서는 죽음을 두려워하지 않는 병사들의 불굴의 투혼밖에 믿을 것이 없었다. 소련 군부는 먼저 나약한 병사를 모아 형벌대대를 만들었다. 이들을 최전선의 가장 위험한 지역으로 투입했다. 형벌대대 병사들은 더 이상 잃을 것이 없었으므로 죽기 살기로 싸우게 된다. 세계 최정예군인으로 자랑하던 독일군이 두려워할 정도였다고 한다.

독일군은 8월에 유전지대인 마이코프^{Maikop}를 점령하고 23일에는 스탈린그라드 북쪽의 볼가^{Volga} 강변에 육박했다. 그러나 이때부터 기름이나 탄약 등의 보급이 제대로 이루어지지 않았다. 스탈린그라드는 볼가 강이 천연방어선 역할을 하고 있어 포위공격이 불가능했다. 어쩔 수 없이 희생이 많이 따르는 정면 공격을 택할 수밖에 없었다. 9월 말에는 시가전이 펼쳐졌지만 소련군의 거친 저항으로 쉽게 점령되지 않았다. 소련의 정규군이나 민병대들은 건물의 잔해 속에서 몸을 숨기며 독일군에 필사적으로 저항했다. 소련 민병대원들은 자발적으로 방공호를 만들고 피해를 입은 전차와 무기들을 수리했다. 한편 저격병들의 놀라운 활약은 독일군의 사기를 떨어뜨렸다. 영화 〈에너미 앳 더 게이트 ENEMY AT THE GATES〉(2001년)는 이 전쟁에서 소련의 최고 저격수를 주인공으로 만든 영화다. 스탈린그라드 공방전에서 독일군의 파상공세에 밀리던 소련군이 내놓은 최고의 선전카드가 저격수였다. 소련군 선전장교가 소련 병사 바실리(쥬드 로 분)의 기막힌 사격 솜씨를 목격하면서 영화는 전개된다. 선전장교는 패배감에 젖어 사기가 저하된 소련군에게 승전할 수 있다는 희망을 주기 위해 바실리를 영웅으로 만들기로 한다. 바실리는 뛰어난 저격솜씨로 하루하루 나치 장교들을 처단하게 되고 일거에 전설적인 소련의 영웅으로 재탄생한다. 사실에 바탕을 둔 이 영화의 주인공 바실리 자이체프 Vassili Zaitsev는 레닌 Lenin 훈장을 받았고, 훗날 소련 연방의 영웅급으로 승진했다. 그의 총은 나치 독일에 대한 승리의 표상으로 오늘날까지 스탈린그라드 역사박물관에 소장되어 있다. 바실리처럼 뛰어난 소련 저격병의 투혼과 정확한 저격은 독일로 하여금 공포에 떨게 만들었다. 도저히

바실리 자이체프

함락되지 않는 스탈린그라드 전투에서 독일군은 점점 지쳐갔고 사기도 떨어졌다. 소련군의 필사적인 저항으로 골목 하나를 놓고 다투는 혈전의 시가전이 스탈린그라드에서 11월 중순까지 계속되었다. 전 세계의 이목이 집중되자 히틀러는 자기의 위신을 지키기 위해 병력을 집중시켰다. 소련의 스탈린도 자기 이름이 걸린 스탈린그라드 방어에 자존심을 걸고 대항했다. 시가전은 2달 넘게 계속되었고 그 사이 소련군은 수비 병력의 증원을 최소화한 채 반격을 위한 예비대를 집결시켰다.

독일군이 병력을 소모하고 있는 사이에 소련군은 땅이 얼어서 탱크가 기동하기 쉬운 시기를 기다리며 예비병력을 스탈린그라드 주위에 집결시켰다. 겨울이 되면서 점차 소련의 동장군이 기승을 발휘하기 시작했다. 11월 19일, 기압골이 통과한 후 맹추위가 닥쳐오자 소련군은 대반격을 감행했다. 놀라운 것은 소련이 날씨를 전쟁에 활용했다는 것이다. 소련군은 볼가 강의 서쪽에서 탱크를 투입하려 했다. 그러나 탱크가 건널 만큼 볼가 강이 충분히 얼지 않았다. 소련군은 강력한 한파가 내려오는 날 25

볼가 강 서안에 상륙한 소련군 해병대.

대의 소방차로 얼음 위에 물을 뿌려 얼음을 두껍게 만들었다. 볼가 강을 건넌 탱크부대가 승리에 큰 역할을 한 것은 물론이다. 소련군은 단숨에 독일군 28만 명을 포위해 버리고 말았다.

  그런데 소련군이 볼가 강에 물을 뿌려 얼음을 얼려 탱크가 통과했다고 하는데 어느 정도의 얼음 두께가 되어야 탱크가 통과할 수 있을까? 아래 표를 보면 좌측에 차량무게가 나오는데 10톤 이상인 차량이 얼음을 통과하기 위해서는 3일간 평균대기온도에 대한 얼음의 최소두께가 영하 10도 이하에서는 35센티미터 이상이면 된다. 기온이 올라갈수록 얼음 두께는 더 두꺼워야만 한다. 스탈린그라드 전투가 벌어졌을때 영하 35도 이하의 맹추위가 닥쳤으니 10톤 정도의 무게를 가진 탱크라면 얼음 두께가 35센티미터 이상이면 충분하다. 그렇다면 1톤짜리 트럭과 7톤의 무거운 트럭이 견딜 수 있는 얼음 두께는 얼마나 차이가 있을까? 1톤짜리 트럭은 20센티미터 정도면 견딜 수 있다. 얼음의 두께가 20.3센티미터일 때의 최대 안전하중은 1,361킬로그램이기 때문이다. 그런데 7톤을 넘는 무거운 트럭이 견디는 데는 불과 10센티미터 정도만 더 얼면 된다. 얼음 두께가 30.5센티미터면 7,257킬로그램을 견딜 수 있다.* 단 10센티미터 차

얼음의 중량 지탱능력(차량)

차량 무게 (톤)	3일간 평균 대기온도에 대한 얼음의 최소두께 (cm)		
	−10℃ 이하	−10~0℃	0℃ 이상
2	16	20	20
4	22	25	28
6	27	30	35
8	30	35	40
10	35	40	45

* www.wowvalley.com 2001년 9월 13일 (301 호) p.52.

이로 견뎌낼 수 있는 무게가 무려 6톤이나 차이가 난다니 놀랍지 않은가? 우리나라에서는 산천어 낚시축제나 빙어축제가 열리는 강원도의 댐이나 호수의 얼음 두께가 40센티미터 이상이면 걱정하지 않고 행사를 개최한다고 한다.

몇 만 명이 몰리는 축제에 사람 무게만도 엄청난데 이 정도 얼음이라면 버틴다는 이야기다. 그러니 소련이 볼가 강에 물을 뿌려 얼음을 얼렸다면 탱크가 여유있게 통과할 수 있었을 것이다.

1941년 1차 침공 때 추위로 혼이 났던 히틀러는 또 다시 추위라는 날씨 장군의 공격을 받게 된 것이다. 히틀러는 소련군에 포위된 독일 제6군을 구해낼 것을 만슈타인Fritz Erich von Manstein(1887~1973) 장군에게 지시한다. 독일의 맹장 만슈타인은 자신의 구출작전을 '동계돌풍작전'으로 명명하고, 마치 겨울철 돌풍처럼 강력하게 추진시켜 나갔다. 그러나 포위된 독일 제6군과 함께 포위망을 뚫는 협동작전을 건의한 만슈타인의 제안이 고집불통 히틀러에게 거부되면서 '동계돌풍작전'은 '하계순풍작전'으로 바뀌고 만다. 만슈타인은 포위망을 35마일 앞에 두고 소련군의 반격에 밀려 서쪽으로 후퇴하게 된다. 이제 포위망 안의 독일 제6군은 그야말로 고립무원의 상태에서 무려 7배에 달하는 적에 필사적으로 대응해야만 했다.

독일의 2차 소련 침공은 처음에는 순조롭게 진행되었다. 가장 걱정했던 진흙탕의 계절을 피해 공격했으나 결국 모스크바 침공 때와 마찬가지로 추위로 인해 실패하고 만 것이다. 소련군의 필사적인 스탈린그라드 방어로 2개월간 대부분의 병력이 스탈린그라드에 발목이 잡혀 있다가 추위가 닥치자 그대로 몰락해 버렸다.

전사가들은 포위당한 독일 제6군이 충분한 탄약 및 보급품만 지원받았더라도 그 당시 전력으로 보아 쉽사리 소련이 이길 수가 없었을 것이라고 말한다. 그러나 시도 때도 없이 내리는 눈과 소련 공군의 반격으로 500여 대의 비행기가 수송 중 격추되었다. 항상 낮은 구름이 끼는 나쁜 날씨 때문에, 실제 하루 필요량의 7분의 1 정도인 100톤도 공수할 수 없었다. 소련군에 독일군 33만 명이 포위되었다. 이 중 10만 명은 이미 포로가 되었고, 나머지는 전투보다는 목숨을 지키기 위해 굶주림과 추위와 싸워야 했다. 1942년도 1941년에 못지않은 최악의 겨울이었다. 스탈린그라드 안의 독일군은 영하 35도를 맴도는 혹한과 싸우고 있었다. 최소한의 식량으로 연명해야 했던 독일군은 간염, 이질, 발진티푸스에 시달렸다. 이런 상황에서도 히틀러는 최후까지 용감하게 싸우라고 독전하고 있었다. 식량과 의복을 공급받지 못한 독일 제6군은 크리스마스 저녁에 4,000필의 말을 잡아서 말 그대로 최후의 만찬을 지낸다. 그 이후에는 먹을 것이 없어 땅에 묻힌 말을 파내어 뼈를 고아 국을 만들어 먹는 등 그 참상은 말로 다하기 어려웠다. "땅이 너무도 꽁꽁 얼어붙어 바람을 피할 참호조차 팔 수 없었다"는 기록처럼 겨울 외투마저 지급받지 못한 독일군 병사들은 하루에도 수백 명씩 얼어 죽어갔다.

"우리는 전투에 진 것이 아니라 추위에 진 것이다."

독일 사령관의 말이다.

1943년 1월, 독일 제6군은 히틀러에게 스탈린그라드에서의 후퇴를 간절히 요청했다. 그러나 돌아온 답변은 냉정했다.

"항복은 안 된다. 제6군은 마지막 한 사람이 마지막 일전을 치르더라도 끝까지 싸울 것이며, 최후의 순간까지 버텨준 그대들의 용맹스러움은 최전선 방어 구축과 서양 세계를 구원한 공헌으로 역사에 기록되어 영원히 잊히지 않을 것이다."

더 이상 버틸 여력이 없었던 독일군은 결국 2월 2일 항복했다. 광활한 소련의 대지에서 200여 일 동안 처절하게 벌어졌던 전투가 막을 내리는 순간이었다. 스탈린그라드를 침공했던 33만 명의 독일군 중 9만여 명은 포로가 되었다. 대부분은 굶주림과 질병, 혹독한 추위로 전사했다. 포로들 중 다시 독일 땅을 밟은 병사는 2,500명 정도밖에 되지 않았다.

이 전쟁의 참상을 그대로 보여주는 영화가 〈스탈린그라드 Stalin-grad〉(1993년)이다. "독일군 420만 명 중 고향으로 돌아간 사람은 겨우 6,000명밖에 되지 않았다." 요제프 빌스마이어 Joseph Vilsmaier가 감독한 이 영화는 제2차 세계대전 당시 스탈린그라드에서 벌어진 소련과 독일의 공방전을 그렸다. 이 영화에는 전쟁영웅도 없고 전쟁철학도 강요하지 않는다. 포탄을 맞고 떨어져 나간 팔과 삐죽이 드러난 뼈, 탱크 아래 깔리면서 뭉개지는 온몸 등 화면이 너무나 적나라해 차마 바라보기 힘든 충격적인 영화다.

"오늘 위대한 독일 제6군이 스탈린그라드에서 영웅적인 항전 끝에 패배하고 말았습니다."

베토벤의 '운명' 교향곡 2악장을 배경으로 독일 군부는 국민에게 패배를 발표했다. 광대한 제국을 꿈꾸었던 히틀러의 꿈도 한겨울 러시아의 추위와 함께 볼가 강을 따라 영원히 흘러가 버리고 만다.

IV

또 다른 전장, 기후

로마를 지켜준 안개,
베르켈라이 전투

어두운 삼림. 수백 명의 기마부대가 숨을 죽이고 서 있다. 마치 폭풍전야와 같이. 신호가 울리자 거대한 함성소리와 함께 하늘에는 불화살, 불타는 점토 항아리가 난무하고, 땅 위는 수많은 병사들의 피로 물든다. 영화 〈글래디에이터〉의 한 장면이다. 주인공 막시무스 장군(러셀 크로우 분)이 이끈 기마대가 게르만족의 후방을 급습한다. 무너져 패주하는 게르만족. 이 영화에서 명장면으로 꼽히는 신이 막시무스가 기마대를 이끌고 게르만족의 배후를 치는 장면이다. 로마군의 기본 전술은 영화처럼 가운데는 보병이 막고 기동력이 있는 기병이 뒤를 돌아 기습하는 방식이었다. 기본 편제는 군단 단위로 병력은 6,000명이었다. 로마 제국 내내 사용되었던 로마군의 편제와 전술은 '글래디에이터' 전투가 벌어졌던 때보다 200여 년 전 가이우스 마리우스$^{Gaius\ Marius}$(B.C.156~86)에 의해 체계화되었다.

기원전 113년, 덴마크와 독일 북부에 살고 있던 게르만족이 남쪽으로 이동하기 시작했다.

"대폭풍으로 인해 북해 연안지역 일대가 모두 막대한 피해를 입어 사람들이 이주할 수밖에 없었다."

그리스의 지리학자 스트라본^{Strabon}의 말이다. 북해 연안에 살던 게르만족은 강력한 폭풍과 해일로 엄청난 피해를 입었다. 수많은 사람들이 죽고 농경지도 폐허가 되었다. 살아남은 게르만족은 남쪽으로 내려올 수밖에 없었다. 오늘날 슐레스비히홀슈타인Schleswig-Holstein과 유틀란트Jutland 반도에 살고 있던 킴브리족Cimbri은 정착할 곳을 찾아 남하했다. 거칠고 흉포하다고 알려진 이들의 수레에는 남녀노소는 물론 강아지까지 모두 함께 실려 있었다.

국경을 넘어 침범해오는 킴브리족을 로마는 그냥 보고 있을 수만은 없었다. 기원전 113년, 게르만족의 서유럽 침공을 막기 위해 로마의 4만 병력이 출동했다. 로마군은 노레이아Noreia 전투에서 킴브리족에게 대패하고 말았다. 거의 전멸당할 뻔했지만 그나마 폭풍우가 치는 바람에 소수의 로마 병사들이 살아남을 수 있었다. 그런데 킴브리족은 로마로 내려오지 않고 오늘날의 프랑스와 스페인을 향해 이동했다. 로마로서는 천만 다행이었다.

이 틈에 로마는 군대를 재정비할 수 있었다. 당시 로마군의 병사들은 자유농민들로 이루어져 있었다. 그러나 두 번의 전투에서 10만 명 이상의 로마군이 죽자 군에 징집할 자유농민이 부족해졌다. 이때 가이우스 마리우스는 인식의 전환을 외쳤다. 자유농민이 부족하면 도시에서 놀고먹는 실업자나 부랑자를 군에 입대시키면 된다는 것이다. 그는 노숙자, 부랑아, 무전취식자들을 먹여 주고 입혀 주고 돈까지 준다고 선전했다. 거리의 가난한 사람들이 군대로 몰렸다. 농민들은 전투가 끝나면 고향에 돌아가는 것이 꿈이었지만 이들은 오랫동안 군대에 남아 급여와 의식주 문제를 해결하는 것이 목적이었다. 마리우스는 가혹한 훈련을 통해 이들을 지휘관의 말에 절대 복종하는 강군으로 육성시켰다. 마리우스에 의해 징병제에서 지원제로 전환된 로마군은 멸망할 때까지 이 제도를 유지한다.

서진해가던 게르만족은 켈트족에게 격퇴당하자 방향을 남쪽으로 바꾸

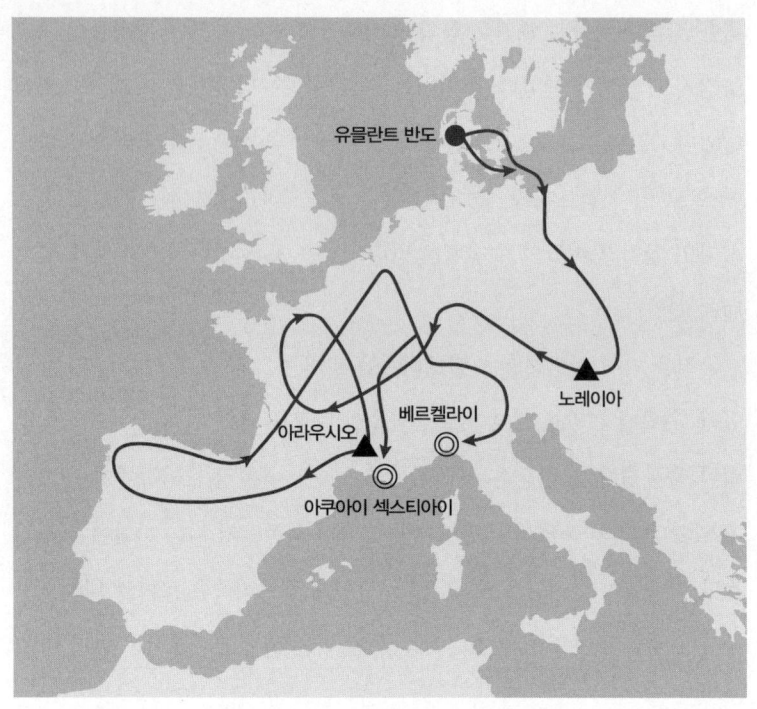

킴브리족과 테우토니족의 이동
(▲) 킴브리족과 테우토니족의 승리 / (◎) 킴브리족과 테우토니족의 패배

어 로마 쪽으로 진군했다. 로마는 말리우스 막시무스$^{Mallius\ Maximus}$ 장군에게 게르만족을 퇴치하도록 명령했다. 기원전 104년, 8만 명의 병력을 이끌고 게르만족에 맞선 막시무스 장군은 아라우시오^{Arausio} 전투에서 처참한 패배를 당했다. 2개 군단, 8만 명의 로마 병사가 목숨을 잃었다. 한니발과 전투를 벌여 대참패한 칸나이^{Cannae} 전투와 맞먹는 처절한 참패였다. 로마군은 거의 전멸했다. 로마는 존망의 위기를 맞았다.

기원전 103년에 이르러 로마의 저지를 뚫은 킴브리족은 테우토니족^{Teutoni}과 단합하여 각기 다른 길로 이탈리아를 공격해 들어왔다. 로마에게는 풍전등화의 위기였다. 수많은 장군과 병력을 잃어 방위할 능력이 크게 약해졌기 때문이다. 테우토니족은 남프랑스의 바다를 따라 서쪽에서, 킴브리족은 알프스를 넘어 이탈리아로 진격했다. 로마는 가이우스 마리우스를 서쪽으로 보내 테우토니족을 막게 하고 카툴루스Quintus Lutatius Catulus가 킴브리족을 상대하게 했다. 마리우스는 자기가 만든 군대와 전술로 오늘날 프랑스 마르세유 부근인 아쿠아이 섹스티아이Aquae Sextiae에서 무더위를 활용하여 테우토니족을 격파했다. 이 전투에서 테우토니족은 9만 명이 죽고 2만 명이 노예가 되었다. 이젠 킴브리족만 남았다. 킴브리족과 전투를 벌인 카툴루스는 패해 로마로 후퇴했다.

기원전 101년 봄 테우토니족에게 승리한 마리우스는 킴브리족에게 밀려 후퇴한 카툴루스와 합류하여 오늘날 토리노와 밀라노 중간 지점에 위치한 베르켈라이Vercellae에 진출했다. 이탈리아는 가을에서 봄까지 우기인 지중해성 기후의 영향을 받는다. 봄철에는 많은 수증기의 공급으로 안개가 짙게 낀다. 더구나 베르켈라이 지역은 평원지대로 안개가 더 많이 끼는 특성을 보인다. 수적으로 4분의 1에 불과했던 로마의 마리우스는 안개를 이용한 전투를 구상했던 것 같다. 월등한 군사력을 믿은 킴브리족은 로마군을 우습게 여겼다. 그들은 사자를 보내 마리우스에게 언제 싸우겠느냐고 물어왔다. 마리우스는 다음 날 당장 싸우자고 응답했다.

다음 날 아침 안개가 자욱하게 끼었다. 마리우스는 이때는 전형적인 로마의 전투방식을 사용하지 않고 기병대를 먼저 출격시켰다. 새벽 짙은 안개 속에서 나타난 로마군 기병대는 킴브리족 기병대를 거세게 강타했다. 기습을 받은 킴브리족 기병은 우왕좌왕하며 겁에 질려 후방에 있는 자기편 보병들을 짓밟고 도망쳤다. 킴브리족 전사들이 대혼란에 빠져버렸다. 마리우스는 5만 명의 로마군 본대를 동원하여 총공격했다. 공황 상태에 빠진 킴브리족은 로마군의 공격에 저항도 못하고 죽어갔다. 20만 명의 킴브리족 중에서 전장을 빠져나간 사람은 아무도 없었다. 14만 명이 죽고 6만 명이 노예로 팔려간 이 싸움을 사가들은 '베르켈라이 전투'로 부

〈킴브리족의 대패(The Defeat of the Cimbri)〉, 알렉상드르 가브리엘 데캉(Alexandre Gabriel Décamps) 作. 킴브리족은 베르켈라이 전투에서 대패하여 거의 멸족에 가까운 결말을 맞았다.

른다. 13년간 다뉴브^{Danube} 강 유역에서부터 에브로^{Ebro} 강, 센^{Seine} 강, 포^{Po} 강 유역 국가들을 공포에 떨게 만들었던 위대한 킴브리족은 이제 거의 멸족한 것이나 다름없었다. 마리우스가 주도해 승리를 이끌어 낸 이 전투로 로마를 삼킬 듯 일어났던 게르만족의 폭풍은 꺼지고 말았다. 게르만족이 로마를 멸망시킨 것은 그로부터 거의 600년이 흐른 뒤였다.

마리우스가 로마를 게르만족으로부터 구원한 힘은 여러 가지가 있다. 그러나 군사전문가들은 로마군 편제를 바꾸었던 것에 가장 후한 점수를 준다. 그는 로마의 군제를 개편하여 가장 효율적인 조직이 되게 만들었다. 게르만족과의 전투에서 패배한 이유를 분석하던 중 마리우스는 로마군의 편제에 문제가 있다는 것을 발견했다. 로마군은 기본 단위가 160명의 보병중대^{Maniples}였고, 이를 수십 개 모아 4,200명 정도의 군단으로 형성되었다. 이런 편제는 상황에 따라 쪼개고 뭉치기가 쉽다는 이점은 있지만 게르만족처럼 집단으로 뭉쳐 공격하는 적에게는 소규모 부대가 포위되어 각개격파당하는 일이 많았다. 마리우스는 기본 단위를 600명의 코호트Cohort로 바꾸고 10개의 코호트를 뭉쳐 6,000명의 레기온(군단Legion)을 만들었다. 우리가 흔히 아는 '로마 군단'은 이때 생긴 것이다. 이 정도의 인원이면 포위당해도 버틸 수 있었고 버티는 동안 다른 부대가 와서 구원할 가능성도 컸다.

  사람들은 군대가 가장 보수적이어야 한다고 말한다. 그러나 가장 혁신적이어야 할 곳이 군대이기도 하다. 싸움에 지면 철저히 그 원인을 분석한 후 문제를 고쳐 최강군으로 만들어야 할 책임이 리더들에게 있다. 마리우스의 혁신적 사고와 리더십은 로마군을 개혁하는데 성공했다. 그에 의해 재창조된 로마군은 게르만족의 위협을 제거했을 뿐만 아니라 서유럽과 지중해 전체를 정복했다.

바다로 싸우게 하라,
네덜란드 전쟁

 풍차와 튤립, 축구의 나라. 우리에게는 히딩크와 아드보카트 감독으로 더 잘 알려진 나라가 네덜란드이다. 이 나라도 우리네처럼 오랜 세월 동안 스페인의 식민지로 고난을 당했던 아픈 역사를 가지고 있다. 16세기 후반 유럽의 최강국은 스페인이었다. 식민지로부터 들어오는 막대한 금과 은을 바탕으로 한 군사력은 유럽 최강이었다. 스페인은 네덜란드에 엄청난 세금을 부과했고 신교도들을 종교적으로 탄압했다. 당시 네덜란드는 비록 스페인의 식민지이기는 했으나 종교의 자유를 찾아 유럽 각국에서 모여든 지식인과 상공인들이 많았다. 이들의 뛰어난 무역술과 상업 능력으로 네덜란드는 경제적으로 강국으로 부상했다. 독립을 열망해온 네덜란드인들은 스페인에 맞서 싸우는 방법으로 '성상파괴운동'을 벌였다. 반 스페인 운동과 맞물려 성상파괴운동은 격렬했다. 이 덕분에 네덜란드에는 변변한 성당이나 성상이 거의 남아있지 않다. 성상파괴운동은 스페인 지배에 대한 강력한 반발이자 저항이었다.
 가톨릭의 수호자로 자처하던 스페인은 이를 용납할 수 없었다. 스페인은 네덜란드의 저항을 분쇄하기 위해 알바 공작으로 하여금 네덜란드를 진압하게 한다. 알바 공작은 무자비하고 잔혹하게 네덜란드의 저항을 분쇄했다. 그는 1567년부터 1573년까지 1,100명을 사형시켰으며, 궐석재판闕席裁判* 을 통해 9,000명에게 사형을 언도했다. 알바 공작의 무자비한 진압으로 네덜란드 독립운동은 꿈으로 돌아가는 듯싶었다. 그러나 1570년 상황은 다시 바뀌었다. 이슬람 세력이 지중해를 공격해 오면서 튀니스Tunis와 키프로스Kypros가 함락되었다. 스페인은 어쩔 수 없이 네덜란드에 주둔하던 병력을 차출하여 이들의 공격을 막는다. 네덜란드에 주둔하던 스페인 병력이 많이 빠져나가자 네덜란드인들은 새롭게 힘을 낸다. 1572년이 되면서 많은 지역에서 스페인에 반대하는 독립전쟁이 일어나게 된 것이다.

스페인은 다시 알바 공작을 시켜 대대적인 네덜란드 정벌을 시작한다. 알바 공작은 아들로 하여금 대병력을 이끌고 독립에 찬성한 도시들을 정벌했다. 메헬렌Mechelen, 쥐트펜Zutphen, 나르던Naarden을 정복했고, 7개월에 걸쳐 하를럼Haarlem의 저지선도 무너뜨렸다. 1574년에는 레이던Leiden 시 하나만 남았다. 스페인군은 레이던 시를 포위한 가운데 맹공격을 퍼부었다.

"우리의 왼손을 자르더라도 오른손으로는 우리의 부녀자와 자유, 신앙을 외적의 압제로부터 지켜낼 것이다. 운이 다하고 마지막 순간이 다가온다면 우리 자신의 손으로 불을 질러 남녀노소 모두 불길 속에 뛰어들어 죽으리라."

레이던 시민들의 결의에 찬 성명서이다. 그러나 최후까지 결사항전하던 네덜란드인들은 더 이상 버틸 힘이 없었다. 1년 이상 전투를 끌어오면서 식량이 바닥났고 많은 시민들이 굶어 죽어가고 있었다. 레이던 시의 나무에는 잎사귀가 하나도 남지 않을 정도였다. 굶주린 시민들이 나뭇잎까지 모조리 먹어치웠기 때문이다. 그러나 레이던 시민들은 끝까지 저항

---

* 구속피고인이 출정을 거부할 경우 피고인의 출석없이 재판을 하는 것

〈레이던 구호(Relief of Leiden)〉, 오토 반 벤(Otto van Veen) 作. 비밀결사대가 둑을 터뜨려 식료품과 구호 물자를 실은 네덜란드 선박이 들어와 레이던 시를 구할 수 있었다.

하고 있었다. 독립군 지도자였던 오라녜 공 빌렘 1세는 1년이나 항복하지 않고 싸웠지만, 더 이상 버틸 수 없는 상황에 도달하자 최후의 결단을 내렸다. 비밀결사대를 보내 둑을 터뜨린 것이다. 레이던 시와 대서양을 가로막고 있던 제방이 끊겨나가면서 바닷물이 흘러들었고, 그 물을 따라 식료품과 구호물자를 실은 네덜란드의 배들이 들이닥쳤다. 네덜란드 해군과 함께 밀려오는 대서양의 시퍼런 파도 앞에 스페인의 정예 병사들은 혼비백산하면서 무너지고 말았다. 이 틈을 타 포위망을 뚫고 전열을 재정비한 빌렘 1세는 스페인군을 공격하여 마침내 독립을 쟁취한다.

예전 교과서에 한 네덜란드 소년이 제방의 물이 새는 것을 보고 밤새 손으로 제방의 구멍을 막아 나라를 구했다는 감동적인 이야기가 있었다. 이것은 네덜란드의 땅이 바다보다 낮다는 지형적 특성과 깊은 관련을 가지고 있다. 네덜란드인들은 둑을 쌓아 바다를 막고 풍차를 이용해 둑 안쪽의 바닷물을 퍼내 육지를 만들었다. "주님은 이 세상을 만드셨다. 그러나 우리들은 우리가 살 땅을 만들었다"고 하는 네덜란드인에게 제방의 존재는 생명과 같다고 할 수 있다. 제방을 무너뜨린다는 것은 대서양의 바닷물이 네덜란드에 범람하여 많은 집들이 물에 잠기고 최소한 몇 년 동안은 농사를 지을 수 없다는 것을 의미한다. 그들이 생명과 같은 제방을 무너뜨렸던 것은 스페인에게 나라를 내주느니 차라리 대서양 바닷물에 잠겨 죽겠다는 국민의 결집된 의지였고, 이런 힘이 독립을 쟁취하게 만든 것이었다. 아무리 강한 적의 도전이라도 국민들의 결집된 힘이 있다면 반드시 승리한다는 것을 보여주는 좋은 예라 할 수 있다.

스페인과의 전쟁에서 제방의 둑을 무너뜨려 승리한 지 100여 년이 흐르자, 이번에는 프랑스가 네덜란드로 쳐들어왔다. 네덜란드는 다시 제방의 둑을 무너뜨려야 하는가 선택의 기로에 서게 된다.

이 당시 프랑스는 "짐이 곧 국가다"라는 유명한 말을 남긴 태양왕 루이 14세$^{\text{Louis XIV}}$(1638~1715)가 통치하고 있었다. 루이 14세는 프랑스의 국력을 신장시켰고, 군사적으로도 뛰어난 능력을 과시한 국왕이었다. 영토에 대한 야심이 컸던 루이 14세는 라인 강과 알프스 및 피레네 산맥에 걸친 천연적인 국경선까지 영토를 확장시키고자 했다. 그런데 서서히 강국으로 부상하는 네덜란드가 걸림돌로 다가왔다. 그는 네덜란드를 공격하기로 결정한다.

네덜란드를 침공하기 위해 프랑스는 영국·독일과 손을 잡았다. 1672년 5월, 바다에서는 영국과 프랑스의 연합함대가 네덜란드 해군을 공격했다. 육지에서는 12만 명에 달하는 프랑스 육군이 네덜란드로 진격했다. 네덜란드는 막강한 해군을 가지고 있었으나 육군은 매우 약했다. 세계 최강의 육군을 자랑하는 프랑스의 정예군 12만 명이 암스테르담을 향해 진격했다. 독일에서도 2만 5,000명의 병력으로 프랑스를 도왔다. 고작 1만 5,000명의 병력밖에 없었던 네덜란드 육군은 아예 상대가 되지 않았다. 전투마다 패배하면서 지리멸렬하고 말았다.

프랑스군을 막기 위해서는 다시 물을 사용하는 방법밖에 없었다. 네덜란드는 거미줄처럼 뻗어있는 긴 수로water line에 물을 끌어 들여 막기로 했다. 그러나 이해 여름은 너무 건조했다. 물이 불충분하여 이 작전은 실패로 돌아갔고, 100년 전 1차 독립전쟁에 사용했던 방법을 사용할 수밖에 없었다. '바다로 프랑스와 싸우게 하라.' 네덜란드인들은 대서양을 가로막은 제방을 무너뜨렸다. 바닷물이 네덜란드의 육지를 뒤덮었다. 7월 초 위트레흐트Utrecht를 점령한 프랑스군은 더 이상 전진할 수가 없었다. 겨우 35킬로미터 거리에 암스테르담이 있었지만 그 사이에는 폭이 20킬로미터나 되는 바닷물이 차 있었기 때문이다.

프랑스는 겨울이 되어 물이 얼어붙을 때 공격하기로 한다. 12월 27일 범람해 있던 물이 얼어붙었다. 프랑스군은 전군을 동원하여 암스테르담으로 진격했다. 이게 웬일인가? 다음 날인 28일부터 바람이 차가운 동풍 대신 서풍으로 바뀌었다. 날씨가 온화해지면서 비가 내렸다. 얼음이 금이 가고 깨지기 시작했다. 진군하던 프랑스군의 많은 병력이 운하와 수로, 소택지에 빠져 죽었다. 이런 날씨는 1673년 1월까지 계속되었다. 많은 병력과 물자의 손실을 본 프랑스는 할 수 없이 후퇴를 결정한다. 루이 14세가 벌인 전쟁에서 첫 패배를 기록하는 순간이었다. 기후학자인 맨레이와 램이 당시의 자료를 분석해보니 이해는 다른 해에 비해 따뜻했다. 따뜻한 날씨가 국가를 외국의 침략으로부터 막아준 사례는 찾아보기 힘들다. 소빙하기가 맹위를 떨치던 기간 중에 짧은 온난화로 말이다.

국토를 지키기 위해 자신들의 생명선과 같은 제방을 터뜨리면서도 주변 강대국들에 필사즉생必死則生의 기개로 맞선 네덜란드인의 모습이 어찌면 우리와 그리도 닮았는지 그저 감탄스러울 뿐이다.

　스페인과의 독립전쟁 이후 유럽에서 해양강국으로 발돋움한 네덜란드는 국제무역과 청어잡이 등으로 엄청난 국가적 부를 축적했다. 그러나 1673년 프랑스 루이 14세의 침략은, 제방을 무너뜨려 간신히 승리하기는 했으나 엄청난 전비로 네덜란드의 국력을 약화시켰다. 특히 바닷물에 잠긴 국토로 인해 국가는 큰 피해를 입었다. 17세기 초반에 네덜란드가 번영할 수 있었던 것은 기후변화로 북해의 어족이 이동하여 어업이 발달했고, 또 풍차를 이용한 농업 및 수많은 식민지 개발과 교역에 성공한 데 기인했다. 그러나 17세기 말 네덜란드는 앞에서 말한 것처럼 쇠약의 길로 접어들었다. 예측하기 힘든 기후변화로 대폭풍이 자주 통과하면서 제방을 붕괴시키고, 어업과 농업 생산량을 급격히 감소시켰다. 또한 두 차례의 왕위계승전쟁을 치르는 바람에 그나마 남아있던 네덜란드의 재정은 고갈되고 말았다. 네덜란드를 해양강국으로 만들었던 노르웨이의 목재들이 추위로 황폐화되면서 조선산업에서의 비교우위가 상실된 것도 재정악화의 원인이었다.

　18세기에 접어들면서 네덜란드는 기후변화에 더욱 취약하게 되었다. 당시 네덜란드를 곤경으로 몰고 간 기후는 어땠을까? 이 당시 유럽은 추위와 함께 습한 날씨가 지배하고 있었다. 1764~1777년에는 전 유럽지역에서 추위가 맹위를 떨쳤다. 여름은 너무 습하고 추웠으며 겨울은 혹한과 폭설이 빈번히 발생했다. 모든 지역에서 식량이 감산되면서 기근에 고통받았다. 여기에 1784년과 1785년에 발생한 아이슬란드 라키[Laki] 화산의 폭발은 태양빛 차단으로 이어지면서 전 세계를 추위로 몰고 갔다. 강력한 소빙하기가 찾아오면서 1788년의 극심한 가뭄과 이해 겨울의 혹심한 추위로 서민들의 삶은 아사 직전이었다. 이런 강한 추위는 1800년대 초반까지 지속되면서 약해진 네덜란드는 결국 다시 프랑스의 침략을 받게 되었다.

가끔 네덜란드를 보면서 불가사의하다는 생각을 한다. 어떻게 인구도 적고 국토도 작은 나라가 150여 년 동안 최강국의 자리를 차지할 수 있었을까? 그것은 네덜란드인의 열린 마음 때문이었다. 스페인과의 독립전쟁에서 승리한 네덜란드는 모든 역량을 결집하여 채 20년도 안되어 유럽에서 제일가는 실력과 재력을 갖춘 나라로 성장했다. 이때가 네덜란드 역사에서 가장 빛나는 황금기로서 정치와 경제, 문화, 예술 등이 찬란한 빛을 발했다. 강력한 해군력을 건설하여 전 세계를 누비면서 호주와 뉴질랜드를 발견했고, 미국에 뉴암스테르담을 세웠으며 인도네시아를 식민지로 삼기도 했다. 또 에라스무스^{Erasmus}(1466~1536)와 스피노자^{Spinoza}(1632~1677) 같은 철학자, 렘브란트^{Rembrandt}(1606~1669)와 베르메르^{Vermeer}(1632~1675) 등의 대 화가들이 나왔으며 종교의 자유를 찾아 온 데카르트$^{Renè\ Descartes}$(1596~1650) 도 활동했다.

네덜란드가 이처럼 강국으로 부상할 수 있었던 바탕에는 그들의 오픈된 마인드가 있었다. 네덜란드는 다른 나라에서 추방된 유대인이나 신교도들을 조건 없이 받아들였다. 이들의 높은 교육열과 무역능력이 네덜란드를 강국으로 부상시킨 원동력이 되었다. 김명섭은 『대서양문명사』에서 유대인이나 자유롭기를 원하는 시민, 신교도를 받아들인 오픈된 나라가 대서양의 주역이었다고 말한다. 15세기에 스페인과 포르투갈이 그랬고, 16~17세기에 네덜란드, 17세기부터 영국, 그 이후 미국으로 옮겨간 오픈된 마인드가 국가를 부강으로 올려놓았다는 것이다. 글로벌 시대를 맞아 다민족국가로 변화하고 있는 우리네도 열린 마음이 더욱 필요하지 않을까?

교황을 셋으로 만든
폭풍우와 번개

"황제가 추운 겨울날 얇은 옷에 맨발로 눈 속에 서서 꼬박 이틀 밤낮을 눈물을 흘리며 용서를 빌었다고요?"

믿어지지 않는 이 사건은 역사 속에 실제 있었다. 유럽 역사에서는 교황의 권위와 세속국가를 이끄는 왕의 대립이 자주 있었다. 주교를 임명하는 서임권을 둘러싸고 신성로마제국 황제 하인리히 4세^{Heinrich} ^{IV}(1050~1106)가 교황 그레고리우스 7세$^{Gregorius\ VII}$(1020~1085)를 폐위한다는 결의안을 통과시키자, 분노한 그레고리우스 7세가 하인리히 4세를 파문했다. 파문이란 가톨릭 세계로부터의 완전 추방을 의미한다. 가톨릭 교도는 누구든지 더 이상 황제를 만나서는 안 되었다. 황제로서 힘을 모두 빼앗긴 하인리히 4세는 교황에게 용서를 빌러 꽁꽁 얼어붙은 라인 강을 건너고 눈 덮인 알프스를 넘었다. 당시 교황은 카노사^{Canossa} 성에 있었다. 고생 끝에 온 길을 교황이 만나주지 않자 황제는 추운 겨울날 얇은 옷에 맨발로 눈 속에 서서 꼬박 이틀 밤낮을 눈물을 흘리며 용서를 빌었다. 교황은 교회에 복종할 것을 서약 받은 다음 파문을 취소했다. 왕권의 굴욕을 가져온 1077년의 이 사건을 '카노사의 굴욕'이라고 부른다. 그럼 황제는 교황에게 영원히 굴복한 것인가? 그렇지 않다. 굴욕을 당한 하인리히 4세는 복수를 하기 위해 왕권을 강화하고 이를 갈며 때를 기다렸다. 그 후 교황청에 클레멘스 3세$^{Clemens\ III}$(?~1191)의 교황 취임을 승인시키는 일에 성공했다. 교황에서 쫓겨난 그레고리우스 7세는 3년 뒤 죽는다. "정의를 사랑하고 불의를 미워한 까닭으로 유배신세를 면치 못하고 죽는다"는 유서를 남기고 말이다. 누가 이긴 것일까? 어쨌든 이후 교황과 황제들의 권력갈등은 날이 갈수록 심해졌다.

1296년 교황 보니파키우스 8세$^{Bonifacius\ VIII}$는 교황의 허락이 있어야 세속정부가 성직자들에게 세금을 거둘 수 있다고 발표했다. 암암리에 교황을 견제하려던 왕들에게는 좋은 기회였다. 1301년 프랑스의 왕 필리프 4세$^{Philippe\ IV}$가 성직자인 프랑스 주교를 반역죄로 감옥에 가두었다. 세속의 왕이 교황에 대적한다고 느낀 보니파키우스 8세는 분노하여 "교황이 모든 세상사에서 가장 큰 권한을 가진다"는 교서를 발표했다. 신은 이 세상을 능가하는 위치이기에 왕은 오로지 교회의 허락이 있어야만 권력을 행사할 수 있다는 것이었다. 프랑스 왕 필리프 4세의 반응이 시원치 않자 교황은 합스부르크 가의 알브레히트를 신성로마제국 황제로 임명하고 프랑스 왕은 황제의 신하라고 공표했다. 이에 프랑스 왕 필리프 4세는 교황을 이단, 신성모독, 남색 행위 등의 죄목으로 고발했다. 또 많은 군소국가들에 교황에 대한 불복종을 부추겼다. 이런 와중에 새 교황으로 클레멘스 5세$^{Clemens\ V}$가 올랐는데 그는 프랑스인이었다. 그는 가톨릭교회와 필리프 왕이 우호적인 관계를 가지도록 노력했다. 먼저 필리프 왕이 전임 교황 보니파키우스 8세에 대한 고발을 취하하도록 하기 위해 임시방편으로 교황청을 아비뇽^{Avignon}으로 옮겼다. 1309~1377년까지 7대에 걸쳐 로마 교황청을 남프랑스의 론^{Rhone} 강변의 도시 아비뇽으로 이전한 이 사건을 '아비뇽 유수$^{Avignonese\ Captivity}$'라 부른다. 고대 유대인이 바빌론에 강제 이주된 고사를 본떠 '교황의 바빌론 유수'라고도 한다.

프랑스 왕 필리프 4세는 교황과 싸워 왕권의 우위를 확보했다. 그 다음 1305년 선출된 프랑스인 교황 클레멘스 5세에게 강력한 간섭을 했다. 교황은 로마로 가지 못한 채 프랑스에 거주하게 되는 웃기는 사건이 벌어진 것이다. 교황은 초기에 아비뇽 북동쪽에 있는 카르팡트라스에 정청을 설치했다. 이후 클레멘스 6세가 1348년 파리 왕궁을 모방한 호화스러운 교황궁을 만들었다. 우르바누스 5세$^{Urbanus\ V}$ 때 일시 로마로 복귀했으나 교황청의 주요 기능은 아비뇽에 잔류했다. 아비뇽 유수 시대는 중세 교황권의 몰락기라 할 수 있다. 그러나 무능력한 부분만 있었던 것은 아니었다. 아비뇽 유수 기간에 교회법, 교회 재판 제도의 확립, 교황청 재정·징세기구의 재정비 등 근세적 성격의 혁신이 있었다. 어쨌든 아비뇽 유수는 왕권이 교황의 권력을 앞서기 시작한 역사적 사건이라고 할 수 있다.

아비뇽에서 차례로 선출된 교황은 다 프랑스인이었다. 그러자 원래 교황청이 있었던 로마에서는 난리가 났다. 이탈리아가 다른 나라 출신 교황의 손에서 해방되어야 한다면서 가톨릭신자들이 반란을 일으킨 것이다. 당시 교황은 마지막 프랑스 출신 교황이었던 그레고리우스 11세$^{Gregorius\ XI}$였다. 그레고리우스 11세는 이탈리아의 반란을 군대를 동원하여 진압했다. 그러나 무력 대응은 더 많은 폭력을 불러왔고, 수천 명이 끔찍하게 학살되었다. 그레고리우스 11세는 평화의 유일한 방법은 교황청을 로마로 옮기는 것이라고 생각하게 되었다. 그는 1377년 10월 2일 로마로 향했다. 도중에 교황이 탄 배는 강력한 폭풍우를 만났다. 험난한 항해에 지친 교황은 건강이 극도로 악화되어 결국 사망하고 말았다.

교황이 죽으면서 문제는 더 꼬였다. 교회법은 전임 교황이 사망한 장소에서 새로운 교황을 선출해야 한다고 규정하고 있었기 때문이다. 당시 교황을 선출하기 위한 추기경단의 선거회인 콘클라베는 16명의 추기경으로 구성되어 있었다. 그중 11명이 프랑스 출신이고, 4명은 이탈리아, 그리고 나머지 1명은 스페인 출신이었다. 투표를 하게 되면 이번에도 프랑스인이 교황이 될 것이었다. 프랑스 교황을 반대하는 로마 시민들이 투표가 열리는 구舊성베드로대성당을 둘러쌌다. 그들은 "로마인 교황! 우리는 로마인 교황을 원한다!"라고 외쳤다. 시민들 가운데 일부는 다음 교황이 이탈리아인이 아니라면 프랑스 추기경들은 그곳에서 살아 나오지 못할 것이라고 협박했다. 프랑스 추기경들은 공포에 떨었다. 이들이 교황을 선출하기 위해 로마에 모일 때 하늘이 지금까지 보지 못했던 검은 색으로 변하면서 비가 쏟아지기 시작했다. 로마 시민들이 반대 집회를 열기 시작하자 하늘에서 번쩍이는 빛을 내뿜는 강력한 번개가 교황을 선출하는 집회장으로 떨어졌다. 건물이 파손되고 가구들이 불이 붙었다.

"이런 전조는 이탈리아인을 교황으로 선출하라는 하늘의 명령이오."

로마 시민들의 협박으로 공포에 빠져있던 추기경들은 이 말에 암묵적으로 동의하고 교황으로 이탈리아인인 우르바누스 6세를 선출했다. 그런데 우르바누스 6세는 교회의 갈등을 해결할만한 리더십이 없었다. 교회와 세속과의 갈등이 점점 더 커지자 이탈리아인을 교황으로 뽑았던 프랑스 추기경들은 그들의 결정을 후회했다. 그들은 교황을 선출할 때 내리쳤던 번개를 로마인 교황을 선출해야 한다는 신의 계시로 받아들였다. 그

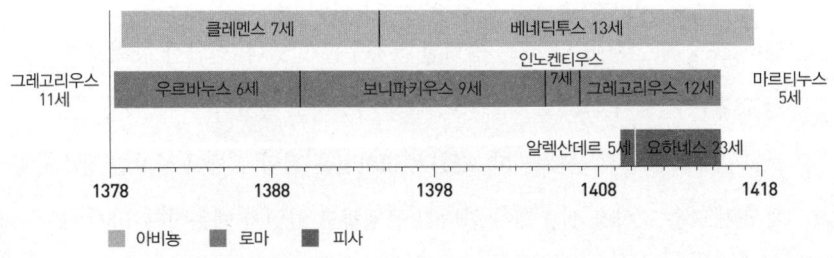

서방교회 분열. 교황이 3명까지 있게 되면서 교회의 권위는 땅에 떨어졌다.

러나 어쩌면 그 번개는 로마인 교황을 선출하라는 뜻이 아니라, 잘못된 선택을 하지 말라는 신의 메시지였을지도 모른다고 생각한 것이다. 결국 프랑스 추기경들은 로마 시민들의 협박과 잘못된 날씨 해석으로 인한 교황선출은 무효라고 주장했다. 이들은 다시 콘클라베를 소집하여 새로운 교황 클레멘스 7세를 선출했다. 스위스 출신의 이 교황은 교황청을 다시 아비뇽으로 옮겼다. 하지만 로마 교황청의 우르바누스 6세는 자진 사퇴를 거부했다. 로마가톨릭 교황이 두 사람 있게 된 것이다. 이때부터 웃지 못할 사건이 전개된다. 로마의 우르바누스 6세가 죽자 클레멘스 7세는 자신이 단 하나의 진정한 교황이 되었다고 생각했다. 그러나 로마에서는 새 교황으로 로마 출신의 보니파키우스 9세를 선출했다. 이 문제를 해결하기 위해 1409년 피사 공의회가 소집되었다. 놀랍게도 하나의 교황을 만들기 위한 피사 공의회가 오히려 3명의 교황을 만들었다. 피사 공의회가 교회를 분열로 이끄는 두 교황을 대신하도록 알렉산데르 5세를 새 교황으로 임명한 후에도 기존의 교황들이 모두 사임을 거부했기 때문이다. 이러한 웃지 못할 사태는 1417년, 유럽의 모든 가톨릭 국가가 교황 마르티누스 5세를 단 하나의 교황으로 인정하면서 막을 내린다. 2,000년 가톨릭교회 역사에서 동시에 2명의 교황이 등장한 배경에는 강하고 검은 비와 교황청을 내리친 번개가 있었다. 날씨가 역사를 바꾼 흥미로운 사례라 할 수 있다.

    교황이 3명까지 같이 있게 되는 사태가 벌어지면서 교황의 권위도 땅에 떨어졌다. 프랑스의 필리프 4세 이후 가장 강력하게 교황에 맞선 왕이 영국의 헨리 8세$^{Henry\ VIII}$(1491~1547)다. 그는 헨리 7세의 뒤를 이어 튜더왕가 출신으로는 두 번째 왕위에 올랐다. 둘째 아들이었으나 형이 요절하면서 왕세자가 되었고, 왕이 되면서 형의 미망인인 캐서린과 결혼하여 딸 메리 튜더를 낳았다. 그러나 아들을 얻기 위해 20여 년만에 캐서린과 이

혼하고 자신의 정부였던 왕비의 궁녀 출신 앤 불린과 결혼하려고 했다. 그러나 로마 교황 클레멘스 7세가 이혼을 허락하지 않았다. 이에 헨리 8세는 가톨릭교회와 결별을 선언하고 1534년 수장령首長令, Act of Supremacy*을 내려 영국 국교회國敎會인 성공회를 만들었다. 1536년과 1539년에는 가톨릭교회와 수도원을 해산시키고 재산을 몰수했다. 가톨릭 국가 중에 독자적으로 가톨릭에서 뛰어나와 자기들의 독립교회를 만든 사건은 영국밖에 없다. 이것이 가능했던 것은 당시 교황의 힘이 많이 약해져 있었기 때문이다. 헨리 8세는 2명의 왕비를 처형하고 3명의 왕비를 내쫓았다. 중앙집권체제를 강화하고 절대왕정을 확립한 왕이기도 하다.

헨리 8세는 영국의 역사에 있어서 매우 중요한 인물이다. 그는 집권 초기에는 존 위클리프John Wycliffe(1320~1384) 등이 주도하는 종교개혁을 강력히 억압했다. 그러나 가톨릭과 대립하면서 종교개혁을 단행하여 6세기 이래 로마가톨릭의 지배를 받던 잉글랜드 교회를 독립시켰다. 이것은 로마 교황 대신 잉글랜드 국왕이 잉글랜드 교회의 우두머리가 된다는 뜻이다. 본격적인 영국의 종교개혁 운동은 그의 딸인 엘리자베스 1세 때부터 이루어졌다.

가톨릭 교황의 세속에 대한 영향력이 줄어들수록 종교개혁은 불같이 번져갔다. 특히 가톨릭교회에서 내세웠던 면죄부免罪符 판매는 종교개혁자들에게 큰 힘을 주었다.

가톨릭의 신학자 토마스 아퀴나스Thomas Aquinas는 면죄부 발행의 신학적 기초를 제공했다. 그는 면죄부 발행을 고해성사 및 제사장의 대사 교리와 연결시킴으로써 정당화했다. 고해성사는 통회, 고백, 보상이라는 세 가지 요소가 수행되어야 했다. 가톨릭교회에서 죄를 면죄해준다는 것은 죄

---

* 영국 왕을 영국 교회의 '유일한 최고 수장'으로 규정한 법률.

를 고백하는 자가 교회나 자선 목적을 위해 돈을 지불하면 가능한 것으로 해석했다. 그러나 면죄부 발행은 로마에만 한정하여 100년에 한 번씩만 하기로 되어 있었으나 당시에는 전혀 지켜지지 않고 마구잡이로 발행되었다. 이후 면죄부 발행은 점차 종교적인 것이 아니고 세속적인 상행위로 전락해 갔다. 교회와 수도원의 부를 축적하기 위한 방편이 되었던 것이다. 기록에 의하면 면죄부를 판매하기 위한 일행들은 어느 도시에 들어갈 때 천국의 사자처럼 영접을 받았다고 한다. 사제들, 수도사들과 남녀노소들이 노래를 부르고 깃발을 흔들며 촛불을 들고 종소리에 맞춰 행진했다. 교회로 들어가 벨벳 쿠션 위에 놓인 교황의 교서를 높은 단 위에 놓았다. 그 밑에는 면죄부 대금을 넣을 커다란 철제 상자가 놓여졌다. 그들은 "상자 안에 돈이 떨어지는 소리가 나는 순간" 연옥에서 고생하는 친지들과 친구들이 고통에서 해방될 것이라고 설교했다. 사람들은 상자 앞에 나아가 죄를 고백하고는 상자에 돈을 넣고서 면죄부를 받았다. 아무 것도 모르는 서민들에게 이 시간은 천국행 여권을 받는 시간이었다.

이런 면죄부 판매는 중세 말기에 성당 건설을 위해 많은 돈이 필요해지면서 성행했다. 가톨릭교회는 돈을 내면 죄를 용서해주는 속죄증명서, 즉 면죄부를 마구잡이로 발행하기 시작한 것이다. 결국 1517년 성베드로대성당을 건립할 때 마르틴 루터$^{Martin\ Luther}$가 면죄부 발행에 반대하면서 그 폐단을 지적했다. 루터는 〈95개조 항의문〉을 내붙이고 공개토론을 주장했는데 공식적인 종교개혁 운동의 도화선이 되었다. 트리엔트 공의회에서 면죄부의 남용을 규제했으며, 이후 차차 면죄부가 사라졌다. 그러나 다시는 교황권이 예전처럼 회복되지 못했다.

미국 독립전쟁을 도운
날씨

"아기 예수가 태어난 바로 다음 날 밤, 폭풍우가 휘몰아치는 강풍과 혹한 속에서 얼어붙은 펜실베이니아의 델라웨어 강을 선두에서 건너는 조지 워싱턴."

에마누엘 로이체Emanuel Leutze의 그림에 나오는 광경이다. 버락 오바마Barack Obama 대통령 취임식 때 전 세계 TV에 소개된 이 그림은 백악관에 전시되어 있다. 미국인들은 이 그림에서 최악의 조건 속에서도 굴하지 않고 전진하는 선조들의 모습을 발견하고 용기를 얻는다고 한다.

영국은 1763년까지 캐나다와 미시시피 강 서쪽 땅에서 프랑스인을 쫓아냈다. 북미대륙의 식민지를 확실하게 장악한 영국은 식민지에 각종 세금을 부과했다. 프랑스·인디언 전쟁과 7년 전쟁에서 치른 막대한 전비를 보충하기 위해서였다. 설탕조례, 군대숙영조례, 인지조례, 타운젠드 조례 등을 만들었다. 지금까지의 세금에도 등이 휘청거리던 미국인들은 더 이상의 세금을 낼 수가 없었다. 작은 충돌사태가 벌어지기 시작했고, 1773년 보스턴 차 사건으로 충돌이 확대되었다. 이 사건이 일어난 2년 뒤 매사추세츠 주 렉싱턴에서는 영국군과 식민지인들 사이에 첫 무력충돌이 일어났다. 마침내 미국 독립전쟁이 시작된 것이다.

〈델라웨어 강을 건너는 워싱턴(Washington Crossing the Delaware)〉, 에마누엘 로이체 作.

　미국 독립전쟁이 벌어지기 전인 1740년대에 한파가 유럽을 강타했다. 1740년은 영국 기상관측 사상 가장 추운 겨울이었다. 강추위는 식량 감산을 가져왔다. 가난한 사람들과 소작농들이 굶주림에 관련된 질병으로 죽어갔다. 소빙하기의 한랭한 기후가 지속적으로 영향을 주면서 영국 및 유럽 각국의 경제상황은 어려워졌다.

　미국 독립전쟁의 도화선은 세금부과였지만 이 뒤에는 18세기의 기후가 큰 원인이었다. 유럽과 미국 등을 휩쓸었던 소빙하기의 한랭한 기후는 영국 경제를 파탄 직전까지 몰고 갔다. 영국은 전쟁에서의 전비 충당과 함께 파산 직전인 경제를 살리기 위해 아메리카 식민지에 과중한 세금을 부과할 수밖에 없었다. 미국의 경우에도 경제가 어렵기는 마찬가지였다. 막대한 세금을 내고는 살 수가 없었다. 마지막 선택으로 미국인들은 독립을 선언하게 된다. 많은 기후학자들은 미국 독립전쟁을 촉발시킨 것은 경제를 어렵게 만든 날씨였다고 말한다.

워싱턴을 중심으로 하는 미국 시민군은 영국군에 맞서 고전하고 있었다. 병력 수나 질에서 상대가 되지 않았다. 무기도 절대적인 열세를 보였다. 정상적인 전투에서는 번번이 패배했다. 이때 영국군은 트렌턴에 진을 치고 있었다. 시민군의 사기는 떨어져 갔고 탈영병이 늘어났다. 무언가 수를 내야만 했다. 워싱턴은 정상적인 방법이 아닌 비상식적인 방법을 택했다.

1776년 크리스마스 다음 날, 기압골이 통과하면서 강한 폭풍우가 몰아쳤다.

"이때다. 내일 새벽에 강을 건너 기습을 하면 우리가 승리할 수 있다."

트렌턴Trenton 지역은 겨울에 기압골이 통과하면서 북동풍이 불 때는 싸락눈과 비가 섞여 내리는 경우가 많다. 밤이 깊어갈수록 온도는 떨어지고 바람이 강하게 불었다. 비가 섞인 눈보라에 젖은 병사들이 느끼는 추위는 체감온도는 훨씬 더 낮았다. 더구나 강에 도착하고 보니, 강은 깨진 얼음덩어리들로 꽉 차 있었다.

"누구도 추운 겨울 얼음이 떠내려가는 강을 건너 공격할 수 있다고 생각하지 않을 것이다. 그러나 우리는 간다!"

시민군은 세 곳으로 나누어 강을 건너기로 했다. 그러나 워싱턴이 직접 이끄는 부대만이 목숨을 건 사투 끝에 강을 건넜다. 본래 미국인들은 신앙의 자유를 위해 신대륙으로 건너온 독실한 청교도의 후예들이었다. 워싱턴 역시 전투에 임할 때마다 기도를 올리는 독실한 신자였다고 한다. 후에 워싱턴은 눈보라가 휘몰아치는 깜깜한 밤에 얼음이 떠내려가는 강을 건

1776년 트렌턴 전투

널 수 있었던 것은 주의 도움이 있었기 때문이었다고 고백하고 있다.

　후속부대와 포병부대가 새벽 3시까지 강을 건너지 못하자, 워싱턴은 그가 이끄는 적은 수의 보병만을 이끌고 전진했다. 영하의 추운 새벽에, 그것도 눈보라가 내리는 가운데 행군은 너무 힘들었다. 그러나 다행히도 강한 북동풍이 불어 바람을 등지고 행군하는 시민군에게 큰 도움이 되었다. 이때 영국군은 강한 폭풍우가 불자 미국 시민군이 강을 건너 공격하리라고 꿈에도 생각하지 않았다. 아예 경비병조차 세우지 않았다. 워싱턴이 이끄는 미국 시민군은 전격적인 기습 공격을 시작했다. 전투는 채 한 시간이 안 돼서 끝이 났다. 미국 시민군은 단 2명의 희생으로 영국군의 3분의 2에 해당하는 병력을 사살하거나 포로로 잡는 놀라운 쾌승을 거둔 것이다.

Ⅳ. 또 다른 전장, 기후 · 249

독립전쟁 초기에 미국 시민군은 잘 훈련된 정규 영국군의 상대가 될 리 없었다. 그러나 이 전투는 독립전쟁에서 승리하게 되는 발판이 되었다. 뿐만 아니라 미국인들도 이길 수 있다는 자신감을 갖게 된 중요한 전투였다. 그리고 예상하기 힘든 승리 뒤에는 날씨를 전투에 적극적으로 활용한 지휘관의 지혜가 있었다.

"적군이 가장 예상하지 못하는 길을 택하는 것이 가장 큰 성공을 안겨준다. 만약 적이 강 뒤에 주둔하고 강을 건너오지 못하도록 방어하고 있는데 당신이 그가 모르는 얕은 물로 혹은 강 아래로 헤엄쳐 건넌다면 적은 당황해 어쩔 줄 모를 것이다. 당신이 그를 압박한다면 적은 경악에서 헤어 나오지 못하고 패배하고 말 것이다."

- 프리드리히 대왕

19세기 프로이센Preussen의 프리드리히 대왕만큼 놀라운 전술을 구사한 인물은 없었다. 그가 승리를 위해 구사한 전술은 첫째, 적의 경험 한도를 벗어나라. 전쟁이론은 선례를 바탕으로 한다. 과거의 선례를 바탕으로 지금을 판단한다는 것이다. 그러나 큰 승리를 가져온 장군들은 경험한도에서 벗어난 병법을 활용했다. 둘째, 평범 속에서 비범을 이끌어내라. 적군이 예상하는 평범한 책략과 익숙한 패턴을 분석한 후 비범함으로 일격에 공격하라는 것이다. 셋째, 군대의 규모와 우수성에 더 많이 의지하지 말고 전략과 속임수, 유동성 있는 책략을 추구하라. 프리드리히 대왕의 전술을 가장 잘 응용해 승리한 전투가 워싱턴이 이끈 트렌턴 전투였다. 전사를 보면 한니발Hannibal(B.C.247~183)과 나폴레옹Napoleon(1769~1821)이 이런 전술을 가장 잘 구사한 장군으로 알려져 있다.

트렌턴에서의 치욕적인 패배를 갚기 위해 절치부심하던 영국군은

1777년 1월 1일 프린스턴으로 진격해 들어왔다. 프린스턴 지역은 워싱턴이 지휘하는 미국 시민군이 위치한 트렌턴에서 불과 19킬로미터밖에 떨어지지 않은 곳이었다.

당시 트렌턴의 날씨를 살펴보자. 크리스마스 다음 날 벌어진 전투 후, 날씨는 점차 따뜻해지기 시작했다. 기온이 31일에는 영상 2도, 1월 1일 아침에는 영상 5도까지 올라갔다. 낮이 되면서 따뜻한 남풍의 영향으로 기온이 더 올라가 10.6도를 기록했고, 밤에는 따뜻한 비까지 내렸다. 이런 경우는 저기압의 중심이 북쪽의 뉴욕 지역을 통과하면서 강한 남풍이 불 때 나타나는데, 따뜻한 기온으로 눈이 녹은 데다 비마저 내리자 길은 진창길이 되어 버렸다. 트렌턴에서 영국군이 진격해 들어오기를 기다릴 수도 없고, 그렇다고 이런 진창길에서 기동하여 프린스턴으로 기습을 단행할 수도 없었다. 더구나 왼쪽으로는 얼음으로 막힌 강이 있었고, 오른쪽으로는 불모지 땅이었다. 이제 워싱턴 부대는 굴 안에 갇힌 여우 신세가 되어 버린 것이다.

"주님, 이 어려움을 이길 수 있는 지혜를 주소서."

기도를 마치고 밖으로 나온 워싱턴은 바람이 북서풍으로 바뀌면서 점차 쌀쌀해 지고 있음을 느낄 수 있었다. 워싱턴은 밤에 온도가 더 내려가 길이 얼어붙을 것으로 판단하고는 과감하게 병사들에게 행군준비를 시킨다. 새벽 1시 그들이 프린스턴을 향해 이동하기 시작했을 때, 살을 에는 듯한 북서풍으로 인해 땅이 모두 얼어붙어 있었다. 이제 병사들의 행군에 걸림돌이 사라진 것이다. 워싱턴은 그날 새벽 진흙탕의 트렌턴에서 빠져 나와 어둠을 틈타 19킬로미터를 행군하여 프린스턴의 영국군을 기습했다. 전혀 대비를 못했던 영국군은 패퇴하고 보급선이 차단되면서 뉴저지의 거의 대부분 지역을 미국 시민군에게 빼앗긴다.

나쁜 날씨를 이용한 기습에 전혀 대비를 못했던 영국 지휘관과 달리 워싱턴은 날씨를 전쟁에 가장 잘 활용한 장군으로 알려져 있다. 문은 두드리는 자에게만 열리는 법이다. 신은 항상 최선을 다해 연구하고 노력하는 워싱턴을 트렌턴에서 폭풍우로, 프린스턴에서는 맹추위로 도운 것이 아닐까? 일주일의 시차를 두고 벌어졌던 이 두 전투에서의 승리는 계속되는 패배와 후퇴로 사기가 떨어져 있던 미국 시민군의 사기를 크게 고조시켰다. 그리고 후에 사라고타에서 영국군을 무찌르면서 독립전쟁에서 승리하게 되는 발판이 된다. 트렌턴 전역에서 승리한 미국 시민군은 이후의 전투에서도 전력의 열세를 극복하지 못하고 있었다.

"여름철 군인과 햇볕 애국자는 아무 일도 할 수 없다. 추위와 굶주림의 밤을 이겨내는 강한 자만이 진정한 군인이요, 애국자인 것이다."

미국 독립전쟁의 아버지 조지 워싱턴George Washington(1732~1799)은 굶주림과 질병으로 쓰러져 가는 미국 시민군 앞에서 이렇게 연설했다고 한다.

독립전쟁 중 워싱턴 장군이 가장 고전했던 전투는 펜실베이니아의 밸리 포지Valley Forge라는 마을에서의 전투였다. 1777년 겨울 워싱턴이 지휘하는 독립 시민군은 최악의 경우에 직면하게 된다. 9월과 10월 전투에서의 패배로 필라델피아를 영국에 빼앗겼고, 모든 보급체제가 무너져 기본적인 식량과 의복의 공급이 전혀 이루어지지 않았다. 최악의 상황에서 워싱턴은 필라델피아에서 30킬로미터 떨어진 밸리 포지로 후퇴하게 되는데, 더 이상 물러 설 곳이 남지 않았던 그들은 이곳에서 영국군을 막아내야만 했다.

"계속되는 악천후는 우리의 몰락을 재촉하고 있다. 이번 겨울에 우리 군은 어떻게 될 것인가?"

워싱턴은 자신의 일기 속에서 당시의 어려움을 이렇게 토로하고 있다. 필라델피아의 1월 평균기온은 영하 1도로 서울의 3월 평균기온과 비슷하다. 그러나 이해는 예년에 비해 상당히 추웠고, 눈·비 또한 많이 내렸다고 한다. 그러니 의복과 식량을 공급받지 못한 상황에서는 그야말로 살인적인 추위가 아닐 수 없었다. 당시 시민군은 2,000명가량이 의복이 없어 맨발 상태였고, 담요조차 구할 수가 없었기에 많은 병사들이 몸을 따뜻하게 유지하기 위해서 밤새 모닥불 가까이 서 있어야만 했다. 시민군은 점차 탈진상태로 빠져 들어갔고, 설상가상으로 악성전염병이 돌면서 비참하게 죽어 나갔다. 1월에 미국 시민군 병력의 4분의 1인 2,500명이 질병과 추위로 사망했고, 탈영병이 속출했으며, 장병들의 사기는 땅에 떨어지게 된다. 이때 워싱턴의 그 유명한 "햇볕애국자" 연설은 다 꺼져 가는 미국 시민군의 가슴에 불을 질렀고, 시민군 모두는 최후의 힘을 다하여 영국군을 공격하여 대승을 거두게 된다.

사실 당시 워싱턴이 승리할 것으로 믿는 사람은 거의 없었다고 한다. 그러나 하루에 네 번씩 기도하는 워싱턴의 모습은 시민군에게 큰 감동을 안겨 주었고, 결국 이는 승리의 원동력이 된 것이다. 미국 독립전쟁의 분수령이 되었던 이 전투에서 승리한 후 미국민들은 밸리 포지에 워싱턴 기념교회를 세웠다. 이 교회에는 다음의 기도문이 새겨져 있다.

"민족의 지도자들이 겸손한 마음으로 백성을 섬기게 하소서."

나이팅게일과
크림 전쟁과 폭풍우

"광명의 천사."

"사랑과 헌신과 기도로 죽어 가는 병사들을 살린 성녀."

그 어떤 찬사도 플로렌스 나이팅게일^{Florence Nightingale}(1820~1910)의 삶을 표현하기에는 부족할 것 같다. 그녀는 흑해에 위치한 크림^{Krym} 반도*의 전쟁터에서 젊은 병사들이 혹독한 추위와 페스트로 비참하게 죽어가고 있다는 소식을 접하고는 간호사 38명을 이끌고 야전병원에 부임한다. 그 후 헌신적 치료로 52퍼센트에 이르던 부상병 사망률을 2퍼센트까지 낮추는데 성공한다. 죽음을 기다릴 수밖에 없었던 부상병들에게 그녀는 신이 보내준 구원의 천사였을 것이다. 영국에서의 평온한 생활을 버리고 크림 반도의 열악한 환경에서 헌신적으로 병사들을 간호한 나이팅게일은 '현대 간호체계의 창설자'라고 불린다.

크림 전쟁은 승자도 패자도 없는 비참한 전쟁의 잔학성을 단적으로 보여준 전쟁이었다. 이 전쟁을 통하여 현대의료체계가 자리 잡았고, 적십자

---

* 우크라이나 남단에서 흑해 쪽으로 튀어나온 바위투성이의 다이아몬드 모양 반도. 온화한 기후와 물이 따뜻한 항구 때문에 항상 다들 탐내던 지역이었다. 제1차 러시아-튀르크 전쟁(1768~1774년)에서 오스만 제국을 이긴 결과, 러시아는 크림 반도를 차지할 수 있었다.

사가 탄생했다. 그러나 더욱 중요한 것은 기상자료가 전쟁의 승패에 크게 중요하다는 인식을 가지게 된 전쟁이라는 점이다. 이 전쟁이 끝난 후 일기도를 이용한 예보, 즉 '종관기상학$^{Synoptic\ Meteorology}$'의 시대가 열리게 되었다.

크림 전쟁이 벌어졌던 시기의 기후를 살펴보자. 이 당시에는 유럽의 소빙하기 기간으로 춥고 변덕스런 날씨가 계속되었다. 1820~1830년대의 기록에도 상당히 추웠던 것으로 나타나고 있다. 계속되는 소빙하기의 추위와 습윤한 날씨, 뒤이어 다가오는 가뭄 등으로 농작물의 생산이 급격히 줄었다. 나폴레옹 전쟁으로 유럽 많은 국가들의 경제가 피폐해질 대로 피폐해진 상태에 있었다. 여기에다 1845년 이후부터 날씨 때문에 감자가 썩는 동고병$_{胴枯病}$이 발생했다. 동고병으로 수백만 명이 굶어죽는 '아일랜드의 대기근'으로 불리는 엄청난 비극이 발생했다. 먹고 살 것이 없었던 유럽인들이 대거 조국을 떠나 신대륙으로 이주하게 된 때가 바로 이때이다. 여기에다가 동남아시아의 탐보라^{Tambora} 화산이 1851년 폭발했다. 이 화산의 영향으로 기상학에서 그 유명한 '여름이 없는 해*'가 전 세계적으로 발생했으며, 이로 인한 세계적인 대기근이 일어났다. 한마디로 크림 전쟁이 일어나기 전, 유럽지역을 지배했던 기후는 현저한 추위와 다습, 그리고 화산재로 인한 대기근이었다. 이런 기후상황을 염두에 두고 크림 전쟁을 살펴보기로 하자.

먼저 크림 전쟁이 일어나게 된 배경을 간략히 살펴보자. 당시 프랑스의 황제 나폴레옹 3세는 예루살렘을 관할하고 있던 오스만 제국에게, 기독교 성지의 관리권을 로마가톨릭교도가 갖게 해 달라고 요구한다. 그러자

---

* 화산이 폭발하면서 대기중으로 치솟은 화산재가 태양빛을 막는 바람에 북반구에서는 태양을 거의 볼 수 없었다. 이에 따라 여름에도 기온이 낮은 저온현상이 발생하면서 겨울과 초봄 날씨만 있고 여름이 없는 해가 나타났다.

그리스정교의 비호자임을 자처하던 러시아의 니콜라이 1세도 이와 동등한 권리를 요구하게 된다. 오스만 제국이 러시아의 요구를 거절하자 남진 정책을 추구해왔던 러시아는 이빨을 드러낸다. 러시아는 소빙하기와 강추위, 그리고 빙하의 남진 등으로 남쪽 항구를 차지하고 싶은 강한 유혹을 느꼈다. 나폴레옹 전쟁이 끝난 후 약 40년간 유럽은 평화시대를 유지했다. 이는 나폴레옹으로 인한 참혹했던 전쟁을 경험한 유럽의 군주들이 전쟁을 자제한 것에 기인했다. 그러나 나폴레옹 전쟁을 통해 대규모 군대를 거느린 러시아는 자기의 요구를 강압적으로 요구할 수 있다고 생각했다. 러시아 황제 니콜라이 1세$^{Nikolai\ I}$(1796~1855)는 1848년 헝가리인의 독립운동을 성공적으로 진압한데 고무되었다. 그렇다면 발칸 지역에 대해 더 공격적으로 해도 무방하다고 생각했다. 1853년 11월 파벨 스테파노비치 나히모프$^{Pavel\ Stepanovich\ Nakhimov}$(1802~1855) 제독 지휘하의 러시아 흑해함대가 소아시아의 시노프^{Sinop} 만에서 터키 함대를 전멸시켰다.

전투의 경과를 살펴보면, 11월 중순 영국과 프랑스 해군의 주력부대는 흑해에서 보스포루스^{Bosporus} 해협으로 후퇴했다. 터키 해군의 원수인 오스만이 이끄는 연합함대만 남아 식량과 탄약을 캅카스 서해안의 바투미^{Batumi}로 운반했다. 운반 도중 러시아 함대에게 포위당한 터키 함대는 시노프 만으로 후퇴해 연합군의 구조를 기다리고 있었다. 11월 30일 아침 안개가 자욱하게 끼었다. 러시아군이 공격해 오면 육상 대포로 엄호하기 위해 오스만은 군함을 최대한 해안 쪽으로 정박하고 있었다. 한낮이 되면서 안개가 걷히고 전투함과 순항선 6척이 항구 쪽으로 오고 있었다. 모든 배에는 영국기가 꽂혀 있었다. 터키 해군은 영국에서 지원병을 보낸 줄 알고 크게 기뻐했다. 그런데 이게 웬일인가? 갑자기 영국 함대가 방향을 틀더니 대포를 터키 함대로 겨누었다. 영국 깃발은 내려가고 러시아 깃발이 올라왔다. 러시아기를 보고 경악한 터키 해군은 즉각 전투명령을 내렸으나 이미 때는 늦어버렸다. 터키의 전함 16척에는 대포 510문이 있었으나 포격 준비를 채 마치기도 전에 러시아의 포격을 받았다. 러시아는 대포 720문으로 사정없이 터키의 전함을 공격했다. 순식간에 짙은 화약연기가 사방을 메웠다. 포성이 울릴 때마다 터키 전함이 부서지고 있었다. 바람의 방향과 빛조차도 모두 러시아 쪽에 유리했다. 불기둥은 하늘을 향해 치솟았고 파편은 사방으로 튀었으며 시체가 여기저기 떠다녔다. 해안가의 터키 육상포대가 대응사격을 했지만 러시아 함대는 사정권 밖에 있었다. 전투는 압도적인 러시아의 승리로 끝났다. 터키는 전함 15척 손실에 사상자만 3,000명에 이르렀다. 러시아는 사망자 37명, 부상자 235명, 그리고 함선 몇 척만 약간 부셔졌을 뿐이었다. 일방적인 러시아의 승리였다. 러시아 함대가 승리를 거둔 것은 영국기로 터키군에게 속임수를 썼기 때문이다. 전쟁에서는 적을 속이는 일도 당연하다고 생각한다. 전쟁이란 수단과 방법을 가리지 않고 이겨야 하기 때문이다. 이 전투에서 승리한 러시아의 황제는 기고만장했다.

발칸 반도를 통해 지중해로 진출하려던 러시아의 남진을 용납할 수 없었던 영국과 프랑스는 오스만 제국을 지원한다고 선언하고 1854년 6월 콘스탄티노플로 원정군을 파견했다. 연합군은 9월 러시아군의 강력한 요새인 세바스토폴^{Sevastopol}*을 공략하기로 한다. 이를 위해 요새 북쪽 30마일의 해안에 군대를 상륙시킨다. 상륙한 연합군은 세바스토폴을 향해 진격하게 된다. 그런데 이때부터 연합국과 러시아의 전쟁계획 부실 등 많은 문제가 발생한다. 러시아와 연합국의 준비되지 않은 전쟁은 양측 모두 무

---

* 크림 반도 남서쪽에 있는 군항(軍港)이며 휴양지이다. 고대에는 부근에 그리스인의 식민시(市) 케르소네수스가 있었으며, 그 후 13세기 때 크림에 진출한 타타르인이 아크티아르의 부락을 세웠다. 1783년 크림 칸국을 합친 예카테리나 2세가 이곳을 군항으로 정하고, 다음 해에 세바스토폴이라 명명했다. 1804년 러시아 흑해함대의 수비대가 설치되었는데, 크림 전쟁 때에는 이 요새를 두고 양군(兩軍)의 공방전이 치열했다.

〈경기병여단의 돌격(The Charge of the Light Brigade)〉, 리처드 케이튼 우드빌(Richard Caton Woodville, Jr.) 作. 1854년 10월 25일 영국의 경기병여단은 세계전사에서 가장 바보 같은 공격을 하다가 전멸하고 만다.

모한 지휘와 잇단 실수로 실패를 거듭한다. 결과적으로 '최악의 전쟁'을 합작해 낸 것이다.

영불 연합군은 흑해 지역에 대한 사전 지식은 물론, 지도 한 장 갖지 않고 러시아를 공격하겠다고 출병했다. 그러나 의욕만 앞선 연합군은 러시아 요새를 포위하는데 너무 많은 시간을 소비했다. 그 동안 러시아는 강력한 방어성벽을 구축하고 요새를 강화했다. 연합군은 공성포를 동원하여 공격했으나 실패로 끝난다. 러시아도 반격하나 준비부족으로 실패한다. 장군 멍군 식으로 서로 실패하는 작전만 운영한 패자들의 전쟁이 크림 전쟁이었다. 발라클라바^{Balaclava}에서는 영국 근위병이 무모하게 러시아 포병부대를 정면 공격하다가 참담한 패배를 맛본다. 1854년 10월 25일 영국의 경기병여단은 세계전사에서 가장 바보 같은 공격을 하다가 전멸하고 만다. 러시아는 압도적인 기병과 보병과 포병을 절벽 반대편까지 이어지는 양쪽 언덕 위에 배치시키고 있었다. 이 지역은 이날 아침 러시아군이 기습공격으로 점령한 곳이었다. 그러나 무능한 영국의 경기병여단장인 제임스 브루드넬James Brudenell은 이 사실을 무시했다. 지형의 불리함은 그의 안중에 없었다. 그는 무모한 명령을 내렸다. 600명의 영국 경기병여단 병력이 러시아 포대가 기다리고 있는 죽음의 계곡으로 용감하게 돌격해 들어갔다. 결과는 너무나 참담했다. 전멸이었다. 영국 전사에서 수치라고 부르는 이 전투는 많은 시인들의 시에 인용되었다. 테니슨Tennyson은 "누군가 실수했다 / 그들은 저항하지 않았다 / 그들은 의심하지 않았다 / 그들을 돌격했고 죽었다"라고 시를 썼다. 그 후 '그들은 의심하지 않았다'는 말은 지도자를 맹목적으로 따라가는 사람들의 상징으로 사용되었다. 그러나 중요한 것은 복종한 경기병들이 아니라 판단미스로 잘못 명령을 내린 지휘관이 비난받아야 하고 책임을 져야 한다는 것이다.

그 후 러시아는 연합군에 대항하는 전술로 참호를 만들어 지연전을 펼치기 시작했다. 1854년 11월 10일부터 기압골이 통과하면서 흑해의 날씨는 매우 나빠지기 시작했다. 특히 14일 아침부터는 폭풍이 몰아치기 시작했다. 강력한 폭풍우는 참호 안을 물로 채웠다. 한파가 내습하면서 러시아 병사들은 참호 안에서 전염병과 동상으로 죽어갔다. 질병에 사망한 러시아 병사 수가 전투로 사망한 병사 수보다 훨씬 많았다. 강한 폭풍우는 크림 반도의 남단 발라클라바 만灣을 강타하면서 병사들만 죽인 것이 아니라 전함과 수송선에도 엄청난 타격을 주었다. 이 폭풍으로 영국은 21척의 전함과 지원 선박을 잃었고, 프랑스는 16척의 배가 침몰되었다. 러시아도 세바스토폴 항구에 정박 중인 전함들이 거의 파손되는 엄청난 피해를 입었다. 기압골이 통과한 후 대륙성 고기압이 확장하면서 맹추위가 닥쳤다. 침몰된 수송선 때문에 의복과 식량보급이 제때 이루어지지 못한데다가 페스트까지 만연하자 병사들의 고통은 이루 말할 수 없었다. 순식간에 1만 3,000명이 페스트에 감염되었고, 아무런 치료도 받지 못한 채 죽

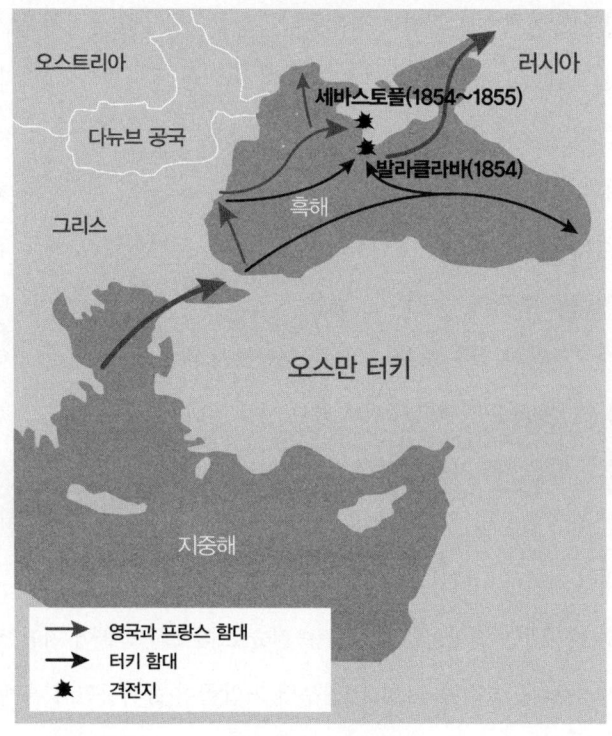

크림 전쟁 당시 공격로

어 갔다. 발라클라바 만을 덮친 폭풍우로 인한 비극은 실로 처참한 것이었다. 만약 이 폭풍우를 예측할 수 있었다면 그래서 수송선만이라도 침몰되지 않았다면, 병사들의 비참한 죽음은 훨씬 줄어들 수 있었을 것이다.

폭풍우와 추위는 영국의 내각을 총사퇴하게 만들었고 러시아의 황제까지 독감에 걸려 죽게 했다. 결국 1855년 9월 11일, 러시아군이 세바스토폴 요새를 폭파하고 전함들을 침몰시킨 뒤 북쪽으로 철수하면서 이 전쟁은 끝을 맺는다. 폭풍과 추위가 전쟁을 결정지은 것이다.

크림 전쟁이 가져온 것은 무엇일까? 러시아 황제 니콜라이 1세가 전쟁 중에 독감으로 죽고 뒤를 이은 알렉산드르 2세$^{Aleksandr\ II}$(1818~1881)는 러시아의 패배를 인정했다. 1856년 3월 파리에서 강화조약이 체결되었다.

러시아는 몰다비아Moldavia에 다뉴브 강 하구와 베사라비아Bessarabia의 일부를 양도했고, 흑해에 함대를 배치할 수 있는 권리를 잃었다. 흑해는 중립이 선언되어 양兩 해협은 통상상通商上의 자유항행은 인정되었으나, 군함의 통과는 일체 금지되었다. 패배에 대한 반동으로 러시아 국내에서는 근대화를 지향하는 운동이 일어났다. 결국 1861년의 농노해방을 비롯한 개혁정치가 추진되었다. 영국과 프랑스가 얻은 것도 별로 없었다. 일시적으로 러시아의 남진을 막았다는 것, 그리고 터키의 몰락을 1세기 정도 지연시켰다는 것뿐이었다.

그러나 이 전쟁이 전쟁사에서 주목받는 것은 첫째, 의료체계가 급격하게 개선되었다는 것이다. '백의의 천사' 플로렌스 나이팅게일이 활동하면서 사망자 수를 현격하게 줄였다. 간호체계의 발전과 함께 전쟁 참여로 인한 여성의 지위향상에도 크게 기여했다. 두 번째로 이 전쟁의 결과로 앙리 뒤낭Henri Dunant(1828~1910)은 인도주의를 주장하며 국제 적십자사를 발족시켰다. 그리고 1864년 12개국이 최초로 제네바 협약Geneva Convention(일명 적십자 조약)*을 맺게 된다. 셋째, 처음으로 종군기자가 활약했다. 《타임스》의 윌리엄 H. 러셀 기자는 1854년 10월 25일 크림 반도 남단 발라클라바 지역에서 벌어진 영국 경기병여단의 전투를 사상 처음으로 보도했다. 이 보도로 나이팅게일이 간호사들을 데리고 전장으로 달려갔다고 한다.

이 전쟁이 끝난 후 프랑스 황제 나폴레옹 3세는 도대체 왜 이렇게 강력한 폭풍이 몰아쳐 왔는지를 파리 천문대장인 르베리에Le Verrier(1811~1877)에게 조사하도록 명령했다. 르베리에는 전쟁이 끝난 후 크림 반도의 날씨

---

* 전쟁으로 인한 희생자 보호를 위해 1864~1949년 제네바에서 체결된 일련의 국제조약. 이 조약의 목적은 전쟁 및 무력분쟁이 발생한 경우에 부상자·병자·포로·피억류자 등을 전쟁의 위험과 재해로부터 보호하여 가능한 한 전쟁의 참화를 경감하는 것이다.

를 면밀히 분석했다. 그러던 중 발라클라바 만에서 연합군을 타격한 폭풍우가 그곳에서 발생한 것이 아니라 다른 지역에서 생겨서 이동했다는, 기상사氣象史에 길이 남을 발견을 하게 된다.

르베리에는 만약 폭풍우가 발생해서 이동해 오는 것을 미리 알기만 한다면, 대피할 시간을 충분히 가질 수 있고 피해도 대폭 줄일 수 있다고 생각했다. 그는 세계 최초로 기상관측망의 개념을 생각해낸다. 당시 새뮤얼 핀리 브리즈 모스Samuel Finley Breese Morse(1791~1872)에 의해 발명된 무선전신을 이용해 다른 지역의 폭풍우 이동을 기상관측망을 통해 알아내자는 것이었다. 그는 나폴레옹 3세로부터 기상정보망 설치인가를 받아 1857년 19개소의 기상관측소를 설립한다. 그리고 무선전신으로 기상관측소를 연결하여 기상자료의 수집 및 전파를 시작했다. 이것이 기상예보Weather Forecast 발전에 큰 계기가 되었다. 크림 전쟁은 나이팅게일과 적십자사 탄생만 가져온 것이 아니라 기상학적으로도 역사에 남을 사건으로 자리매김했다.

비구름이 감춰준
삼십육계의 승리

삼십육계화법三十六計話法이라는 마케팅 방법이 있다. 이 화법은 책임을 피할 수 있는 방법이나 퇴로를 마련해주는 방법을 뜻한다. 예를 들어 물건을 팔 때 고객이 언제라도 그 자리를 벗어날 수 있는 여지가 있음을 암시하는 화법이다. 반드시 사지 않아도 괜찮다는 뉘앙스로 고객이 도망갈 길을 만들어주는 것인데 이런 화법을 사용하면 실제로 더 잘 팔린다고 한다. 이 화법은 삼십육계三十六計라는 병법에서 나왔다. 도망가야 할 때에는 기회를 보고 무조건 도망을 쳐서 몸을 안전하게 하는 일이 병법상 최상책이라는 말이다. 삼십육계를 가장 잘 활용한 전투가 미국과 영국간의 해전에서 있었다.

나폴레옹 전쟁이 벌어지면서 영국은 1807년까지 해군을 근 15만 병력이 승선하는 700여 척의 군함으로 증강했다. 막대한 해군력으로 프랑스의 항구들을 봉쇄하고 해로를 장악했다. 영국 해군은 미국의 상업물자가 프랑스로 가는 것을 철저히 막았고, 이로 인한 미국 사람들의 불만이 높아졌다. 여기에다가 막대한 수의 수병들을 모병하는데 어려움을 겪고 있던 영국군 장교들은 미국인 선원들을 강제로 끌고 가 영국 해군에 편입시키기도 했다. 대표적인 사례로 미국의 프리깃함 체사피크가 항해 도중

IV. 또다른 전장, 기후 · 263

영국 전함과 조우했다. 영국 전함은 영국 해군으로부터의 탈주자가 있는지 검문하겠다는 명목으로 체사피크에게 정선할 것을 명령했다. 체사피크가 거부하자 포격을 가해 체사피크의 수병 3명이 죽고 18명이 부상을 당했다. 항복한 체사피크호에 오른 영국군은 4명을 탈주자로 판정하고 강제로 끌고 갔다. 이 중 3명은 미국 원주민이었다. 미국 군함에 대해 일방적으로 적대행위를 가하고 미국 시민을 강제로 끌고 갔다는 점에서, 이는 미국에 대한 영국의 주권 침해였다. 이 사건은 미국 국민들의 반영 감정에 불을 붙여 전쟁이 일어나는 원인이 되었다.

영국의 미국에 대한 간섭이 심해지자 미국의 토머스 제퍼슨Thomas Jefferson(1743~1826) 대통령이 영국 군함들에게 미국의 영해에서 떠나도록 명령하는 포고문을 발표했다. 그러나 영국은 미국을 우습게 보았다. 경고에도 불구하고 미국 선원에 대한 영국 해군의 강제 징병은 계속되었다. 1811년에는 미국의 프리깃함이 영국의 슬루프함을 공격하는 사건이 벌어졌다. 미국과 영국의 갈등은 심해졌다. 특히 해상에서 프랑스를 압박하려는 영국의 목적을 미국이 거부했고, 여기에 더해 나폴레옹 전쟁으로 인한 영국령 캐나다의 취약한 방어와 영국의 서부 인디언 지원 문제가 겹쳤다. 1809년 제임스 매디슨James Madison(1751~1836)이 제퍼슨의 뒤를 이어 대통령이 되었다. 매디슨 대통령은 영국이 미국 시민을 강제 모병해간 수천 건에 달하는 사례를 의회에 제출했다. 영국과 전쟁을 벌이자는 의견이 팽배해지면서 매디슨 대통령은 전쟁을 선포했다. 양국은 돌아올 수 없는 강을 건넌 것이다. 1812년 6월에 공식적으로 전쟁을 시작했다.

당시 영국 해군은 프랑스와의 전쟁 때문에 함정 대다수가 프랑스 함대의 봉쇄에 묶여 있었다. 그럼에도 북아메리카와 서인도 제도 해역에 전열함 11척, 프리깃함frigate* 34척, 기타 함정 40척 등 총 85척의 함정을 배치해놓았다. 이에 반해 미국은 대형 프리깃함 3척, 일반 프리깃함 3척, 그리고 기타 함정 14척 뿐이었다. 《런던 타임스Times of London》는 북아메리카 해역에서 영국이 미국에 비해 7배 이상의 전력을 보유하고 있다고 분석했다. 전쟁이 벌어지자 영국은 미국의 항구 봉쇄작전을 펼쳤다. 외국과의 무역을 봉쇄하면 미국의 경제는 큰 타격을 받을 터였다. 영국은 동부의 항구도시인 뉴욕과 보스턴 등 주요 항구를 봉쇄하는데 성공했다. 미국은 봉쇄를 풀기 위해 영국 해군과 맞대결을 펼칠 수는 없었다. 워낙 전력 차이가 심했기 때문이다. 미국은 차선책으로 영국 상선들을 습격하거나 영국 해군의 봉쇄망 자체를 느슨하게 하기 위해 압력을 가하는 전술을 사용했다. 그러나 이 전술도 공격했다가 수적우위에 밀려 오히려 당할 가능성이 매우 컸다.

미영전쟁이 벌어지면서 해상전투에서 가장 큰 전과를 올린 것은 미국의 프리깃함인 콘스티튜션Constitution호였다. 프리깃함은 범선시대 전투함 중 전열함에 이은 두 번째 위력을 가진 전함이다. 현재의 개념으로 보면 순양함으로 속도가 빠르고 50문 정도의 대포를 탑재한 전함이었다. 콘스티튜션호는 미영전쟁이 벌어지자 맹활약을 펼쳤다. 영국의 프리깃함인 게리에르호와의 첫 번째 전투에서 영국에게 수병 5명 전사, 78명 부상의 피해를 입히고 257명을 포로로 잡는 전과를 올렸다. 두 번째로 영국 프리깃함 자바호와 교전하여 영국군 57명 전사, 83명 부상의 피해를 주고 격침시켰다. 두 번의 전투에서 미국의 피해는 겨우 16명의 사망자뿐이었다. 미국의 입장에서는 대영제국의 해군을 상대해 올린 놀라운 전과였다.

그러나 콘스티튜션호에도 위기가 찾아왔다. 1812년 7월 17일 5척의

---

* 범선시대에는 전열함(戰列艦)에 비해 경쾌하고, 정찰·경계·호위 등에 종사하는 군함을 프리깃이라 했고, 기주시대(汽走時代)에 와서 전열함은 전투함이 되고, 프리깃의 임무는 순양함에 인계됨으로써 프리깃이라는 이름이 사라졌다. 그러나 제2차 세계대전 중 연합국은 많은 종류의 호위함을 건조했는데, 배수량 약 1,500톤급 호위함을 패트럴 프리깃(PF)이라고 했다.

영국 전함과 마주하게 된 것이다. 1척의 전열함(아프리카)과 4척의 프리깃함(샤논, 벨바이데라, 에올러스, 게리에르)이었다. 비록 콘스티튜션이 대형 프리깃함으로 막강하다고는 하나 5 대 1의 싸움, 그것도 전열함이 포함되어있는 싸움에서 승산은 전혀 없었다. 이에 헐^{Hull} 함장은 지체 없이 뱃머리를 돌려 후퇴하기로 결정했다. 바로 삼십육계 전법이었다. 막상 도망치기로 결정하자 지금까지 강하게 불던 바람이 약해지는 것이었다. 범선은 갤리선이나 증기 군함 등과는 달리 바람에 의존해서만 추진력을 얻는 배이다. 바람이 없을 때는 움직이지 못하고 바람이 약하면 속도도 무척 느려진다. 헐 선장은 배에 실린 단정을 모두 내려서 콘스티튜션호를 끌도록 했다. 40여 명의 수병이 1,500톤에 달하는 배를 끄는 것은 매우 어려웠다. 죽어라 노를 저어도 속도는 기껏해야 2노트에도 미치지 못할 정도였다. 문제는 영국 함대들도 콘스티튜션과 똑같은 방법으로 뒤쫓아 오기 시작했다는 것이다. 그런데 이들은 한 술 더 떠 프리깃함 4척 모두의 단정들을 하나의 프리깃함인 샤논호에만 집중시켜 끌도록 했다. 콘스티튜션이 쫓아오는 영국 배에게 따라잡히는 것은 시간문제였다.

드디어 콘스티튜션과 영국 함대의 선두함인 샤논과의 거리는 대포가 도달할 수 있는 거리로 좁혀졌다. 영국 프리깃함 샤논은 대포를 콘스티튜션을 향해 발사했다. 그러나 포탄은 콘스티튜션에까지 미치지 못했다. 콘스티튜션호도 포를 4문 후미로 옮겨서 사격을 가했다. 물론 영국 함정에 맞히지는 못했다. 당시의 포술로는 한두 문의 포로 장거리에서 명중탄을 내기란 극히 어려웠기에 당연한 일이었다. 그러나 문제는 이렇게 가까운 거리에서 포사격을 벌이기 시작하면 뒤따라오는 영국의 전함들이 협공을 벌일 것이었다. 긴박한 순간이었다. 이때 콘스티튜션의 선임위관이었던 찰스 모리스가 닻을 내리고 그 닻줄에 걸리는 장력을 이용하여 좁은 선회반경으로 선회를 해서 영국 프리깃함 샤논을 따돌리자고 제안했다.

헐 함장은 이 방법을 채용하여 선회를 했고 샤논이 같은 침로로 선회를 마치는 동안 시간을 벌 수 있었다. 하지만 이 기동술로 인한 이점도 바로 사라졌다. 이번에는 샤논 대신 그 뒤에 있던 프리깃함 벨바이데라가 같은 기동방식으로 콘스티튜션을 쫓아오기 시작했기 때문이다.

뒤따라오는 영국 프리깃함 벨바이데라는 콘스티튜션이 사용하는 모든 방법을 똑같이 따라했다. 돛에 물을 적셔서 바람을 잘 받게 만들고, 바람이 불면 보트를 끌어올리고 돛을 펼쳤다가, 바람이 멎으면 보트를 내려서 배를 예인하는 식으로 말이다. 5~6킬로미터 정도 거리를 두고 영국 해군이 끈질기게 추격해왔다. 노를 젓는 수병들의 피로가 쌓이면서 이젠 극한 상태로 돌입하고 있었다. 추격전이 사흘째 계속되던 7월 19일 오후 6시 무렵, 전방 쪽으로 강한 폭풍우 구름이 몰려오고 있었다. 범선으로 폭풍우 앞으로 돌진한다는 것은 매우 위험했다. 그러나 선택의 여지는 없었다. 미국의 헐 선장은 영국 전함들이 자신이 취하는 방법들을 똑같이 따라한다는 점을 이용하기로 결정한다. 그는 폭풍우가 좀 더 가까이 다가오자, 폭풍우에 대비하기 위한 것처럼 돛을 모두 접고 뱃머리를 폭풍우 쪽으로 향하게 하라고 지시했다. 콘스티튜션 측의 행동을 목격한 영국 배들로 그와 같은 행동을 취했다. 미국과 영국 전함들은 비바람과 구름에 휩싸이기 시작했다. 콘스티튜션 측의 행동이 영국 배들에게 관측되지 않을 정도로 비바람이 짙어지자 헐 함장은 모든 돛을 올리라고 명령했다. 폭풍우는 콘스티튜션을 11노트의 속도로 45분 동안이나 항진하게 해주었다. 폭풍우가 지나간 후 영국 전함들이 콘스티튜션호를 찾으려 했을 때 미국 전함은 이미 추격이 불가능한 곳까지 달아나 있었다. 영국은 설마 폭풍우 속에서 미국 해군이 돛을 올리고 도망칠 줄은 예상치 못했던 것이다. 사흘에 걸친 추격을 따돌리고 콘스티튜션은 무사하게 보스턴 항으로 귀항했고 이 후 미국의 해군전력으로 큰 활약을 하게 된다. 폭풍우를 이용한 기가 막힌 삼십육계는 해전사의 뛰어난 전술의 역사로 기록된다.

재미있게도 미 해군은 폭풍우 안으로 숨어 전투에서 승리한 또 다른 기록을 가지고 있다. 제2차 세계대전에서의 일이다. 태평양전쟁이 막바지에 이른 1944년 10월, 미국의 더글러스 맥아더[Douglas MacArthur] (1880~1964) 장군은 일본이 주둔해 있는 필리핀의 레이테[Leyte] 섬 상륙에 성공한다. 상륙군이 13만 명이나 되자 일본은 섬 내륙으로 후퇴하여 격렬하게 저항했지만, 전세는 일본에 불리하게 돌아갔다. 이에 필리핀을 사수하기로 결정한 일본은 해군력을 집결시켜 레이테 공격작전에 나섰다. 그러나 문제는 미드웨이 해전[Battle of Midway]에서 주력 항공모함과 숙련된 조종사를 거의 잃은 일본이 항공세력의 절대적 열세를 보이고 있었다는 점이다. 따라서 일본 전함은 미군 함재기 사정거리 밖에서만 기동할 수 있었고, 주력함대의 레이테 만 진입을 위해선 미 기동함대를 유인하는 작전을 펼 수밖에 없었다. 10월 25일 아침 레이테로 향하던 일본 주력 구리다 함대는, 전날 승리로 방심해 있던 미국 제7함대와 우연히 맞부딪친다. 전체 해군력의 열세에도 불구하고 이때는 일본이 국지적으로 전력이 우세했다. 구리다는 미 제7함대에 대한 전면 공격을 개시했고, 마침 바람도 제7함대 쪽으로 불었다. 이 당시 무기기술로, 함재기는 항공모함이 바람을 정면으로 받으며 전속력으로 항진해야만 뜰 수가 있었다. 즉 미군의 함재기를 띄울 경우 일본 함대를 향해 돌격하는 꼴이 되어 버리는 것이다. 함재기가 뜰 수 없는 상황에서, 미국은 일본의 무사시나 야마토 등의 거함을 도저히 당할 수가 없었다. 야마토의 포함은 미군 구축함 3척을 순식간에 격침시켰다. 어쩔 수 없이 제7함대는 함재기를 실은 채 연막을 뿌리며 필사적으로 도망쳤다. 그런데 바다 한가운데 강력한 적란운이 발생하고 있었다. 적란운의 경우 구름범위가 넓고 천둥 번개와 소나기를 내리는 기상특성을 보인다. 제7함대 제독 스프레이그는 과감하게 적란운이 몰고 오는 폭풍우 속으로 항공모함을 이끌고 들어갔다. 갑자기 열대 해양에서 발생한 강한 소나기가 쏟아지면서 제7함대를 빗속에 10분간 숨겨준 것이다. 이 시간 동안 제7함대는 방향을 바꾸어 전열을 재정비할 수 있었다. 꼭 미영전쟁 때의 콘스티튜션호의 폭풍우 속 기동과 비슷하지 않은가?

"신은 우리를 돕는다. 자, 가자!"

스프레이그 제독은 제7함대의 기수를 돌려 일본 함대를 공격한다. 치열한 접전이 벌어지지만 함재기들이 가세하면서 승리는 제7함대쪽으로 기운다. 일본은 전투기들이 미군 함정을 들이받는 일명 '가미카제kamikaze, 神風*' 전술까지 사용하며 필사적으로 싸웠지만 전세를 역전시키지 못한다. 항공력의 뒷받침을 받지 못한 일본은 세계 최대의 전함 무사시가 격침되고, 항공모함 4척, 전함 3척, 순양함 9척, 구축함 11척이 격침되는 처참한 패배를 맛본다. 결국 이 전쟁으로 일본의 해군력은 재기불능의 상태로 빠지게 되고, 레이테 해전은 태평양전쟁 중 일본 해군이 치른 마지막 정식 해전으로 기록된다. 폭풍우의 도움을 받은 미 해군의 대역전승이었다.

미영전쟁은 누구도 확실한 승기를 잡지 못한 채 질질 끌고 있었다. 결정적인 승리는 미국이 차지했다. 열세에 있었던 해상전투에서 미국의 토머스 맥도너 제독이 뉴욕 주 북부의 챔블레인호에서 벌이는 근접 해전에서 승리했다. 1만 명에 달하는 영국군은 해군의 지원을 잃게 되자 캐나다로 후퇴했다. 반면에 1814년 8월 24일 밤, 영국 함대의 원정대가 연방정부의 본거지인 워싱턴 D.C를 공격했다. 워싱턴은 화염에 싸였고 제임스

---

* 제2차 세계대전 때 폭탄이 장착된 비행기를 몰고 자살 공격을 한 일본군 특공대. 가미는 '신(神)', 카제는 '바람(風)'이라는 뜻으로 '신이 일으키는 바람'이라는 뜻이다.

매디슨 대통령은 버지니아 주로 피신했다. 이때 불에 탄 대통령 관저를 보수하면서 벽을 하얗게 칠해서 '백악관White House'이라 불리게 되었다는 이야기는 너무나 유명하다.

 미국과 영국은 서로 양보하라고 요구했다. 프랑스와 나폴레옹 전쟁을 벌이고 있던 영국은 결국 협상에 합의한다. 1814년 12월 벨기에 겐트Gent에서 조약을 받아들였다. 전투는 중지되고 점령지는 반환되었다. 재미있는 것은 평화조약이 체결되었다는 소식이 통신수단의 미약으로 두 달 늦게 전달되었다는 것이다. 미군과 영국군은 루이지애나의 뉴올리언스New Orleans에서 2개월간이나 더 전투를 계속했다. 이때 앤드류 잭슨Andrew Jackson(1767~1845) 장군이 이끄는 미군이 이 전쟁의 지상 전투 승리 중 최대의 승리를 거두었다. 국민적 영웅이 된 앤드류 잭슨은 나중에 미 대통령이 된다.

박명과
코로넬 해전

어릴 적 일이다. 해가 지고 나서 세상이 아주 조금씩 어두워지는 모습이 너무 신기해 들녘에 앉아 서산을 쳐다본 적이 있다. 남아 있던 빛이 완전히 사라지고 나니까 동네가 칠흑 같은 어두움에 잠겨버렸다. 혼자 버려진 것 같은 두려움에 울면서 엄마를 찾았던 기억이 아직도 생생하다. 기상에서는 해가 진 후에도 어슴푸레 빛이 남아 있는 현상을 '박명薄明, Twilight'이라 부른다. 박명 현상은 해가 수평선 밑으로 내려가 땅에는 햇빛이 비치지는 않지만 상공의 공기분자가 산란된 빛을 땅에 비쳐주기 때문에 생긴다. 신문을 밖에서 볼 수 있는 정도의 밝기를 통상박명이라 한다. 태양이 수평선 아래로 $0°$에서 $6°$까지 위치할 때를 말한다. 군사적으로 가장 많이 쓰이는 박명은 해상박명이다. 해상박명은 수평선이 잘 보이지 않을 정도의 밝기로, 태양이 수평선 아래 $6°$에서 $12°$ 사이에 위치할 때이다. 큰 지장 없이 군 작전을 수행할 수 있으며 대개 해진 후 30분부터 1시간까지가 여기에 속한다. 마지막으로 천문박명이 있다. 맨눈으로 6등성의 별을 볼 수 있는 밝기로 태양이 수평선 아래 $12°$에서 $18°$ 사이에 위치할 때다. 우리가 느끼기에 통상박명은 밝고 천문박명은 너무 어둡다. 그러나 해상박명은 어느 정도 식별이 가능하다. 해상박명을 이용해 승리한 해전이 우리나라에서도 있었다. 예전에 SBS 드라마 〈연개소문〉에서 박명을 이용해 승리하는 장면이 나왔다. 수나라의 막강한 해군과 고구려 군의 해상 전투 신이 나오는데, 고건무가 이끄는 고구려 군은 '박명작전'이라는 전술을 이용해 수나라 해군을 물리친다. 그런데 '박명'이 무엇인가. 일출 직전, 일몰 직후 바다 속에서 퍼지는 빛에 의해 주변 사물을 제대로 분간할 수 없는 흐릿한 상태를 말한다. 드라마 〈연개소문〉은 '박명작전'의 파괴력을 수나라 장수의 입을 빌려 말한다.

"오호, 박명이다. 이것이 말로만 듣던 박명이구나."

패전으로 한탄하는 적장의 감탄사로 박명의 위력을 전하고 있다. 역사에서는 어떤 박명작전을 펼쳤는지 기록이 없어 상세한 전투 상황은 알 길이 없다. 그러나 박명을 이용해 기가 막힌 승리를 거둔 전투가 있다. 제1차 세계대전 때 벌어진 코로넬 해전[Battle of Coronel](1914.11)에서다.

제1차 세계대전 때 독일의 태평양전대는 막시밀리안 폰 슈페[Maximilian Graf von Spee] 제독이 지휘하는 6척의 순양함으로 구성되어 영국의 상선이나 함대를 파괴하는 작전을 수행하고 있었다. 영국은 눈엣가시인 독일의 슈페 제독을 응징하기로 했다. 영국 해군은 남아메리카 지역 사령관이었던 크래독[Cradock] 해군소장에게 독일 함대를 공격할 것을 명령했다. 영국 해군은 장갑순양함 굿호프[HMS Good Hope]와 몬머스[HMS Mammouth], 경순양함 글래스고[HMS Glasgow], 무장상선 온타리오[Ontario], 구식 전함 캐노퍼스[Canopus]를 동원하기로 결정했다. 이 중 캐노퍼스는 포클랜드[Falkland]를 출발하여 칠레 쪽으로 오다가 엔진 문제로 속도가 늦어져 합류하지 못했다. 캐노퍼스는 독일 함정보다 사정거리가 긴 12인치 함포를 가진 함정이었기에 영국 전력으로는 큰 손실이었다. 증기기관을 가진 장갑순양함 굿호프는 건조 당시에는 최고속 함정이었다. 크래독 제독은 영국 전함 중 가장 빠른 함정인 굿호프를 기함으로 정했다.

박명을 이용한 코로넬 전투를 소개하기 앞서 당시 동원되었던 전함에 대한 소개를 해 보겠다. 먼저 순양함이다. 순양함巡洋艦, cruiser은 단독으로 전술 임무를 수행할 수 있도록 설계된 군함에서 시작되었다. 전열함의 경우는 대규모 해전을 대비하여 대구경 화포를 다수 탑재하고 승조원의 수도 대단히 많으므로, 실제로 해전 상황이 아닌 경우에 투입하는 군함으로는 무리가 많았다. 따라서 적당한 무장과 승조원을 갖추고 장거리 임무를 수행하기 위한 목적으로 운용하는 군함이 필요하게 되었으며, 이 목적에 맞추어 만들어진 함정이 순양함이다. 해전 역사에서 전열함이 발전하는 것과 동시에, 순양함도 발전하게 된다. 거함거포주의 하에서도 함대결전을 목적으로 하는 전함과 달리 순양함은 단독 항행으로 통상 파괴전을 수행하거나 전함의 보조 임무를 수행하는 등 다양한 목적으로 운용되었다. 그러나 제2차 세계대전 이후, 항공모함전단이 주도하는 미국 해군과 구축함 사이에서 순양함의 존재는 미미해졌다. 우리나라는 현재 이지스 순양함을 운용하고 있다.

두 번째가 장갑순양함armoured cruiser이다. 장갑순양함은 순양함의 일종으로 양측의 장갑에 의해 방호되며, 방호순양함의 특성인 갑판과 석탄창고의 방호도 갖추고 있었다. 장갑순양함은 1873년경에 서양의 큰 규모의 해군에서 등장하기 시작했고, 1908년까지 계속 제작되었다. 장갑순양함은 배를 보호하는 장갑과 더불어 구경 8인치 정도의 주포를 장착하고 20노트 이상의 속도를 내는 전함이었다. 당시 구경 12인치 주포 4문을 장착하고 10노트 후반대의 속도를 내는 전함과 비교하면 화력면에서 비교적 열세, 속도면에서 비교적 우세인 함정이었다고 판단하면 된다. 장갑순양함이 가장 활약했던 해전이 러일전쟁의 '쓰시마對馬 해전(1905.5)'과 제1차 세계대전의 '코로넬 해전'이었다. 러일전쟁 때 쓰시마 해전에서 전함의 수에서 8 대 4로 뒤지던 일본 해군은 장갑순양함들을 일선에 내세워 러시아 발트함대의 전함들과 맞서 승리를 했던 함정이기도 하다. 이 당시는 주요 전투함의 역할을 했고, 다른 전투에서는 중요한 지원 업무를 수행하는 임무를 맡았다. 독일의 경우에는 장기간 통상파괴목적으로 많은 순양함을 만들었는데, 그중 장갑순양함 샤른호르스트와 그나이제나우의 경우는 포클랜드에서 순양전함이라는 임자를 만나기 전까지는 태평양과 대서양에 걸쳐 근처의 통상을 얼어붙게 한 대활약을 펼치기도 했다. 이후 장갑순양함은 순양전함으로 업그레이드되어 2차대전에 투입된다.

세 번째가 경순양함이다. 경순양함은 1차대전의 전함-순양전함-순양함-구축함 체계에서 함급이 파생되면서 순양함에서 갈라져 나온 함급이다. 주로 만재배수량 2,500~8,000톤까지 다양한 배수량을 갖추고 있으며, 국가별로 차이가 나지만 대략 100mm급의 측면 방호력과 주로 8인치 미만의 중소 구경의 다연장함포를 여러 개 장착한다. 경순양함의 역할은 함대에 접근하는 구축함을 저지하여 어뢰로부터 보호를 하는 원래의 역할을 할 뿐만 아니라 2차대전에선 함대 방공함 역할을 하고, 제한적인 대잠 능력을 가지고 대잠역할을 했다. 항공모함 호위 역할을 하고 일본의 경우 어뢰를 그득 싣고 다니는 속칭 '어선'으로 역할도 수행한 함급을 말한다. 최근에 와서 경순양함이라고 하는 것은 쉽게 말하면 작은 순양함을 말한다. 순양함은 구축함과 비교했을 때 그 크기가 상당히 큰 편이다. 순양함보다 큰 군함은 항공모함이 유일하다. 따라서 항공모함을 위협할 정도로 큰 규모의 순양함을 중순양함, 만재 배수량이 구축함에 가까운 순양함을 경순양함이라고 불렀다.

이 네 번째가 무장상선$^{Q\ Ship}$이다. 무장상선은 1차대전 때 영국이 독일의 잠수함을 격침시키기 위해서 만들어낸 함종이다. 1차대전 초기 무제한잠수함전이 있기 전에 독일의 잠수함들은 상선을 만나면 정지시키고 그 상선을 조사한 후 적국의 함선이면 침몰시키는 방법을 썼다. 그래서 영국은 일반상선을 개량해서 위장 무장선을 만들어내게 되었다. 초반에는 제법 전과를 기록했지만 나중에는 이것이 알려서 오히려 유보트의 공격을 받았고 독일의 무제한잠수함전의 이유가 되기도 했다.

1914년 10월 29일, 영국 해군은 칠레의 코로넬 앞바다 근처에서 독일 경순양함과 보급선간의 통신을 가로챘다. 독일 함대의 위치를 알게 된 영국 함대는 독일 함대를 향해 출발했다. 당시 영국의 가장 큰 문제는 함정의 노후와 함께 전투 경력이 있는 승조원들이 거의 없다는 점이었다. 기함이었던 굿호프는 전투 경력이 없는 신병과 신임장교로 가득했다. 장갑순양함 몬머스는 배수량에 비해 장갑이 부실한 데에다 속도도 느렸다. 온타리오는 전투용으로 설계되지 않아 겨우 4.7인치 함포로 무장한데다 장갑도 없었다. 경순양함 글래스고 한 척만이 신형 함정으로서 독일 경순양함에 비해 긴 사거리의 함포를 가지고 있었다. 이에 비해 독일의 전함들은 영국 전함보다 작고 사거리도 짧았지만 기동성이 뛰어난 최신전함이었다.

11월 1일 16시 30분, 영국 경순양함 글래스고가 독일 경순양함 라이프치히Leipzig의 연기를 발견했다. 이어 뒤따르는 독일 장갑순양함을 발견했다. 슈페 제독이 이끄는 독일 함대는 장갑순양함 샤른호르스트, 그나이제나우, 경순양함 라이프치히와 드레스덴의 순서로 전열을 이루고 있었다. 이에 맞서는 영국 함대의 전열은 장갑순양함 굿호프, 몬머스, 경순양함 글래스고, 무장상선 온타리오 순이었다.

"박명을 이용한 전투를 한다. 모든 전함은 최고의 기동속도로 영국 함대를 서쪽에 두고 동쪽으로 침로를 바꾸도록."

영국 전함을 발견한 슈페 제독의 지시로 재빨리 기동한 독일 전함은 지는 해를 바라보는 위치에 있게 되었다. 통상 어느 전쟁에서건 해를 바라보고 싸우는 쪽이 대단히 불리하지만 이때는 그 반대의 결과가 나왔

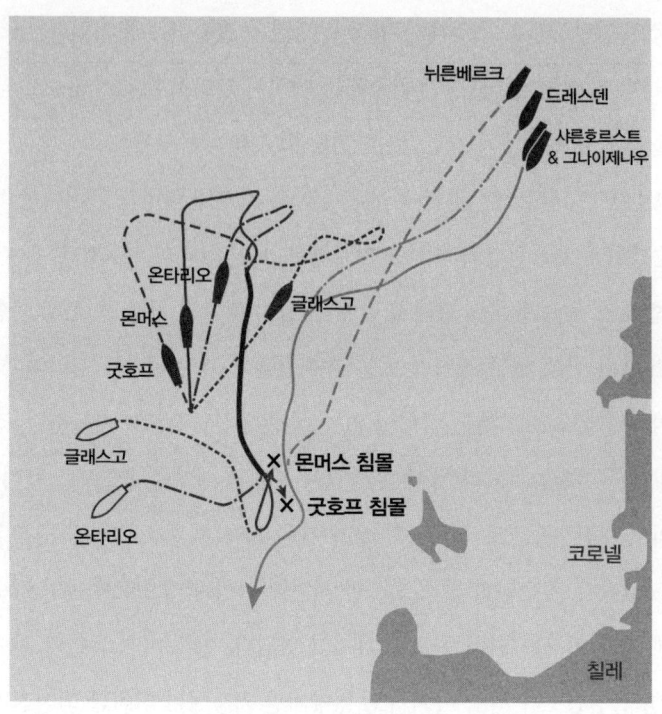

코로넬 해전 시 전함 기동도(1914년 11월 1일)

다. 해가 수평선 아래로 내려가고 해상박명 시간이 다가오자 독일 함대는 함포 사정거리 안으로 접근했다. 19시 30분경 1만 1,400야드 거리까지 접근한 독일 함대는 영국 함정을 향해 포격을 시작했다. 저녁놀과 박명으로 영국 순양함의 그림자艦影가 독일군의 눈에는 너무나 잘 보였다. 서쪽의 석양을 끼고 있는 영국 함대는 실루엣이 잘 드러나는 데 반해, 반대편의 독일 함대는 어둠에 싸여 잘 보이지 않았다. 독일 포수들은 조준을 해서 사격할 수 있었던데 반해 영국 함대의 포수들은 독일 전함이 보이지 않으니 함포의 사격 불빛을 보고 어림잡아 조준을 해야 했다. 승부는 불 보듯 뻔했다.

독일 전함의 포격으로 영국의 기함이었던 굿호프의 앞부분 9.2인치 포탑이 날아갔다. 몬머스의 포탑도 날아갔다. 일방적인 전투로 위기에 몰린 영국 전함들은 갈팡질팡했다. 영국의 온타리오호가 도망치자 온타리오와 교전을 벌이던 뉘른베르크가 돌아와 글래스고를 공격했다. 9.2인치 포가 날아간 영국의 굿호프 장갑순양함은 남은 6인치 포로 싸우기 위해 독일 전함과 5,500야드 거리까지 진출했지만 독일의 슈페 제독은 이를 허용하지 않았다. 19시 50분, 전투가 벌어진 지 20분도 채 지나지 않아 영국의 기함인 굿호프는 탄약고 폭발로 침몰하고 말았다. 몬머스 역시 집중적인 포격에 침몰했다. 많은 포탄을 맞고 나서 글래스고와 온타리오만이 죽어라 도망쳐 겨우 살아남았을 뿐이다.

영국 해군은 독일 해군과의 첫 함대함전투에서 1만 톤급 장갑순양함 2척과 1,600여 명의 인명을 잃는 뼈아픈 손실을 당했다. 반면에 독일은 3명이 부상당한 정도의 거의 완벽한 승리를 거두었다. 기민한 전술기동으로 우세한 위치를 점유하여 박명이라는 특수한 기상현상을 이용한 승리였다.

명철한 자는 모략(謀略)을 얻고 승리할 것이라고 잠언은 말한다. 독일의 슈페 제독은 얄밉도록 지혜롭고 명철한 장군이었다. 남들이 생각하기 힘든 방법인 박명을 이용해 전투에서 승리하는 멋진 기록을 남겼으니 말이다.

제2의 나폴레옹을 꿈꾸다,
알프스 전쟁

 사람들은 세계적인 지휘자 토스카니니가 '전형적인 이탈리아인 기질'을 타고났다고 말한다. 그는 성질이 불같아서 걸핏하면 지휘봉을 부러뜨리고, 악보를 집어던졌다고 한다. 이성적이기보다 감성적인 특성을 가진 것이 이탈리아인이라는 뜻이다. 이런 기질은 수많은 장점에도 불구하고 이성적으로 접근해야 할 때 의외의 손해를 보는 경우가 많다. 제1차 세계대전 당시 이탈리아와 오스트리아의 전쟁에서 우리는 이탈리아인의 이성적인 사고가 부족한 기질을 엿볼 수 있다.

 제1차 세계대전이 발발할 무렵 이탈리아는 오스트리아·독일과 동맹을 맺고 있었다. 그러나 영국과 프랑스 등 연합국이 영토를 떼어주겠다고 꼬이자 이탈리아가 연합군 편으로 넘어갔다. 이에 따라 알프스를 국경으로 맞닿아 있던 오스트리아와 이탈리아는 전쟁을 피할 수가 없었다. 여기에 이탈리아의 정예 산악부대를 지휘하고 있는 사령관들은 오스트리아의 인스브루크Innsbruck를 점령하고 싶은 꿈을 가지고 있었다고 한다. 드디어 1915년 이탈리아는 오스트리아를 침공했다. 이탈리아군 총사령관은 카도르나Cadorna 장군으로 전력의 절대적 우세로 인해 전쟁이 일방적으로 끝날 것으로 생각했다. 그는 먼저 아드리아 해를 해방시키고 곧 이어 알프스 산맥을 넘어 오스트리아를 점령하기로 했다. 카르도나 장군은 작전 계획 하나 세우지 않고 오스트리아를 공격했다. 그는 자기들의 병력이 압도적이라는 것에 취해 있었다. 알프스 산맥의 지형과 날씨에 대한 연구도 대비도 전혀 없었다. 공격루트 결정에 있어서도 감성적이었다. 알프스 산맥의 높은 산을 우회하여 공격하기보다는 오스트리아가 방어하는 높은 산을 택해 공격한 것이다. 당시 이탈리아 장군들은 나폴레옹처럼 알프스 산을 넘는 승리야말로 가장 뛰어난 전리품이라고 생각했다. 이제 이탈리아의 정예 산악군단이 진격하면 오스트리아의 농민군은 달아날 것이었다. 이탈리아가 80만 명의 군대가 있었던데 반해 오스트리아는 1만 7,000명의 예비병력과 군사훈련이라고는 받아본 적이 없는 2만 4,000명의 농민으로 구성된 45개 지역수비대뿐이었다. 병력 수에서 20 대 1, 화력 면에서도 10 대 1로 이탈리아가 우세했다. 상식적으로 도저히 싸움이 될 수 없는 상태였다.

"적군이 우리의 땅을 밟으면 / 악마라 할지라도 / 우리 총이 가만있지 않을 것이다 / 우리가 모두 죽을 때까지."

오스트리아인은 아무리 병력이 적고 무기가 열악해도 절망하지 않았다. 이탈리아군은 정규군이었으나 오스트리아군은 대부분 자발적인 징집병이었고 극소수만 정규군이었다. 이들은 자신의 국가, 고장을 수비하겠다는 애국심 하나로 뭉쳤다. 마을마다 중대를 구성하고, 여인숙 주인이나 마을 시장을 중대장으로 선출했다. 평상시에 쓰던 사냥총을 꺼내 들고, 지역수비대의 군가를 부르며 전쟁터로 나갔다. 시민과 농민들로 구성된 오스트리아군의 저항은 집요했다. 그들은 제대로 방어할 수 있는 참호나 벙커도 없었음에도 영웅적으로 이탈리아의 정예산악군단을 막아내고 있었다. 이들의 방어벽은 상상할 수 없을 정도로 강했고 다 죽을 때까지 단 한사람도 후퇴하지 않았다. 산악의 특성상 이들이 전투를 하기 위해 이동하는 것은 목숨을 거는 일이었다. 수직암벽에 매단 로프를 타고 오르거나 암벽 사이로 지나가야만 했다. 이들은 이탈리아 저격병의 좋은 표적이 되었다. 어쩔 수 없이 작업을 하거나 이동해야 할 때는 안개가 끼는 새벽에 주로 했다. 역사가들은 알프스 산맥에서 벌어진 이 전투를 '바위와 얼음 속의 전선'이라고 부른다. 이곳에는 눈과 빙하와 바위밖에 없었느니 말이다. 여름인데도 1미터까지 쌓이는 엄청난 눈은 오스트리아 제국군이나 이탈리아군에게 힘들기는 마찬가지였다. 이들이 전투를 쉬는 날은 눈이 내리는 날이었다. 놀랍게도 이해는 한여름에도 눈이 내렸다. 7월인데도 고지대 목장과 계곡에는 함박눈이 펑펑 내려 쌓였다. 초반에 오스트리아 병사들의 희생이 많았던 것은 산악전투의 특성을 잘 몰랐기 때문이다. 이탈리아군은 알프스 산맥에 설치된 진지에서 오스트리아군 진지를 향해 쉬지 않고 포를 발사했다. 산 정상에서 폭발한 포탄의 여파로 엄청난 산사태가 발생하곤 했다. 눈덩이는 비탈길을 내려오며 몇 십 배로 엄청나게 커졌고, 나중에는 시속 280킬로미터에 이르렀다. 눈사태보다 먼저 덮치는 것이 폭풍이었다. 폭풍의 위력은 대단해서 참호들이 깨끗이 사라졌고 막사들은 휩쓸려 내려갔다. 병사들은 산 아래로 날아갔으며 아포나 시설물도 공중분해되어 버릴 정도였다. 오스트리아로서도 무수한 피해를 피해갈 수 없었다.

이탈리아와 오스트리아 국경을 형성하고 있는 알프스에는 무수한 산이 있었다. 그러나 당시 전투가 벌어졌던 산들은 베르넬 산, 메초디 산, 마르몰라다 산, 시에프 산, 콜디라나 산, 카스텔로 산, 토파나 산, 필차레고 산이었다. 1915년 이탈리아는 승리를 낚아채기 위해 최정예 산악군단인 알피니^{Alpini} 군단을 콜디라나 산 정복에 투입했다. 알피니 군단의 24개 정예대대는 전략적 가치가 거의 없는 산 정상을 탈환하기 위해 "돌격 앞으로"를 외치며 가파른 비탈을 기어 올라갔다. 그러나 빗발치는 포탄 속에서 오스트리아군은 필사적으로 저항했다. 오스트리아군에게 가장 큰 힘이 되었던 것은 날씨였다. 바로 눈사태였다. 강력한 눈사태로 1915년 6개월 동안 콜디라나 산에서 사망한 이탈리아 병사들의 공식적인 수치는 다음과 같다. '부상 장교 199명, 사망 장교 104명, 작전 중 실종 장교 14명, 부상 사병 5,160명, 사망 사병 1,050명, 작전 중 실종 사병 435명.' 여기서 실종은 눈사태로 파묻힌 병력을 말한다. 1916년 2월이 되어 다시 공격에 나선 이탈리아군은 이번에는 또 다른 눈사태로 314명의 병력을 알프스에 묻었다. 모두가 사망, 아니면 실종이었다. 부상 같은 것은 없었다. 적의 총에 맞아 사망하는 경우도 거의 없었다. 대부분은 산사태에 파묻히거나 낙석에 맞아 죽었다. 낙빙도 사망원인 중 하나였다. 실종병사가 많은 것은 눈사태에 묻혀서 시체조차 찾을 수 없었기 때문이다. 알프스 산맥에서는 지금도 매달 몇 십 명의 병사가 썩지도 못한 채 발견되고 있다. 당시의 알프스 전투가 얼마나 처참했는지를 잘 보여주는 사례다.

콜디라나 산 전투에서 얼마나 많은 희생자가 나왔는지, 전투가 끝난 후 이탈리아군은 이 산을 '피의 산'으로 불렀을 정도다. 최정예 산악 전문병력을 투입했음에도 1년 동안 단 한 발자국도 전진하지 못하자 이탈리아는 초조해졌다. 이탈리아는 새로운 전투방식을 채택했다. 1915년 11월 7일 이탈리아의 포대가 콜디라나 산의 정상에 엄청난 포격을 가했다. 참호 안에 있던 오스트리아 병사들은 날아드는 돌조각에 맞아 부상당하고 죽었다. 이탈리아의 알피니 부대가 산을 기어 올라와 백병전이 벌어졌다. 마지막 한 사람까지 다 죽은 다음에 콜디라나 산은 이탈리아에 점령되었다. 문제는 산 정상을 이탈리아에 빼앗긴다면 아래 골짜기에 있는 오스트리아 사람들의 목숨이 위험했다. 오스트리아 수비대의 콘스탄틴 대위는 움직일 수 있는 사람을 모두 불러모아 다시 콜디라나 산으로 올라갔다.

무수한 희생으로 산 정상에서 이탈리아 알피니 부대를 격파했다. 콜디라나 산 점령에 실패한 이탈리아는 마지막 극약처방을 한다. 오스트리아 진지 아래에 있는 산을 뚫기 시작한 것이다. 이들은 갱도 끝에 5톤의 폭약을 채워 넣었다. 이들이 터뜨린 폭약으로 콜디라나 산 정상은 산산조각이 났다. 150여 명에 달하는 오스트리아 저격병들은 흔적도 없이 사라졌고 오직 한 병사만이 극적으로 탈출했다. 이제 전투 지역은 오르틀러 지역으로 옮겨졌다. 그곳에서는 오스트리아군이 치마디캄포$^{Cima\ di\ Campo}$(해발 3,480미터) 산과 쾨니히슈피체^{Königspitze}(해발 3,800미터) 산을 점령하고 있었다.

1916년 8월 14일, 이탈리아의 알피니 부대는 산악용 대포를 당나귀 행렬을 앞세우고 팔차레고^{Falzarego} 고개를 오르고 있었다. 한낮에 엄청난 소나기가 쏟아졌다. 소나기가 끝난 후 다시 진격하려고 하는데 갑자기 산이 울리는 소리가 들렸다. 집채만 한 바위들이 병사들과 당나귀를 강타하더니 산허리 전체가 무너져 내려 병사들의 대열을 덮쳤다. 이날의 산사태로 248명의 병사와 14문의 대포가 골짜기 아래로 휩쓸려 내려갔다.

1916년 12월 13일에는, 눈사태로 인해 오스트리아 제1대대 274명의 장교와 사병들이 눈 속에 묻혔다. 이들은 그날의 첫 희생자들이었다. 이 비운의 날에 이루 헤아릴 수 없는 많은 이탈리아와 오스트리아의 병사들이 죽었다. 모두 엄청난 눈사태의 희생자였다.

이탈리아는 3년이라는 세월 동안 엄청난 병력과 장비의 손실에도 불구하고 아무것도 얻은 게 없었다. 영토를 한 뼘도 넓히지 못했다. 날씨와 지형이 그렇게 결정했던 것이다. 알프스 산꼭대기에서 벌어진 전투에서 발생한 사망자의 3분의 2는 날씨 때문이었다.

1917년 10월 이탈리아와 오스트리아 전쟁에 독일이 개입했다 독일은 카포레토 전투$^{Battle\ of\ Caporetto}$에서 이탈리아군을 패퇴시켰다. 이탈리아가

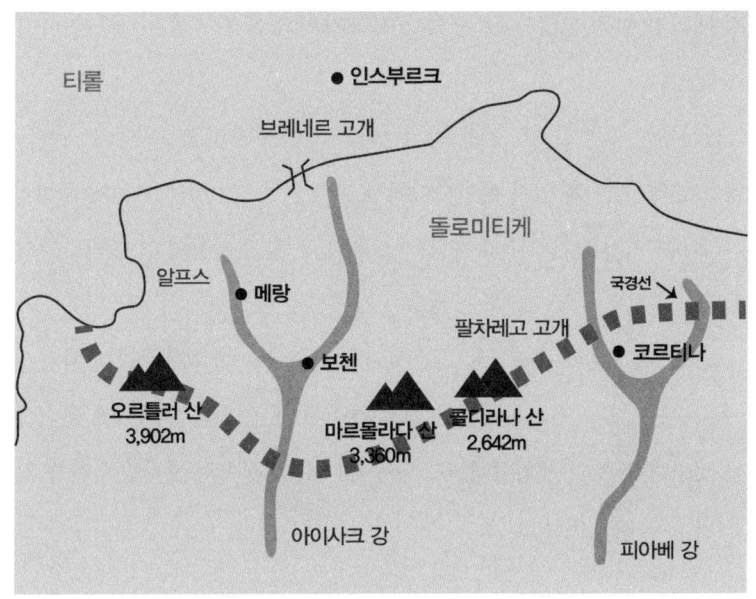

알프스 전쟁 때의 산악 지형도

20만 명의 병력을 잃고 110킬로미터나 후퇴하면서 이탈리아와 오스트리아 알프스 산꼭대기 전쟁은 막을 내린다.

도대체 이 전쟁에 엄청난 영향을 준 눈사태와 산사태는 왜 생기는 것일까?

"며칠 동안 푄(산에서 불어내리는 건조하고 따뜻한 바람)이 불어왔다. 기분이 나쁜 무언가 일어나고 있다는 느낌이었다."

알프스 전쟁에 참전했던 이탈리아군 병사의 일기처럼 따뜻한 바람은 눈사태를 불러온다. 눈사태는 경사면에 쌓인 눈이 중력을 이기지 못하고 흘러내릴 때 발생한다. 날이 풀리면서 며칠간 포근한 날씨가 계속되면 쌓인 눈이 녹기 시작한다. 이때 눈 녹은 물이 지면까지 스며든 상태에서 다시 갑자기 추워지면 상부의 눈은 얼어붙게 된다. 이런 얼음 형태의 눈은 중력이 증가하는데 반해 하부의 녹은 눈은 약간의 충격만 있어도 미끄러져 내리기 쉬운 상태가 된다. 즉 눈사태가 발생할 가능성이 매우 높아지는 것이다.

산사태는 집중호우로 인해 발생한다. 집중호우가 내릴 때 땅에 스며든 많은 양의 비는 흙 입자 사이사이에서 간극수間隙水의 형태로 존재하는데, 산사태는 이러한 간극수의 부력浮力으로 인해 흙 입자간의 결속력이 약해지면서 경사면이 붕괴되어 발생하는 것이다.

알프스전쟁에서 우리에게 가르쳐 주는 것은 무엇일까? 사람이 사람을 이길 수는 있다. 그러나 자연의 힘과 마주칠 때, 인간은 무기력할 뿐이라는 것이다. 전투의 계획단계에서 날씨와 자연을 철저히 고려해야 하는 것은 바로 이 때문이다.

제2의 칸나이라 불리는
타넨베르크 전투

군인들에게 최고의 보상은 무엇일까? 훈장이 아닐까한다. 군인은 무엇보다 명예를 먹고사는 집단이다. 따라서 다른 무엇보다도 전공을 세우면 받고 싶은 것이 훈장인 것이다. 공산주의 국가의 군인들 정복을 보면 훈장을 주렁주렁 매달고 나오는 모습을 볼 수 있다. 경제력이 약하다 보니 보상 수단으로 훈장을 무더기로 준다. 돈 없이 군인들을 목숨을 아까워하지 않고 죽게 만드는 것이 훈장이라는 말도 그래서 나왔다. 독일이 제2차 세계대전 당시 수백만 명의 병사들에게 훈장을 주었던 것도 이런 이유다.

세계에서 최고로 치는 훈장이 미국의 금성무공훈장이라고 한다. 이 훈장을 받은 사람이 자랑스러워하는 것은 그만큼 희소성이 있기 때문이다. 그런데 미국의 금성무공훈장보다 더 희귀한 훈장이 있다. 독일의 철십자훈장 Eisernes Kreuz 이다. 샘 페킨파 감독이 만든 영화 〈철십자훈장 Cross of Iron〉 (1977년)에서 주인공 슈타이너 상사가 찬 훈장이 바로 철십자훈장이다.

철십자훈장은 1813년 처음 만들어져 나폴레옹 전쟁, 프랑스-프로이센 전쟁, 제1차 세계대전, 제2차 세계대전 동안 가장 큰 전공을 세운 독일군인에게 주어져왔다. 그런데 철십자훈장도 다 같은 격은 아니다. 제1차 세계대전 당시 철십자훈장은 이등십자훈장·일등십자훈장·대십자훈장

파울 폰 힌덴부르크

의 세 등급이 있었는데, 재미있게도 대십자훈장에 별 모양을 더한 특별 훈장을 하나 더 만들었다. 이 훈장은 독일 역사상 단 2명만 받았다. 나폴레옹을 격파한 프로이센의 블뤼허$^{Gebhard\ Leberecht\ von\ Blücher}$(1742~1819) 원수와 파울 폰 힌덴부르크$^{Paul\ von\ Hindenburg}$(1847~1934) 원수다. 그만큼 위 두 사람은 독일의 최고 명장으로 인정을 받은 것이다. 타넨베르크$_{Tannenberg}$ 전투에서 독일군의 사령관으로 러시아군을 격멸한 장군이 바로 힌덴부르크이다.

제1차 세계대전이 일어나자 독일은 슐리펜 계획을 기본으로 전쟁을 수행했다. 이 계획은 막강한 독일의 군사력을 서부전선에 투입하여 프랑스를 6주 안에 항복시킨 후 병력을 동부로 이동시켜 러시아를 정복한다는 계획이었다. 이 계획의 밑바탕에는 러시아가 병력동원에 많은 시간이 소요될 것이라는 판단에서였다. 독일군은 슐리펜 계획대로 서부전선을 압도했다. 그런데 예상치 못한 일이 발생했다. 러시아가 재빠르게 군사를 동원해 독일을 공격해 온 것이다. 러시아는 질린스키 휘하의 제1집단군으로 동프로이센을 공격하고 제2집단군은 슐레지엔^{Schlesien}을 공격했다. 러시아의 공격을 유도한 것은 독일이었다. 러시아가 포진한 동부지역으로는 아무 걱정도 하지 않고 다수의 병력을 서부전선(특히 프랑스 북부를 통과하는 우익)에 투입한 것이 원인이었다. 러시아로서도 독일 병력이 동부에 없다는 것을 뻔히 알고 있었기에 과감하게 공격에 나섰던 것이다.

예상대로 독일군은 강력한 군사력을 앞세워 서부전선을 압도해나갔다. 그러나 동부전선에서는 서부전선과는 반대로 러시아군의 공격을 받으면서 어려움을 겪게 되었다. 러시아는 두 집단군으로 독일의 심장부를 일거에 노리는 계획을 수립하고 공격해 온 것이다. 당시 독일의 동부전선에는 11개의 보병사단과 기병 1개 사단으로 이루어진 제 8군만이 독일을 지키고 있었다. 동프로이센으로 진격해 들어오는 러시아의 1집단군의 전력은 보병 30개 사단과 기병 8개 사단으로 구성되어 있었다. 객관적인 전력에서 독일은 러시아의 4분의 1 수준이었다.

전투는 1914년 8월 18일 시작되었다. 러시아 제1군은 렌넨캄프Rennencamnv가 지휘하고 있었는데 최초의 전투에서 독일 제8군은 러시아의 공격을 막아내는데 성공한다. 그러나 독일은 제17군단의 패배로 막대한 타격을 받았다. 독일 제8군 사령관은 후퇴하여 지원부대를 기다려 러시아와 전투하기로 결정했다. 독일 군부는 경악했다. 지금 서부전선에 총력을 기울여도 부족한 판에 동부전선까지 많은 병력을 보낼 수는 없었다. 그런데 제8군 사령관이 지원을 요청한 채 싸우려 하지 않는다는 소식을 들은 독일군 지휘부는 제8군 사령관을 해임했다. 그리고 명장 힌덴부르크를 사령관으로 임명하고 후에 서부전선의 사령관이 되는 루덴도르프Erich Friedrich Wilhelm Ludendorff(1865~1937)를 참모장으로 임명하여 급파하게 된다. 그리고 6개 군단(서부전선의 2개 군단이 먼저 파견되고 후에 4개 군단을 더 지원하기로 했다)을 추가로 동부로 증파하기로 결정했다. 당시 67세의 노장으로 은퇴했던 힌덴부르크는 조국을 위해 기꺼이 다시 참전한다. 그는 초급장교 시절부터 장차 러시아와의 전쟁을 예상하고, 러시아를 깊이 연구했다. 만약 전쟁이 일어나면 타넨베르크가 주 전쟁터가 될 것이라 생각하여 제대 후에도 장화를 신고 현장을 일일이 답사했다고 한다. 그때 이미 그의 머릿속에는 어디서 어떻게 싸울 것인지에 대한 전략이 수립되어 있었던 듯싶다.

힌덴부르크와 루덴도르프. 1917년.

러시아는 먼저 제1집단군으로 공격해왔다. 제1집단군 예하에는 제1군과 제2군이 있었는데, 제1군은 파벨 렌넨캄프가, 제2군은 삼소노프가 지휘하고 있었다. 이들은 중앙에 위치한 마수리아^{Masuria} 호수 양편을 평행선을 그리며 진격하고 있었다. 만일 이들이 합류하여 독일군을 포위한다면 동부전선이 무너질 가능성이 있었다. 힌덴부르크는 사령관으로 부임하자마자 중차대한 결정을 해야 했다. 참모장인 호프만 대령의 조언을 받아들인 것이다. 호프만 대령은 독일의 증원군을 기다리지 말고 공격해야 한다고 주장했다. 러시아 제1군을 독일군 제1기병사단이 봉쇄하는 동안 제8군의 나머지 전 병력을 동원하여 삼소노프의 제2군을 포위해 격멸하자는 것이었다. 그 이후 제1군을 공격하면 승리는 따 놓은 당상이라는 것이었다. 그의 논리는 정연했다. 바로 러시아의 제1군과 제2군의 사령관인 렌넨캄프와 삼소노프의 개인적인 원한을 이용하자는 것이었다. 이 두 장군은 러일전쟁에 같이 참전하여 전투를 벌였다. 그런데 삼소노프는 코사크사단을 거느리고 옌타이의 탄광을 지키는 임무가 주어졌고 렌넨캄프는 삼소노프를 엄호하는 역할이었다. 일본과 전투를 벌이는 중에 삼소노프의 부대가 일본군에게 포위당했다. 당연히 렌넨캄프가 도와주어야 했음에도 그는 지원을 하지 않았다. 물론 삼소노프의 군대는 치명적인 패배를 당했다. 전투가 끝난 후 두 장군은 기차역에서 우연히 마주치게 되었다. 렌넨캄프가 뒤통수를 쳤다고 생각한 삼소노프가 렌넨캄프의 뺨을 후려쳤다. 열 받은 렌넨캄프가 맞받아치면서 장군으로는 꼴사납게도 둘은 진흙탕 속에서 구르면서 싸움을 벌이는 추태를 보였다. 그런데 공교롭게도 이 광경을 독일의 참모장인 호프만 대령이 구경하게 되었다. 호프만 대령은 두 장군이 절대로 서로를 도와주지 않을 것으로 확신했다. 따라서 증원군이 올 때까지 기다리기 보다는 먼저 치고 나가자는 전략을 조언한 것이다.

힌덴부르크 장군은 호프만 대령의 조언을 받아들여 과감한 작전을 결정한다. 현 병력, 즉 제8군만으로 러시아의 제1군과 제2군을 각개격파하기로 결정한 것이다. 두 부대를 동시에 대적하기에는 전력이 부족했지만 각 군을 분리해서 싸우면 승리할 수 있다고 생각한 것이다. 독일은 러시아 제1군을 독일군 제1기병사단이 봉쇄하게 했다. 다음에 모든 병력을 동원하여 삼소노프의 제2군을 포위해 격멸하기로 한다. 이때 독일군이 러시아 제2군을 유인한 곳이 바로 타넨베르크였다. 이 지역은 바르샤바 북쪽으로 삼림과 늪지가 많은 곳이며 여름철에 비가 자주 내리고 습기가 높아 행군하기에 매우 어려운 곳이다. 이 지역의 지형에 정통한 힌덴부르크는 결국 러시아군을 유인하여 빠져나갈 수 없도록 그물 안에 가두는 데 성공한다. 그러나 지나친 자신감으로 너무 서둘렀던 것이 화근이었을까? 안개가 완벽한 승리의 방해 요소로 작용한다. 러시아군의 병참선을 차단하고자 1개 사단을 밤중에 출동시켜 다음 날 새벽 기습적인 일격을 가하려 했지만, 그날 밤 타넨베르크 지역에 지척을 분간할 수 없는 짙은 안개가 낀 것이다. 당시 이 지역에 낀 안개는 어떤 안개이었을까? 새벽이 되면 지표면은 냉각으로 인해 급격히 차가워 지지만 비열이 큰 호수의 물의 온도는 따뜻하다. 호숫가에 끼는 안개는 찬 공기가 따뜻한 수면 위로 움직여 갈 때 발생한다. 이때 수면에서 증발한 수증기는 안개가 짙게 끼는데 많은 도움을 준다. 이 안개의 이름을 기상학적으로는 '증기안개 steam fog'라 부르며 이 안개가 형성되려면 기온과 수온의 차가 상당히 커야 한다. 중위도 지방에서는 늦은 가을이나 봄에 호수나 강 부근에서 잘 발생한다. 짙은 안개와 호수 주변의 진흙탕이 행군을 가로막아 독일군이 목표지점에 도착했을 때는 이미 아침 7시가 넘어버린 상태였다. 해가 뜨고 안개가 걷히면서 정체가 드러난 독일군은 러시아군의 집중포격을 받고 만다. 그러나 러시아의 승리는 더 이상 지속될 수 없었다. 전열을 재정비한 독일군에게 포위된 러시아군은 독 안에 든 쥐나 다름 아니었기 때문이었다. 독일군에게 완벽하게 포위된 러시아군은 독일군의 맹공격에 너무나 무기력하게 쓰러져 갔다.

8월 28일 포위망 안의 러시아군에게 독일의 무수한 야포가 공격했다. 당황한 러시아군은 타넨베르크 습지의 안개 속에서 우왕좌왕하다 쓰러져갔다. 짙은 안개와 호수 주변의 진흙탕에 가로막혀 러시아군은 진퇴양난에 빠졌다. 제2군 사령관 삼소노프는 즉시 제1군 사령관 렌넨캄프에게 지원을 요청했다. 그러나 호프만 대령의 예상대로 렌넨캄프는 제2군을 지원하지 않았다. 전사가들은 만일 당시 제1군이 제2군을 지원하기 위해 움직였다면 예비대가 없는 독일의 포위는 순식간에 허물어졌을 것이라고 말한다. 오히려 독일 제8군이 러시아 제1군과 제2군 사이에서 역포위 당할 수도 있었다. 독일 제1기병사단만으로 18개 사단으로 구성된 러시아 제1군의 이동을 막을 방법이 없었기 때문이다. 제1군 사령관 렌넨캄프는 사적인 감정 때문에 전투를 망쳐버렸다. 타넨베르크 전투가 끝났을 때 독일군은 1만 명의 손실로 러시아군 13만 명을 사살하고 9만 명을 포로로 잡는 놀라운 성과를 얻어냈다. 제2군은 괴멸되었고 사령관인 삼소노프는 권총으로 자살했다. 독일은 이제 모든 힘을 결집하여 러시아의 남은 제1군을 공격했다. 숨 쉴 틈도 없이 렌넨캄프의 제1군을 마수리아 호수로 밀어붙여 다시 한 번 포위한 것이다. 러시아 제1군은 여기서 12만의 병력과 500문의 대포를 잃고 병사 6만이 포로로 잡히면서 괴멸되었다. 단 한 번의 전투로 러시아가 자랑하는 제1집단군이 지구상에서 사라진 것이다.

타넨베르크 전투에서 승패를 가른 요인은 여러 가지가 있지만 러시아의 준비부족이 큰 역할을 했다. 전쟁터에 대한 지도도 없었고, 통신마저 평문으로 통화하는 바람에 독일에 전투정보가 새어 나갔다. 또 한 가지,

타넨베르크 전투에서 포로가 된 러시아군 병사들의 모습. 이때 단 한 번의 전투로 러시아가 자랑하는 제1집단군이 괴멸하고 말았다.

전쟁에서 우리가 배워야 할 것은 제대로 훈련된 병사들이 출전하지 않으면 큰 인명과 물적 피해를 입게 된다는 것이다. 당시 러시아로서는 동부전선 방어에 소홀했던 독일에 타격을 주기 위해 조기 출전이 중요했다. 그러나 훈련도 못 받은 농부들에게 총 한 자루만 쥐어 주고 전투에 나가라고 하는 것은 말도 아니었다. 막상 전투가 벌어지자 농민들은 그저 살기 위해 도망치다가 죽었던 것이다. 반면에 독일군은 장교부터 병사들에 이르기까지 훈련이 잘 되어 있었다. 전력은 열세였을지라도 충분한 전투 준비가 되어 있었기에 승리할 수 있었던 것이다.

이 전투를 통해 우리가 배워야 할 것은 무엇일까? 첫째는 전투에서 승리하기 위해서는 지도부의 일관적인 행동이 필요하다는 것이다. 클라우제비츠는 자신의 저서에서 지휘관은 전장의 상황에 흔들리지 않고 일관적인 판단을 내려야 한다고 말한다. 이는 자신이 사전에 계획한 작전은 충분한 근거하에 작성된 것이므로 시시각각 변하는 전쟁터에 영향을 받아서 이리저리 바뀌면 안 된다는 것이다. 이 전쟁에서는 오랫동안 준비하고 연구한 힌덴부르크의 리더십이 승리를 가져온 원동력이었다. 둘째는 정보력의 차이가 승패를 좌우하는 결정적인 키였다는 것이다. 러시아의 두 장군의 반목을 이용한 독일의 정보판단력, 또 러시아의 무선전신을 이용한 통신을 감청하여 승리에 활용했다는 것도 전쟁사의 한 획이었다. 셋째, 지형을 이용했다는 것이다. 전쟁터를 습지인 타넨베르크를 선택한 것은 이 지역이 행군하기도 또 보급품을 수송하기도 어려운 곳이었기 때문이다. 러시아와 독일의 철로 길이가 틀려 러시아가 철도를 이용하지 못하는 바람에 보급체계가 무너진 것도 하나의 이유이다. 넷째, 날씨를 적극적으로 활용했다. 당시는 8월로 가장 무더운 철이며 습기가 높아 행군하기에는 병사들의 체력소모가 너무 컸다. 힌덴부르크가 진격을 정지하고 재정비하는 제2군보다는 무더위에 습지를 진격해오는 제1군을 공격목표로 세웠던 것은 날씨가 전쟁에 주는 영향을 누구보다 잘 알았기 때문이었다. 결국 정보와 지형과 날씨를 전쟁에 가장 잘 활용한 힌덴부르크의 리더십이 독일 역사상 가장 위대한 승리로 타넨베르크 전투를 꼽게 만든 것이다.

실제 타넨베르크는 주 전쟁터에서 거리가 있었다. 그럼에도 이 전투를 타넨베르크 전투라 부르는 것은 예전에 독일의 튜튼 기사단이 러시아의 슬라브 군대에게 패배한 것을 설욕했다는 의미 때문이다. 러시아는 역사에서 이 전투를 졸다우 전투라고 기록했다.

잔인한 조선인 사냥, 관동대지진

"흑사병을 가져온 것은 유대인과 문둥병자, 그리고 마녀들이다!"

중세 유럽, 흑사병이 창궐하면서 수천만 명이 죽어갔다. 민심은 흉흉했고 폭동이 일어나기 직전이었다. 왕과 귀족들은 유대인들이 우물에 독을 타고 문고리에 독약을 발랐다고 소문을 냈다. 노파들이 마귀를 불러 페스트를 가져왔다고 했다. 민중은 분노했다. 마귀로 몰린 유대인들을 습격해 죽였고, 마녀로 몰린 노파들을 목매달았다. 실제로 페스트는 날씨의 이상변동으로 생긴 것이었다. 그럼에도 많은 사람들이 억울하게 죽어간 것이다. 역사를 보면 정치가들은 간교하게도 나라가 어려워질 때 국민들의 불만을 달래기 위한 희생양을 만들어 낸다. 우리나라 사람도 이런 희생양의 피해를 직접 당한 사례가 있다. 일본을 강타한 관동대지진關東大地震 때다. 일본은 대지진의 참상과 피해의 책임을 한국인에게 돌렸다. 정치인에게 속아 분노한 일본인들이 한국인을 무참하게 죽였다. 말도 안 되는 일이 20세기에 일어난 것이다.

1923년 9월 1일 오전 11시 58분. 가나가와 현神奈川縣 중부에서 사가미 만 동부, 스호 반도에 걸친 일대를 진원지로 한 대지진이 관동지방을 엄습했다. 일본 관동지방에 규모 7.8의 대지진이 일어났다. 이후 여진만

936회에 이를 만큼 지진의 강도는 대단했다. 도시는 삽시간에 불바다가 되고 해안에는 쓰나미가 몰아쳐 왔다. 전신, 전화, 철도를 비롯하여 전기, 수도에 이르기까지 일체의 기간시설이 파괴되었다. 도쿄는 화재로 가옥의 3분의 2가 무너지고 불에 타면서 18시간 만에 초토화되었다. 대화재는 9월 3일까지 계속되면서 가옥 밀집지대를 태웠다. 화재가 얼마나 대단했는가는 뜨거운 불로 기온이 상승하면서 도쿄의 밤 기온이 46도까지 올랐다. 사망자와 행방불명자를 합쳐 10만 600명, 부상자 5만 2,000명, 가옥파괴 69만 호에 달하는 엄청난 재난이었다. 도시는 마비되었고 민심은 흉흉했다.

일본 정부는 한국인에게 죄를 뒤집어씌워 일본인의 불만을 잠재우려는 계략을 세웠다. 당시 일본은 무언가 돌파구를 찾아야 하는 형편이었다. 1918~1922년에 걸쳐 벌어진 시베리아 간섭전쟁*에서의 패배로 국민들의 불만이 높았다. 또 워싱턴회의에서 미국과의 대립이 증대하면서 국제적으로 고립되어 갔다. 국내적으로도 일본공산당이 만들어지면서 사회혼란이 증대하고 있었다. 한국에서도 3·1운동이 벌어지면서 후유증이 만만치 않았다. 일본 정부는 이러한 난국을 타개하고자 사회주의자와 함께 조선인에 대한 대탄압 기회를 엿보고 있었다. 그러던 중에 관동대지진이 발생한 것이다. 일본 정부가 지진의 여죄를 조선인에게 뒤집어씌우기 위한 대책이 어느 정도 마련되었다는 것은 재빠르게 조선인 탄압 대책이 발표되었던 것을 통해 유추해 볼 수 있다. 대지진으로 치안이 무너진 상태에서 폭동이 발생할 것을 우려한 일본 정부는 국민의 불만을 조선인에게 돌리려는 음모를 꾸민 것이다. 마치 로마의 대화재 당시 네로

---

* 적대세력을 약화시키기 위해 그 나라 내부의 혁명·반혁명세력, 식민지 독립운동 등을 원조하는 전쟁 형태. 여기서는 1917년 러시아 혁명으로 성립된 소비에트 정부를 타도하기 위해 미국·영국·프랑스·일본 등 열강이 일으킨 전쟁을 말한다.

황제^{Nero}(37~68)가 기독교인들에게 방화 혐의를 씌우고 그들을 학살한 것과 너무 비슷했다.

지진 발생 후 경시청은 곧 정부에 군인의 출병을 요청했다. 동시에 계엄령 공포와 함께 재난을 책임진 내무대신 미즈노와 경시총감 아카이케 등이 1일 밤 도쿄 시내를 순시했다. 그리고 2일에는 도쿄의 각 경찰서 및 경비대로 하여금 '조선인 폭동'의 유언비어를 퍼뜨리도록 지시했다. 이들은 치밀하게 전보문까지 만들어 전국의 지방장관에게 발송했다.

"도쿄 일대의 지진을 이용하여 조선인은 각지에 방화하고 불온한 목적을 수행하려 함. 현재 도쿄시에는 폭탄을 소지하고 석유를 뿌려 방화하는 자가 있음. 이미 도쿄 일부에서는 계엄령을 시행하고 있으므로 각지에서는 면밀하게 시찰하여 조선인의 행동에 대해서는 엄밀히 단속해야 할 것임."

일본 정부는 2일 오후 3시경 조선인 폭동에 대한 엄중단속 및 조선인 보호 및 수용의 방침을 결정하고 5시에는 각 경찰서에 명령을 내렸다.

이에 일본의 군대와 경찰, 자경단은 조선인을 닥치는 대로 붙잡아 죽이기 시작했다. 도쿄 일대는 졸지에 아비규환의 생지옥으로 변했다. 일찍이 보거나 듣지도 못한 잔인한 참극이 발생했다. 군경은 총검^{銃劍}을 사용했고 자경단은 죽창^{竹槍}과 곤봉 등을 사용했다. 이들은 임신부를 죽인 후 배를 갈라 뱃속에서 나온 영아^{嬰兒}마저 칼로 베어 죽이는 천인공노할 짓을 저질렀다.

5일에는 계엄군사령부에서 '조선문제에 관한 협정'이 극비리에 결정되었다. "조선인의 폭행 혐의를 적극 수사하여 이를 사실화하는데 노력할 것"을 지시함으로써 '조선인 폭동'을 기정사실화했다.

군마 현의 후지오카 경찰서에 수감되어 있던 14명의 조선인이 일본인 자경단에 의해 무참하게 살해당했다. 자경단은 유치장을 부수고 죽창으로 찔러 죽였고, 지붕으로 도망가는 조선인은 엽총으로 사살했다. 경찰은 그냥 구경만 했다고 한다. 사이타마 현 구마가야 경찰서에서 조선인 10명을 후송하는 과정에서 자경단원들의 습격으로 다 살해당했다. 이 일대에서는 이미 소방용 갈쿠리와 죽창, 곤봉 등에 의해 조선인 43명이 참혹하게 죽음을 당했다. 호전남평유촌에서 조선인 노동자 86명이 호송되는 도중 붙잡혀 경찰서로 끌려가 잔인하게 학살당했다. 혼조 경찰서에서 호송 대기 중이던 조선인 35명이 자경단 300여 명에게 일본도와 죽창 등으로 죽었다. 오사토군 요리이미치 경찰서에 유치 중이던 조선인 14명도 경찰들이 지켜보는 가운데 자경대원들에게 죽임을 당했다. 수없는 지역에서 죽음을 당한 조선인들은 불태워져 매장되었다. 조선인 노동자 나환산羅丸山은 조선인들이 살해당하던 현장의 참상을 말한다.

"나는 86명의 조선 사람을 총과 칼로 마구 쏘고 베어 죽이는 것을 직접 보았다. 9월 2일 밤부터 3일 오전까지 구정호 경찰서 연무장에 수용된 조선인은 300여 명이었는데, 그날 오후 1시경 기병 1개 중대가 도착, 경찰서를 감시하고 있었다. 그때부터 다무라란 자가 조선인 3명을 불러내 총살하기 시작했다. 다무라는 총성을 듣고 일본인들이 놀랄지 모르니 칼로 죽이라고 명령, 군인들이 일제히 칼을 뽑아 83명을 한꺼번에 죽였다. 이때 임신부도 한 사람 있었는데, 그 부인의 배를 가를 때 뱃속에서 영아가 나왔다. 군인들은 우는 아이까지 칼로 베어 죽였다. 시체들은 다음 날 새벽 화물자동차에 싣고 어디론가 운반해 갔다."

일본인들은 조선인을 구별하는 독특한 방법을 사용했다. 조선인인지 아닌지 분간하기 어려운 사람에게는 일본의 가나인 '가 · 기 · 구 · 개 · 구'를 발음시켰다. 서툰 사람은 무조건 조선인으로 단정하여 죽여 버렸다. 마치 이스라엘 족속 간 전쟁을 다시 보는 듯하다. 기원전 1084년 이스라엘의 길르앗과 에브라임의 족속간의 전쟁이 발생했다. 이때 길르앗 사람들은 요단강 나루터를 지나는 사람들에게 '십볼렛' 발음을 요구했다. 에브라임 사람들은 '십볼렛'이란 발음을 못하고 '씹볼렛'으로 발음한다. 길르앗은 무려 4만 2,000명의 에브라임 사람들을 사투리를 이용하여 구별한 후 죽였던 역사가 있다. 비슷한 역사가 3,000년 만에 다시 일어난 것이다.

일본 치안당국은 조선인들이 폭동을 저지르고 있다는 소문이 조작된 것이라는 것을 알고 있었다. 그러나 질서를 회복한다는 명분하에 자경단의 난행을 수수방관했고, 일부는 조장하기까지 했다. 자경단의 만행이 도를 넘어서 공권력을 위협하자 그제서야 개입했다. 그러나 이미 수많은 조선인이 학살당한 후였다. 학살이 최고조에 달했을 때에는 도쿄에 흐르는 스미다 강隅田川과 아라카와 강荒川은 시체의 피로 인해 핏빛으로 물들었다고 한다. 일본 정부는 최종적으로 '조선인 폭동'이 유언비어였다고 공식 확인했다. 그러나 간교한 일본인들은 피해자의 수를 축소하고, 조선인을 죽인 자경단 전부를 증거불충분이라는 이유로 무죄석방했다. 수천 명이 죽어갔는데도 단 한 사람도 사법적 책임이나 도의적 책임을 진 사람이 없었다.

당시 한국의 독립신문사 특파원은 학살에 희생된 한국인 수는 7,000여 명에 달하며 신원을 확인한 시체만도 1,510구에 달한다고 말했다. 취재활동에 많은 제약이 따랐다는 점을 감안할 때 그 정확한 숫자는 알 길이 없다.

"모치즈키 상등병과 이와나미 소위는 재해지 경비 임무를 띠고 고마쓰가와에 가서 병사들을 지휘하여 아무런 저항도 없이 온순하게 복종하는 조선인 노동자를 200명이나 참살했다. 부인들은 발을 잡아당겨 가랑이를 찢었으며 혹은 철사 줄로 목을 묶어 연못에 던져 넣었다."

- 일본군 병사 구보노 시게지久保野茂次의 일기 중에서

재일교포 사학자인 강덕상 씨는 일본 정부의 비밀문서, 군사기록, 정부 고위관료의 수기, 일반시민·경찰·군인의 증언을 바탕으로 관동대학살의 현장을 책으로 펴냈다. 그는 당시 유언비어가 일본 정부에 의해 전령, 대자보를 이용해 대량생산되었음을 밝혀냈다. 계엄군대의 '공훈조서'와 군인들의 수기를 검토한 결과 군인들이 저지른 학살도 많았음을 밝혀냈다. 그는 묻는다.

"9월 1일부터 5일까지 광란 속에 살해된 조선인이 6,000여 명이 넘었던 당시는 계엄령이 내려진 상태였다. 일본 치안 유지를 위해 6만 4,000명의 육군병력과 경찰력, 관동 수역에 집결한 150척 함대의 해군력 등 일본의 경계상태는 대단했다. 그런데 바로 그때 대낮에 이민족에 대한 집단학살이 벌어진 것이다. 과연 일본 정부의 방조 없이 가능한 일이었을까?"

그는 절대 아니었다고 말한다. 일본 정부는 체제 위협으로 다가올 수 있는 민중의 굶주림과 공포를 '조선인에 대한 복수'로 돌리는 전략을 사용했다는 것이다. 그 밑바탕에는 식민지 지배과정에서 일본 지배계급은 물론 민중에게까지 침투한 '만만치 않은 적'인 조선인에 대한 공포심이 있었다고 분석한다.

그런데 관동대지진은 어느 정도의 위력이었을까? 2010년 아이티에 발생한 지진규모가 7.0이다. 이 지진으로 20만 명 이상이 죽고 수도인 포르토프랭스Port-au-Prince의 건물은 85퍼센트 이상이 무너졌다. 규모 7인 경우 중형 원자폭탄 100개가 터진 위력과 비슷하다. 지진은 규모가 1 커질 때마다 32배 정도 위력이 증가한다. 관동대지진은 대략 아이티 지진위력의

25배 정도 되므로 원자폭탄 2,500개가 폭발한 것에 맞먹는 강력한 지진이었다. 그렇다면 도대체 지진은 무엇이며 왜 발생하는 것일까?

지구는 끓고 있는 액체물질 위에 땅과 같은 고체물질이 붙어있는 불안정한 구조를 가지고 있다. 땅도 균일한 하나의 판板, plate으로 되어 있는 것이 아니라 여러 개의 판 조각으로 떨어져 있다. 과학자들은 지구의 뜨거운 맨틀 내에 자전 때문에 생긴 원형흐름이 있다고 한다. 이런 흐름은 한 쪽에서는 판을 서로 끌어당기고 다른 곳에서는 밀어버린다. 판이 끌어당겨지는 곳에서 지각은 솟아오른다. 반면에 판이 서로 미는 곳에서는 구겨짐이 생기며, 지각은 맨틀 속으로 밀려들어가게 된다. 이러한 곳에서 거대한 에너지가 발생하게 되고 지구는 온몸을 뒤트는 몸살을 앓게 된다. 이것을 지진이라 부른다. 지구에서 발생하는 95퍼센트 이상의 지진이 판의 경계에서 발생한다. 관동대지진은 유라시아판과 태평양판이 만나는 곳에서 발생했다. 통계에 의하면 전 세계 지진의 83퍼센트가 태평양을 둘러싼 지역에서 발생하고 있다. 이 지역은 태평양판을 중심으로 여러 판들과 접해있을 뿐만 아니라, 산맥과 해저가 아직도 형성중인 '젊은 지역'이기에 지진이 많이 발생한다. 일본에 지진이 잦을 수밖에 없는 이유다.

일본의 관동대지진은 일본의 도시들이 지진에 대비한 현대 시스템으로 만들어지는 계기가 되었다. 건물들에 내진설계가 강조되었고 화재에 대비할 수 있게 지어졌다. 도로와 철도, 대지진의 피난처로 활용하기 위한 공원 등도 확대되었다. 역사가들은 관동대지진이 일본 사람들에게 자기들 땅이 안전한 곳이 아니라는 인식을 주었다고 말한다. 일본이 적극적으로 중국을 침략 지배하겠다는 야욕을 품은 배경에는 관동대지진이 있다는 것이다. 지진이 역사를 바꾼 원동력이었다는 말이다. 우리는 관동대지진 때의 조선인 학살사건을 잊어서는 안 된다. 힘이 약한 나라와 민족은 언제든 무참히 짓밟힐 수 있다는 것을 관동대지진은 명확하게 보여준다. 일본은 아직도 관동대지진 때 조선인을 무참하게 학살했던 일에 대해 사과하지 않고 있다. 사과하기는커녕 최근에는 독도영유권 주장과 함께 정신대 할머니 문제조차도 전혀 철회하거나 사과할 의사가 없음을 밝히고 있다. 감정적인 대응보다는 힘을 길러 국가가 강해지는 것만이 일본을 이기는 길이 아닐까 생각해 본다.

독일의 자존심,
구스타프 방어선

"이제 평생 산 같은 것은 보고 싶지도 않다."

"비, 비, 비! 길은 모두 깊은 진흙탕이 되어 버리고 병력은 전진할 수가 없다. 날씨에 비하면 독일군의 저항은 약과일 뿐이다."

제2차 세계대전 당시 이탈리아 전선에 투입되었던 미 제6군 사령관 루카스 장군이 그의 일기에 적은 내용이다. 날씨와 지형(산)에 얼마나 고전했으면 일기에 이런 고백을 썼을까? 제2차 세계대전 당시 연합군의 이탈리아 점령작전은 독일군과의 싸움이라기보다 지형과 날씨와의 전쟁이었다.

제2차 세계대전도 중반을 넘어서고 있었다. 미국과 영국의 연합군은 북아프리카에서 이탈리아군 18만 4,000명을 포로로 잡는 대승을 거두었다. 그리고 롬멜 장군 Erwin Johannes Eugen Rommel(1891~1944)이 이끄는 독일군도 튀니지로 쫓아냈다. 아이젠하워 Dwight Eisenhower(1890~1969) 총사령관이 이끄는 연합군은 약 25만 7,000명의 병력으로 이탈리아 점령작전을 시작했다. 이에 맞서는 추축국의 이탈리아 병력이 12만 5,000명에 독일군 8만 명으로 전력은 대등했다. 그러나 막상 연합군이 시칠리아에 상륙하자 독일군과 이탈리아군은 9만 명의 전사자를 내고 큰 저항도 못하고 패주하고 만다. 전세가 기운 것으로 판단한 이탈리아 군부는 무솔리니^{Benito} ^{Mussolini}(1883~1945)를 감금한 후 1943년 9월 8일 항복을 선언한다. 이에 놀란 독일군은 10만 명의 병력을 동원하여 9월 27일 이탈리아군을 남부로 몰아내고 29일 무솔리니를 다시 복귀시켰다. 독일군은 로마를 점령하고 이탈리아 사수를 선언한다. 이에 아이젠하워 총사령관은 이탈리아에 대한 전면 공격을 결정했다.

9월 9일 새벽 미군은 나폴리 남쪽 30마일 지점인 살레르노 만에 기습 상륙작전을 실시했다. 이곳은 파도가 잔잔하고 시칠리아에 주둔해 있던 미 공군의 엄호가 가능하다는 이점이 있었다. 그러나 해안에 상륙한 미군은 독일군의 즉각적인 반격에 부딪쳐 1주일간이나 해안교두보를 확보하기 위한 사투를 벌여야만 했다. 영국군이 남쪽으로부터 진격해오자 협공당할 것을 우려한 독일군이 후퇴하면서 한숨 돌린 미군은 영국군과 합세하여 10월 1일 나폴리를 점령하고 로마를 향해 진격을 시작했다. 후퇴하는 독일군은 날씨로부터 도움을 받았다. 9월 29일부터 내리기 시작한 비로 연합군의 공중공격이 불가능했기 때문이다. 또한 비로 인해 평탄한 해안평원이 늪지대로 바뀌면서 차량을 이용한 연합군의 신속한 진격이 불가능했다.

로마를 향해 북진하는 연합군의 공격을 저지하라는 히틀러의 특명을 받은 독일의 케셀링$^{Albert\ Kesselring}$(1885~1960) 원수는 강력한 방어선을 만든다. 3개의 강과 2개의 산맥이 만나는 가파르고 험한 지형에 강력한 방어진지인 구스타프 방어선을 형성한 것이다. 나폴리의 북쪽인 이곳은 로마로 통하는 길을 막는 천연적인 방어진지였다. 독일군 방어선은 실제로는 3개의 독립된 방어선으로 구성되어 있었으며 후방으로 갈수록 견고해졌다. 제1방어선이라 불린 '바르바라선'의 목적은 연합군의 진격을 지연시키는 것이었다. 이 방어선은 볼투르노^{Volturno} 강 북쪽 11킬로미터 지점의 마시코 산으로부터 서쪽으로 척량산맥인 마테제 산맥에 이르는 구간까지 형성되어 있었다. 제2방어선은 제1방어선 후방 16킬로미터 지점에 설치되었다. '베른하르트선'으로 불렸는데 서쪽 가릴리아노^{Gariglino} 강 하구로부터 내륙의 마제테 산맥으로 이어졌다. 제2방어선은 라 디펜사, 카미노, 룽고, 삼무크 같은 산들이 있었다. 가장 마지막 방어선의 이름은 '구스타프선'이었다. 이탈리아 방어사령관 케셀링 원수의 역작이었다. 서쪽으로는 가릴리아노 강을 따라 베른하르트선과 구스타프선이 합류하고 있었고, 내륙으로 들어가면서 구스타프선은 19킬로미터에 걸쳐 구불구불하게 이어졌다. 그곳에 연합군 병사들이 지금까지 들은 적도 본적도 없었던 천혜의 요새 카시노 산이 우뚝 솟아 있었다. 다시 그곳에서 구스타프선은 이탈리아 반도를 횡단하여 상그로 강 북쪽 30킬로미터 지점의 아드리아 해 연안까지 이어졌다.

독일군의 방어선 구축은 독일이 자랑하는 공병장교 한스 베셀 소장이 진두지휘했다. 여기에 독일의 토목전문가 집단이 이탈리아 인부를 동원해 공사를 도왔다. 연합군을 공격하기 위한 포격 진지와 전투 지휘소는 산중의 단단한 암반을 폭파하여 만들었다. 이곳을 공격하기 위해서는 가시철망과 위장폭탄, 지뢰밭을 지나야만 했다. 기관총좌는 사계가 서로 중첩되도록 배치되었으며, 총좌의 상부와 측면은 철판으로 보호되어 있었다. 이동식 엄개^{掩蓋}* 토치카도 만들어졌다. 기관총좌와 사수가 들어갈 수 있는 130밀리의 강철제 상자로 트랙터를 이용해 이동 배치시킬 수 있었다. 험한 산악지형에서도 모바일무기체제를 운영함으로써 몇 배의 전투력을 발휘할 수 있도록 한 것이다. 박격포는 산등성이의 배후나 작은 협곡의 바닥 깊숙이 배치되었다. 이들의 포격지점은 연합군의 진격이 예상

---

* 적탄의 피해를 막기 위해 참호나 방공호의 위를 덮는 물건.

되는 좁은 지점에 맞추어 있었다. 산이 많은 지형 때문에 전차의 이동이 제한된다는 점도 충분히 고려하여 전력을 배치했다. 구스타프선은 독일이 구축했던 방어선 중 가장 강력한 것이었다. 케셀링 원수는 직접 공병을 지휘하여 강력한 방어진지를 구축하는데 성공했다.

"알렉산드로스 대왕이 온들 이 방어선은 넘지 못할 것이다."

케셀링은 이렇게 말했다. 사실 케셀링 원수가 구스타프선을 만든 다음 누구도 이 방어선을 넘지 못할 것이라고 자신했던 것은 지형의 이점이 매우 컸기 때문이다. 연합군이 로마로 진격하기 위해서는 기계화부대의 기동이 용이해야 했는데 지형적으로 로마로 가는 길은 험난했다. 기계화부대가 진격할 만한 도로가 매우 적었다. 나폴리에서 로마로 통하는 도로는 2개 뿐이었다. 제5군이 로마로 가기 위해서는 이 두 도로나 근처의 험한 산길 외에는 별 다른 수가 없었다. 한 길은 고대에 건설된 아피아 가도 Via Appia*였다. 당시에는 제7국도라 명명되어 있었다. 이 국도는 해안을 따라 로마로 이어지며 군사적 관점으로 보면 공격자에게 극히 불리한 도로였다. 길은 아룬치 산맥과 바다 사이를 통과해 북으로 나가는데 도중에 폰티네의 소택지를 통과하고 있었다. 1930년대 두체에 의해 간척된 이 소택지는 목초 지대로서 만일 독일군이 양 지점에 진지를 구축하고 연합군을 괴롭힌다면 진격은 거의 불가능했다.

또 하나의 길은 제6국도로서 해안에서 약 50킬로미터 내륙에서 북으로 연결되어 있었다. 카실리 가도라 불린 이 길은 2,500년 전 로마인이 건설했다. 이 국도를 따라 수많은 군대가 이동했다. 한니발의 군대와 이

---

* 고대 로마의 가장 중요한 도로로 길이 50킬로미터, 너비 8미터인 로마의 켄소르(감찰관) 아피우스 클라우디우스 카이쿠스가 기원전 312년에 건설을 시작한 도로이며, 도로명은 그의 이름을 따서 붙인 것이다. 처음에는 로마와 카푸아 사이였으나 기원전 240년경 브룬디시움(브린디시)까지 연장되었다. 도로는 돌로 포장을 했는데 로마와 남이탈리아를 연결하는 데 그치지 않고 그리스의 간선도로이기도 했으며, 오늘날도 일부가 사용되고 있다.

독일의 방어선

탈리아를 놓고 쟁패했던 프랑스군과 스페인군이 이동했던 도로였다. 이젠 영국과 미국의 연합군이 이 도로를 돌파하여 북쪽으로 진군해야만 했다. 이 도로의 최대 장점은 카시노만 통과한다면 로마로 들어가는 입구인 릴 강의 넓은 하구로 이어진다는 점이었다. 만일 연합군이 이 하곡까지만 돌입한다면 탱크 등 기계화부대를 이용하여 36킬로의 거리를 단숨에 돌파하여 로마에 입성할 수 있었다. 그러나 그곳을 쉽게 빠져나갈 수는 없었다. 케셀링이 만든 바르바라선을 돌파하더라도 산지의 좁은 길인 미나노 협곡의 험지를 빠져나가야 했다. 이어 카시노와 라피도^{Rapido} 강을 따라 연결된 주요 거점을 돌파 하여야 한다. 라피도 강은 리리 강 협곡의 입구를 가로지르는 천혜의 장애물이었다. 독일군은 연합군이 처해있는 이런 상황을 잘 알고 있었다. 그래서 독일군은 연합군의 진격을 저지하기 위해 최상의 노력을 경주한 것이다.

그러나 방어선을 돌파하기 위한 연합군의 작전계획은 허술하기만 했다. 미군 제5군 사령관인 클라크는 다음과 같은 공격계획을 세웠다. 첫째, 32킬로미터 좌측의 전선에 있는 영국 제10군단의 공격개시는 1월 17일, 해안 부근에 있는 제5보병사단 및 제56보병사단은 가릴리아노 강을 도하한다. 둘째, 영국 제46보병사단의 공격개시는 1월 19일 밤. 가릴리아노 강과 리리 강의 합류지점 하류를 도하한다. 셋째, 이후 우측의 미군 제2군단의 주공격을 지원한다. 주 공격개시는 1월 20일로 이를 담당하는 미군 제2군단의 제36보병사단은 카시노에서 8킬로미터 하류에 있는 라피도 강을 도하한다. 동시에 알폰소 주앙이 지휘하는 프랑스 해외파견군단은 우측 미끼로서 구스타프 및 히틀러 라인의 요새가 있는 카일로 산으로 진군한다. 제5군 사령관 클라크는 이 작전이 오래 걸리지 않으리라고 예상했다고 한다. 1월 22일의 안지오 상륙작전과 맞아떨어진다면 독일군 예비부대를 로마에서 끌어낼 수 있다고 보았다. 안지오 상륙의 기습효과와 함께 내륙에서 알파노 고지로 급속한 진격이 이루어진다면 구스타프선의 독일 수비대는 로마 북쪽으로 후퇴할 것이라고 예상한 것이다. 또 독일군 전력이 별 것 아니라는 오판도 있었다. 3개월 전부터 독일군은 소규모 병력으로 히트 앤 런$^{Hit\ and\ run}$의 전술을 사용하고 있었다. 연합군의 공격으로부터 구스타프 방어선을 만들 시간을 벌기 위한 작전이었다. 그러나 연합군 정보부는 이들의 부대가 소규모일 것이라고 낙관하고 있었다.

　연합군이 로마를 향해 진격하는 시기는 우기가 시작할 때였다. 지중해 기후의 영향을 받는 이탈리아 지역은 10월부터 우기^{雨期}가 시작하여 1월까지 연 강수량의 절반이 넘는 많은 비가 내린다. 이탈리아의 진흙땅은 전통적으로 악명이 높다. 나폴리 점령 이틀 전부터 내린 비는 해안의 평지를 빠르게 늪과 진흙탕으로 바꾸어 버렸다. 어렵사리 나폴리까지는 점령했지만 점점 더 쏟아지는 비로 인해 더 이상 앞으로 나아가기 어려웠

안지오에 상륙하는 미군 병사들의 모습.

다. 미 제6군 사령관 루카스 소장은 진격에 애를 먹고 있었다.

"진흙으로 완전히 덮여버린 길, 거대한 뻘밖에 보이지 않는다. 차량은 한 발자국도 움직이지 못한다. 전진하는 부대와 운송물자가 엉켜있다. 완전한 지옥이다."

고생고생 끝에 1월 초에 연합군은 독일군이 만든 구스타프선에 다가섰다. 해럴드 알렉산더Harold Alexander 장군이 이끄는 제15군단과 미 제5군단, 영국의 제8군단이 힘을 합쳐 구스타프선을 공격했다. 무려 8개의 사단으로 구성된 대부대였음에도 6주 동안 라피도 강까지 11킬로미터를 진격하는데 그쳤다. 연합군 병력 1만 6,000명을 잃으면서 말이다. 거친 산맥, 유달리 혹독했던 이해 겨울의 추위와 비는 독일의 거센 방어에 덧붙여 연합군에 엄청난 피해를 주었다.

"마치 총으로 쏘는 듯한 매서운 바람, 살을 에는 추위, 끈적끈적한 안개와 비, 바위투성이의 지형, 피할 곳조차 없는 지형, 부족한 담요, 얼어붙은 음식, 쉴 새 없는 독일군의 박격포 공격, 우리는 진퇴양난에 빠졌다."

알렉산더 장군의 말처럼 연합군의 병사들은 구스타프선 앞에서 무기력하게 쓰러져 갔다. 얼음이 떠다니는 라피도 강을 건너 공격하는 몫은 미 제36사단에 주어졌다. 강은 3개월간의 폭우 후에 범람기에 돌입해 있었다. 강폭은 20미터, 수심이 13미터, 물살의 속도는 상당히 빠른 시속 13킬로미터 정도였다. 미군은 밤을 이용해 강을 건너 공격하기로 했다. 그러나 이날 밤 안개가 짙게 끼면서 지휘통제가 어려워졌다. 미군은 강을 건너 공격하기 위해 적의 지뢰지대와 포의 사정권인 늪지대의 범람원을 1.5킬로미터 이동해야 했다. 독일군의 반격이 시작되면서 몇 부대는 실종되고 또 암흑과 안개 속에서 뒤죽박죽되고 말았다. 많은 피해를 입은 미군은 다음 날 다시 재공격을 시도했다. 뻘과 빠른 물살과 독일의 강력한 저항으로 공격은 실패했다. 미 제36사단은 라피도 강을 건너는 작전에서만 2,128명의 사상자를 냈다. 강을 건너지도 못하고 말이다. 결국 연합군은 그 이후 4개월 이상 엄청난 희생을 치르면서 한발자국도 전진하지 못하는 수모를 겪는다. 구스타프선에서 연합군이 한 발자국도 움직이지 못하자 영국 수상 윈스턴 처칠 경은 안지오에 상륙작전을 주장했다. 구스타프선 북쪽에 위치한 안지오에 병력을 상륙시켜 남과 북에서 독일군을 협공하자는 것이었다. 그러나 안지오 상륙작전은 독일의 반격으로 대실패로 돌아가고 말았다. 1943년 겨울 연합군의 이탈리아 점령작전은 아무것도 얻지 못한 채 엄청난 사상자만 내고 막을 내린다.

　잠언에서는 지혜로운 자가 승리할 것이라고 말한다. 쇠락해 가는 독일의 자존심을 살려준 전투가 구스타프선 전투였다. 여기에는 날씨와 지형을 활용한 독일 케셀링 원수의 지혜로운 리더십이 있었다.

산악사단의 용맹을 보인
이탈리아 전투

"전쟁터에서 가장 중요한 것은 동료 간에 서로를 믿는 것입니다. 믿음이 무너지면 전투에서 승리를 기대 한다는 것은 불가능 하지요."

아프리카 전투의 영웅 포르베크Vorbeck 장군의 말이다. 포탄이 빗발치듯 쏟아지는 가운데에서도 위험을 무릅쓰고 동료를 구해주는 이타적利他的 행동은 우연히 나오는 것은 아니다. 심리학자들의 연구에 의하면 이런 행동이 나타나는 가장 큰 이유로는 '내가 위기와 어려움에 처했을 때 동료가 나를 도와줄 것'이라는 믿음이 있을 때라고 한다. 사람들의 심리 가운데는 내가 도우면 상대방도 내가 어려울 때 나를 도울 것이고, 내가 버리면 상대방도 나를 버릴 것이라고 믿는다. 즉 칸트의 정언명령categorical imperative, 定言命令* 과 비슷한 심리상태를 가지고 있다는 것이다. 부대원간의 상호신뢰가 어떤 결과를 가져 왔는가에 대한 흥미 있는 사례가 이탈리아 전선에서 있었다.

---

* 칸트 철학에서 행위의 결과에 구애됨이 없이 행위 그것 자체가 선(善)이기 때문에 무조건 그 수행이 요구되는 도덕적 명령을 가리킨다. 칸트는 의지에 주어지는 모든 명령을 두 가지 종류, 즉 가언적인 것과 정언적인 것으로 구별한다. 가언적 명령이, '가능한 행위의 실천적 필연성을 다른 사람들이 의욕하는 어떤 다른 것에 도달하기 위한 수단으로 표상하는 것'이라면, 정언적 명령은 '한 행위를 그 자체로서, 어떤 다른 목적과 관계없이, 객관적–필연적인 것으로 표상하는 그런 명령'이다.

1943~1944년 겨울 북진하던 연합군은 구스타프선에서 케셀링 원수가 이끄는 독일군에게 굴욕을 당했다. 이탈리아의 겨울 날씨와 강력한 방어선을 뚫지 못해 수많은 희생자를 내고도 돌파하지 못했던 것이다. 1944년 봄이 되자 이탈리아의 험악한 겨울 우기가 지나고 연합군이 진격을 개시해 로마를 함락시킨다.

독일의 케셀링 원수는 로마가 함락된 지 2개월이 지난 8월 4일, 아르노선으로 후퇴했다. 아르노선은 피사에서 아르노 강을 따라 피렌체를 지나 아펜니노Apennino 산맥을 넘어서 아드리아 해 연안에 이르는 방어선이었다. 케셀링은 구스타프선에 비해 너무 허약한 아르노선으로 지탱하리라고 생각지 않았다. 케셀링은 최대한 아르노선에서 시간을 번 다음 고딕선에서 연합군 공격을 저지할 계획이었다. 그나마 고딕선은 대전차지뢰로 깔린 들판, 철조망, 바위를 잘라 콘크리트로 굳힌 포상의 견고한 포좌 및 기관총좌와 띠 모양의 요새를 갖추고 있었다. 조금만 시간을 벌어 9월이 되면 다시 비가 내릴 것이었다. 연합군의 공중공격이 제한되고 11월이 되어 눈이 내리기 시작하면 상황은 독일군에 유리해질 것이었다. 1년 전 연합군에게 굴욕을 안겨주었던 구스타브 전투를 재연할 수 있으리라고 생각했다.

그러나 연합군도 바보는 아니었다. 공격을 서둘렀던 것이다. 8월 25일 지즈 중장을 사령관으로 하는 제8군이 연안 도시인 리미나로 진격하여 대대적인 공세 끝에 아르노선을 돌파했다. 그러나 다음 날부터 가을비가 내리기 시작했다. 수킬로미터 진격한 다음 악명 높은 이탈리아의 뻘로 인해 움직일 수가 없게 된 것이다. 그러나 이게 웬일인가? 독일군이 후퇴를 해버린 것이다. 독일군의 방어력은 생각보다 약했다. 연합군의 공격으로 고딕선의 중앙부가 돌파되었다. 포 강 계곡과 알프스 산맥이 눈앞으로 다가왔다. 이탈리아 점령이 눈앞에 다가온 것이다.

가을비는 쉬지 않고 쏟아져 내렸다. 억수같은 비가 매일같이 쏟아졌다. 안개와 낮게 깔린 구름으로 공군의 지원이 불가능했고, 화포에 의한 지원도 제한되었다. 10월 22일 돌파를 시도하던 연합군의 공격이 실패로 돌아갔다. '자라 보고 놀란 가슴 솥뚜껑 보고 놀란다'는 말이 있다. 연합군의 지휘부가 그랬다. 우기와 겨울철의 악몽이 떠오르자 공격을 멈춘 것이다. 악명 높은 이탈리아의 우기와 추위가 연합군의 공격을 막은 것이다. 이탈리아의 혹독한 겨울이 다가오자 연합군의 사기는 눈에 띄게 떨어져 갔다. 많은 병사들의 목적의식이 사라지고 있었다. 구스타프선 공격에는 로마를 탈환한다는 큰 목적이 있었지만 그들의 눈앞에는 자연밖에 없었다. 오직 산과 강, 눈과 진창 그리고 독일군 방어진지뿐이었다. 결국 연합군은 태양빛이 가장 강하다는 이탈리아의 얼어붙은 산악지대에 또 겨울 동안 발이 묶이고 말았다.

전선이 교착상태에 빠져 있을 때 2개의 새로운 사단이 투입되었다. 이 중 제92보병사단은 흑인징집병으로 구성된 부대였다. 사병은 전부 흑인이었던데 반해 장교는 백인이었다. 12월 26일 독일군이 공격해 왔다. 제92사단은 반격조차 하지 못하고 8킬로미터나 도망쳤다. 지휘부는 제92사단을 1개월 동안 재훈련시켰다. 재투입된 제92사단에게 공격 명령을 내렸다. 그러나 작전은 실패했다. 부대원들이 전부 흩어져 수채며 외양간 등 어디나 몸을 피할 수 있는 곳이면 숨어 들어가 싸우지 않은 것이다. 지휘부에 예비병력마저 없었다. 전투를 하는 것이 아니고 숨어 있는 병력을 찾는데 급급했다. 이 부대의 가장 큰 문제는 무엇이었을까? 부대원간 믿음이 전혀 없었다는 점이다. 우선 백인 장교와 흑인 병사 사이 인종적인 불화가 있었다.

"지휘관에게 멸시당하고 있다."

"장교들은 우리를 고의적으로 죽음의 상황으로 몰아넣고 있다."

"우리가 무엇 때문에 싸워야 하는가?"

흑인 병사들은 자기들이 위기에 처했을 때 백인들은 자기들을 도와주지 않을 것이라고 생각했다. 그러기에 스스로 살아야 한다고 생각하고 행동한 것이다.

제92보병사단과 대조적인 부대가 다른 하나의 사단이 제10산악사단 10th Mountain Division이었다. 제10산악사단은 현재 뉴욕 포트 드럼 Fort Drum에 본부를 둔 미 육군의 경보병사단으로, 제18공수군단의 예하부대다. 거친 지형과 날씨 환경에서의 전투에 특화된 사단급 경보병부대다. 제10산악사단은 1918년 정규사단으로서 창설된 적이 있다. 그러나 전쟁이 바로 끝나는 바람에 해외파병이 이루어지지 못한 채 다음 해인 1919년 해체되었다. 부대전투의 역사가 없는 상태에서 해체된 것이다. 1939년 11월에 있었던 소련의 핀란드 침공에서 소련군 2개 기갑사단이 핀란드군 스키사단에게 치명적인 패배를 당했다. 스키를 활용하는 산악부대의 놀라운 능력을 목격한 국제 스키 순찰대의 회장인 찰리 미넛은 미국 전쟁부에 미 육군에도 산악전과 겨울에서의 전투를 위해 유사한 부대가 필요하다고 주장했다. 1940년 9월, 미 육군 참모총장인 조지 마셜 George Marshall(1880~1959) 대장은 이들의 의견을 받아들여 산악부대를 만들 것을 지시한다. 1941년 12월 8일 첫 번째 산악부대인 제87산악보병대대가 창설되었다. 이 부대는 후에 연대급으로 규모가 커졌다. 그리고 1944년 11월 제10산악사단으로 재창설된 후 1945년 1월 이탈리아전선에 참전했다. 제10산악사단이 투입되었을 때 연합군의 눈앞에 펼쳐진 것은 오직 산과 강, 눈과 진창 그리고 독일군 방어진지 뿐이었다. 게다가 제92보병여단의 추태 소식까지 연합군의 사기를 떨어뜨렸다. 제10산악사단 병력의 반은 대학생이거나 대학 졸업생이었다. 이 부대의 주력은 활강경기·크로스컨트리 경기의 선수, 점프 선수, 스키 코치들이었다. 한마디로 거대한 스키인 동호회와 비슷했다. "제10산악사단 병력은 부유하거나 정치적으로 중요한 인물의 자제들이며 전투 능력은 허약할 것"이라고 독일군 정보기관이 판단한 것처럼 미군 수뇌부에서도 이들의 전투력에 회의를 가지고 있었다. 이 부대의 강점은 지휘관이 부하들의 능력을 신뢰하고 자신감을 주었다는 점이다. 부대원들이 동료 상호간의 신뢰로 뭉칠 수 있는 계기를 자주 만들었다.

연합군 수뇌부는 제10산악사단의 주요 구성원인 대학생들의 능력을 시험해보기로 하고 명령을 내렸다.

"4월에 개시할 총공격에 필요한 볼로냐 남서의 고지를 준비가 되면 탈취하라."

2월 중순, 제10산악사단은 눈이 내리는 가운데 빙벽으로 쌓여있는 리바 산맥을 올랐다. 로우프와 핀을 써서 1개 대대 800명의 병력이 오르는데 성공했다. 이들은 독일군을 기습해 승리를 낚아채었다. 이어 포 강 하곡을 내려다 볼 수 있는 델라토라치아 산, 벨베테레 산의 두 고지도 점령했다.

"이건 믿어지지 않는 기적이 일어난 거야."

미국의 클라크 장군 말처럼 도저히 불가능한 작전이었는데 멋지게 해치운 것이다. 어느 독일군 장교는 "미국에 큰 산이 있다고는 생각해 보지도 않았고 미군 부대가 저만큼 험한 산을 오를 수 있다니 믿어지지 않았다"고 말할 만큼 산악사단의 능력은 뛰어났다.

"우리는 서로를 믿었습니다. 만일 우리가 위험에 처하면 우리 동료들이 우리를 구해낼 것이라고 믿었지요."

산악부대원의 말처럼 이들의 승리 뒤에는 지휘관을 신뢰하고 동료를 믿는 믿음이 있었다. 당연한 결과이지만 이탈리아 전투가 끝난 후 사망자 비율이 가장 높았던 것이 제92사단이었던데 비해 가장 낮았던 사단이 제

10산악사단이었다고 한다.

제10산악사단의 쾌거에 사기가 오른 연합군은 4월14일 총공격을 감행했다. 물론 선봉에는 제10산악사단이 앞장섰다. 이들은 독일군 최후의 방어진지인 고딕선을 돌파했다. 독일군은 지리멸렬했다. 케셀링의 후임으로 방어사령관에 임명된 피팅호프^{Vietinghoff} 장군은 히틀러에게 퇴각명령을 필사적으로 청했다. 그러나 그에 대한 지령은 "총통은 귀하의 지배하에 있는 북이탈리아 지역을 끝까지 방위할 것을 기대하고 계시다"라는 것이었다. 자기의 간청이 거부당하자 피팅호프 장군은 4월 20일 독자적으로 판단해 퇴각을 명령한다.

제2차 세계대전 이탈리아 전투에 참전해 놀라운 전과를 올린 산악사단은 유럽에서의 전쟁이 끝나자 태평양 전역으로 이동할 계획이었다. 그러나 1945년 8월에 히로시마와 나가사키의 원자폭탄 투하로 일본이 항복했다. 미국으로 귀환한 제10산악사단은 1945년 11월 30일 해체되었다. 제2차 세계대전 동안 제10산악사단은 명예훈장 1개, 수훈십자장 3개, 수훈장 1개, 은성무공훈장 449개, 공로훈장 7개, 장병 훈장 15개, 동성무공훈장 7,729개를 받았고, 사단은 2개의 종군 테이프를 받았다. 겨우 114일 동안 전투를 벌였는데도 미국의 어떤 부대보다 많은 훈장과 표창을 받은 것은 이들의 공로가 얼마나 큰가를 잘 보여준다.

제10산악사단은 1950년 6·25전쟁이 벌어지면서 신병을 훈련하는 부대로 재편성되어 1953년에는 포트 라일리에서 육군 신병을 약 12만 3,000명이나 훈련했다. 몇 번의 창설 및 해체가 있었지만 1985년 2월 제10산악사단이 재창설되었다. 1990년, '사막의 폭풍 작전'에 장병 1,200명이 참전해 이라크의 제24보병사단을 지원했다. 이후 1993년 내전으로 시달리는 소말리아 국민을 돕기 위해 소말리아에 파견되었다. 이후 1994년 아이티에서 민주주의 유지 작전을 수행했고, 1998년에는 보스니아 헤르체고비나에서 다국적 사단의 북방 지역을 책임지고 평화유지 활동을 펼쳤다. 이후 2001년에 아프가니스탄으로 파병되어 평화유지활동을 벌였다. 이들은 탈레반과 알카에다 부대 수색에 많은 공훈을 세웠다. 2004년 말에 이라크에 전개하여 서부 바그다드에서 작전을 맡았다. 이후 2006년, 2009년에 다시 아프가니스탄과 이라크에 파병되었다. 제10산악사단의 제3전투여단은 2011년 3월 아프가니스탄에 전개되어 맹활약을 펼치고 있다.

메릴랜드 대학의 생물학자 제럴드 윌킨슨Garald Wilkinson은 다양한 흡혈박쥐의 관찰을 통해 상호협조를 관찰했다. 한 박쥐그룹에게는 피를 주지 않고 다른 그룹에게는 피를 공급했다. 피를 마신 다른 박쥐들이 마시지 못한 박쥐에게 피를 나누어 줄 것인가를 관찰한 것이다. 박쥐들은 피를 못 먹은 박쥐가 죽음의 위협에 처하자 먹은 피를 토해 나누어 주었다. 흥미로운 것은 이전 집단에서 알고 지내던 박쥐에게만 피를 나눠 주었다는 것이다. 특히 과거에 자기에게 도움을 주었던 박쥐에게 피를 나눠주는 확률이 매우 높았다. 박쥐조차 다른 박쥐가 나를 어떻게 대우하고 도와주었는가를 구별하고 기억한다는 것이다. 신뢰관계가 형성된 박쥐에게는 효과적인 이타주의가 발휘된다는 것이다. 이탈리아 전투를 통해 지휘관들은 병사들과의 신뢰관계가 무엇보다 중요하다는 것을 배워야만 한다. 병사들이 목숨을 아끼지 않고 이타적인 전투행위를 벌일 때 승리가 다가오는 것이다.

개처럼 살고 귀신처럼 나는
공수코만도

'큰 귀를 펄럭이며 하늘을 나는 아기 코끼리.'

1941년 월트 디즈니가 만든 애니메이션 영화 '〈덤보^{Dumbo}〉'에 나오는 장면이다. 이 영화 속에서 커다란 귀로 인해 놀림 받는 서커스의 아기 코끼리 덤보가 친구인 티모시의 도움으로 하늘을 날게 된다. 놀림감이던 귀가 재산이 되면서 덤보는 일약 서커스의 스타가 된다. 영화가 히트했기 때문일까? '덤보'라는 이름은 제2차 세계대전 당시 인도에서 중국까지 보급물자를 실어 나른 항공대의 별명이 된다.

제2차 세계대전 당시 일본은 진주만$^{Pearl\ Harbor}$ 공격*을 통해 미국의 태평양 해군력에 타격을 주었다. 중국을 침략하여 평야와 해안의 대부분을 점령했다. 싱가포르와 말레이시아, 베트남, 필리핀, 인도네시아, 남태평양의 많은 섬들이 순식간에 일본의 점령하에 들어갔다. 미국과 영국 등 연합국은 일본에 대항하기 위해 총력을 기울였다. 아시아에서 일본에 대항

---

* 진주만 공습은 일본에게 있어 전술적으로는 빼어난 성공이었지만 전략적으로는 재앙 그 자체였다. 미국이 연합군 편에 서서 참전하게 만들고 만 것이다. 일본은 당시 해상에 있었던 항공모함을 침몰시키지도 못했고, 미국의 잠수함 함대를 위축시키는 데에도 실패했다. 이 두 가지야말로 장기적인 관점에서 미국이 일본을 쓰러뜨리는 데 결정적인 역할을 한 병력이었다. 미국의 산업 생산력은 진주만 공습으로 인한 피해를 순식간에 보강하고도 남았다.

할 거점은 중국 내륙 북부지방에서 일본에 저항하고 있는 중국의 장제스 군과, 버마와 인도의 영국군뿐이었다.

일본군의 경우 중국을 석권하기 위해서는 장제스^{蔣介石}(1887~1975)의 군에 지원되는 탄약과 전쟁물자를 차단하는 것이 필요했다. 인도에서 버마를 거쳐 중국 쿤밍^{昆明}으로 지원되는 보급로를 차단하기 위해 일본은 버마를 침공했다. 버마 전투에서 영국군은 일본군의 적수가 되지 못했다.

버마^{Burma*}를 잃는다는 것은 연합군에게 있어서 치명적이었다. 가장 먼저 버마 공로를 사용할 수 없었다. 버마 공로는 랭군이 함락된 후 중국의 보급로로써 기능을 발휘하고 있었다. 보급로가 끊긴다면 중국이 결정적인 패배 위기에 직면할 수 있었다. 이뿐만 아니라 인도도 일본군에게 공격당할 가능성이 높았다. 일본은 이미 영국에 반대하는 인도 국내의 불순분자들을 포섭하고 있었다. 영국의 지배로부터 벗어나려는 인도인을 지지하여 일본이 해방자임을 알리기 위해서였다. 당시 인도에서는 모한다스 간디^{Mohandas Gandhi}(1869~1948)가 이끄는 국민회의파가 이미 영국 지배에 반항하고 있었다. 영국은 이런 현실에 대해 둔감했다. 아마도 이들은 금빛으로 빛나는 탑이나 꼬리가 치켜진 눈을 가진 아가씨들, 코끼리나 삼림자원 따위의 이미지 등 남국의 낙원이라는 환상의 세계 외에 아무것도 아니었는지도 모른다. 그러나 일본에게는 버마가 매우 중요했다. 첫째, 중국과 인도를 연결하는 연합군 측의 보급로를 끊는다는 이점, 둘째, 풍부한 지하자원을 가지고 있는 나라라는 점이었다. 버마는 석유나 텅스텐, 망간 그밖에 광물자원이 풍부했고 또 세계 최대의 미작지대였다.

일본군이 버마에 침입했을 때, 영국군은 그들이 이렇게 빨리 쳐들어오

---

* 오늘날의 미얀마연방공화국(The Republic of the Union of Myanmar). 1989년 6월 현재의 명칭으로 바뀌었다.

리라 전혀 예상하지 못했다. 일본군은 지형과 날씨를 이용했다. 일본군은 밀림을 헤치고 먼지가 이는 건조한 초원을 넘었다. 우기에는 거의 도강이 불가능한 강을 걸어서 건넜고, 한낮에 46도에 달하는 고온과 연간 강우량이 500밀리미터나 되는 비를 헤치며 진군했다. 그러니 영국군이 전혀 예상하지 못했던 것도 무리가 아니었다. 연합군에게 있어 버마를 잃는 것은 치명적이었다. 중국이 결정적인 패배의 위기에 직면하고 인도도 일본군에게 공격당하는 가능성이 현실로 다가온 것이었다.

버마마저 일본에 빼앗긴 연합군은 당혹했다. 중국으로 통하는 보급로가 무너졌기 때문이다. 연합군 수뇌부는 무슨 방법을 사용하든 중국에 전쟁물자를 지원해야 한다고 생각했다. 중국의 장제스군이 많은 일본군을 붙잡고 있어주어야 다른 지역에서 전쟁을 쉽게 할 수 있었기 때문이다. 연합군은 전쟁물자를 공중을 통해 지원하기로 결정한다. 제2차 세계대전사에서 가장 극적인 공수코만도 작전이 벌어지게 된 것이다. 공수코만도 작전을 수행한 부대는 인도-중국 항공단이었다. 이 항공단의 사령관은 애드워드 H. 알렉산더 소장이었다. 항공단의 주력기는 C-46이었다. 당시 공중지원에 사용된 항공기는 C-46으로 조종사들은 이 비행기를 '덤보'라는 별명으로 불렀다. 1943~1945년 인도와 중국을 잇는 위험한 공로에서 전쟁물자를 운반한 것은 '덤보'라고 불린 C-46 코만도[Curtiss C-46 Commando]였다. C-46 코만도는 약 6,500m³의 화물칸에 4톤의 물자를 실을 수 있고 7,000미터 이상 높이에서 비행할 수 있었다. 당시 미군이 가지고 있었던 쌍발수송기 C-47보다 2배나 더 많은 적재량을 자랑했다. 1943년부터 1945년까지 3년간 C-46 코만도를 활용한 공수는 중국에 있는 미군과 중국군에 대한 유일한 보급 방법이었다. 인도 북동부에 있는 아삼[Assam] 지방의 차부아 부근에서 중국의 쿤밍까지 800킬로미터나 이어진 이 험난한 공중 길을 조종사들은 '험프[hump*]'라 불렀다. 세계에서 가장 험악한 산악과 계곡지역을 조종사들은 역설적이게도 '작은 언덕'이라고 부른 것이다. '험프'라 불린 인도에서 중국에 이르는 공로는 세계에서 가장 황량한 지역이다. 험프 공로의 중심은 4,500미터의 산맥이었고, 평균 표고가 3,000미터의 산지였다. 정글로 뒤덮인 협곡은 이라와디 강과 살윈 강, 메콩 강이 있었다. 지형과 기상이 만들어내는 악조건은 살인적이었다. 초속 100미터의 강한 제트기류, 산악이 만들어내는 이상기류와 1분간 1,000미터를 오르내리게 하는 난류, 강력한 회오리바람, 동남아의 몬순이 가져오는 저고도구름과 악시정, 강력한 뇌우는 조종사들의 생명을 끊임없이 위협했다.

공수코만도 작전에 사용된 C-46은 최초에는 결함 투성이였다. 최초 인수한 30대의 C-46은 전부 리콜해야만 했을 정도였다. 그러나 결함을 고친 다음 C-46 코만도는 당시 수송기로서는 우수한 능력의 항공기였다. 그럼에도 작은 결함은 여전히 가지고 있었다. 기체의 이음매가 불완전하여 큰 비가 내릴 때 동체는 대바구니처럼 물이 새곤 했다. 높은 고도에 올라가면 기온이 내려가면서 착빙이 발생했다. 착빙을 막아주는 방빙장치의 결함 때문에 공기흡입구가 얼음에 막혀 엔진출력이 저하하거나 엔진이 멎기도 했다. 강력한 난류에 휩쓸려 순간에 산맥으로 떨어져 내려갔다. 연료파이프가 갈라져 휘발유가 엔진에 뿜어져 화재나 공중폭발하기도 했다. 폭우 속을 비행하다 뇌우를 맞거나 고도를 잃어 추락하기도 했다. 조종사들은 두꺼운 재킷을 입고 호스를 입에 물고 산소를 흡입하면서 비행했다. 고도가 3,000미터를 넘으면 조종석은 영하 5도 이하가 되었고 공기도 희박해졌기 때문이다. 3년 동안 600대에 가까운 수송기가 추락했다. 히말라야 산봉우리 사이에는 추락한 C-46 수송기의 잔해가

---

* '험프'란 뜻은 화차 조차장의 방향별 구분선 한쪽에 설치된 작은 언덕이다.

제2차 세계대전 당시 수송기 C-46 코만도

널려 있었다. 조종사들은 이 길을 '알루미늄의 오솔길'이라고 불렀다. 그런 악조건 속에서도 조종사들은 C-46으로 연료, 식량, 무기, 의약품을 중국에 성공적으로 공급했다.

  항공기에 가장 위험한 기상요소는 무엇일까? 항공기에 가장 큰 영향을 주는 것이 난류와 착빙, 뇌우와 저고도 구름 및 시계악화다. 산악지대 상공의 기류는 심한 난류를 만들어낸다. 산세가 복잡하고 풍속이 크고 공기의 안정도가 나쁠수록 난류는 심해진다. 히말라야 산맥이 만들어내는 지형적인 특성과 아시아 상공에 나타나는 제트기류는 예측이 어려운 강력한 난류를 만들어낸다. 맑은 하늘에서 만나는 청천난류와 산악파는 특히 위험하다. 두 번째로 착빙이란 공기 중에 노출된 비행기의 표면에 과냉각 수적이나 구름 입자가 부착되어 얼음 피막을 형성하는 것을 말한다. 착빙이 발생하면 항공기는 안정을 잃고 정상적인 속도를 유지할 수 없으며 심한 경우 추락하게 된다. 우기인 몬순기간에 발생하는 저고도 구름과 시계악화는 인도와 동남아 지역에 나타나는 독특한 기상현상이다. 조종사들이 시계를 확인하기 어려워지기 때문에 사고가 자주 발생한다. 비구름에 동반되는 뇌우도 항공기의 계기나 안전에 위험요소로 작용한다. 최첨단 제트 항공기도 난류, 착빙, 저고도 구름 및 시계악화로 추락하는 사고가 자주 발생한다. 하물며 65년 전의 열악한 수송기는 이런 기상조건에 더욱 취약할 수밖에 없었을 것이다.

공수코만도 조종사들은 가장 열악한 근무조건에서도 전쟁의 승리를 위해 최선을 다해 전쟁물자를 공수했다. 동료들이 수송 도중 지속적으로 죽어갔음에도 조종사들은 서로를 격려하고 더 많은 성과를 만들어내기 위해 경쟁하곤 했다. 돈을 걸고 비행기의 수와 기종, 수송량 등의 결과를 가지고 시상하는 것이었다. 그들은 깡통 같은 항공기로 비행한다는 전투기 조종사들의 비웃음에 단호하게 대답했다고 한다.

"그래, 너희 전투기 조종사들은 12.7mm 기관총을 6종이나 달고 시속 640킬로미터로 난다. 그러나 우리는 단지 권총 한 자루 만으로 비행하고 있다. 그럼에도 우리는 깡통 같은 항공기를 사랑하고 죽을 각오가 되어 있단 말이야."

저널리스트인 에릭 세바레이드는 공수코만도 조종사의 생활조건에 대해 다음과 같이 기록했다.

"조종사들이 생활하는 이곳은 쾌적한 생활 따위는 눈곱만치도 없다. 휴게소도 없고 간호원도 없다. 시원한 음료나 음식도 전혀 없다. 휴가 때에 쉬러 나갈 만한 장소도 근처에는 없다. 정말 무서운 곳이다."

이 작전의 가혹한 임무는 조종사가 담당했지만 수송기 역시 지나친 오버로드로 과부하에 걸려 있었다. "비행기는 잠 잘 필요가 없다"는 사령관 알렉산더의 지침 아래 항공기는 거의 쉬지 못하고 다음 작전에 투입되고 있었다. 수송기의 24시간 유지관리가 필수적이었던데 반해 정비사들은 부품조달에 애로를 겪고 있었다. 항공기사고 분석가들은 후에 공수코만도 수송기의 추락이 많았던 이유는 항공기 정비 부실 때문이었을 것이라고 말한다. 항공기가 거의 쉬지 못했던 것처럼 조종사들도 격무에 시달리기는 마찬가지였다. 과로와 공포로 '험프 넘기 공포증'에 걸린 조종사도 있었다. 수송기의 추락으로 수백 명의 조종사가 낙하산으로 밀림에, 히말라야 산맥에 뛰어 내렸다. 그들은 일본군의 포로가 되거나, 야만족에게 살해되었다. 혹은 이질이나 말라리아 등의 전염병으로 살아 돌아온 사람은 거의 없었다. 그럼에도 공수코만도 조종사들이 전쟁 기간 중 중국으로 공수한 전쟁물자는 무려 45만 톤이나 되었다. 물자를 지원하기 위해 그들은 하루에 16시간씩 근무했다. 그들이 쉬었던 날은 오직 새들조차 날 수 없는 최악의 악천후 때였다. 전쟁이 끝났을 때 공수작전을 수행하다 전사한 조종사가 무려 1,000명이 넘었다.

공수코만도 수송기가 내리기 위해서는 활주로가 필요하다. 1942년 봄, 수송작전을 시작할 무렵에는 비행장이 인도 측의 딘잔^{Dinjan}과 중국 쿤밍에 하나씩밖에 없었다. 그러나 전쟁이 끝날 무렵인 1945년경에는 인도에 13개, 중국에는 6개로 늘어났다. 비행장 활주로는 비행안전에 절대적이다. 기상악화에 대비해 최소한 2개 이상의 비행장이 운영되어야 한다. 한 곳이 기상이 나빠 내릴 수 없을 경우 대체기지가 필요하기 때문이다. 또 일본군의 비행장 점령에도 대비해야만 했다. 그런데 신설비행장의 대부분은 민간노동자의 손으로 만들어졌다. 특히 많은 여성들이 동원되었다. 여성노동자들은 큰 암석을 해머로 부수어 바구니에 담아 머리에 이고 나르면서 활주로를 만들었다. 1,800미터 길이의 울퉁불퉁한 활주로였음

자신의 P-40 전투기 옆에 선 '플라잉 타이거즈' 조종사. 연합군이 일본에 승리할 수 있었던 이면에는 수많은 조종사들의 희생이 있었다.

에도 3~4시간을 날아온 조종사들에게는 너무나 감사한 활주로였을 것이다.

인도-버마-중국 전쟁에 또 다른 항공영웅이 있었다. 클레어 L.센놀트 소장이다. 그는 태평양전쟁의 승패를 항공력이 결정지을 것으로 생각하고 있었다. 기인이라고 불리는 그는 '타이거 플라이즈'라는 비행부대를 창설하여 중국-버마-인도 전역에서 놀라운 전과를 올렸다. 공수코만도의 수송기가 그나마 덜 피해를 입은 것은 센놀트의 전투비행단 덕분이었다. 이들이 동남아에 주둔하는 일본군 제로 전투기를 무력화시켰기 때문이다. 튼튼하지만 성능이 뒤지는 P-40전투기에 무서운 상어의 눈알과 톱날 같은 이빨을 그렸던 전투항공부대는 일본군에게는 공포의 대상이었다. 플라잉 타이거즈는 압도적 다수의 일본기를 상대로 용감하게 싸웠다. 제로 전투기는 P-40의 2배 속도로 선회하고 상승할 수 있는 능력있는 항공기였다. 1942년 2월 25일 일본군은 166대의 비행기로 랭군을 공습했다. 플라잉 타이거즈는 불과 9대로 이것을 요격하여 24대를 격추했다. 다음 날 약 200대의 일본기가 다시 랭군을 공습했다. 이번에는 18대를 격추했다. 이틀 동안 P-40의 손실은 겨우 3대였다. 전쟁이 끝날 때까지 '플라잉 타이거즈'는 1,220대에 이르는 일본기를 격추했다. 미확인된 일본 전투기도 700대나 된다. 플라잉 타이거즈의 손실은 573대였다.

  연합군이 일본에 승리한 이면에는 알려지지 않은 수많은 조종사들의 희생이 바탕이 되었다. 최악의 기상조건을 극복하고 전쟁을 승리로 이끈 그들에게 존경을 보내면서 공수코만도 조종사들의 구호였던 "개처럼 살고 귀신처럼 난다"를 가슴에 새겨본다.

바람이 불어간
머나먼 다리

"주님, 몽고메리 장군을 용서하소서."

공수부대를 이끌고 마켓가든 작전에 참여했던 폴란드 제1공수여단장의 피맺힌 절규이다. 이 작전으로 폴란드 제1공수여단은 공수된 지 하루 만에 거의 전 병력이 몰살당하는 비극을 겪었다. 이 작전을 실감나게 그린 영화로 〈머나먼 다리A Bridge Too Far〉(1977년)가 있다. 영국군 제1공수사단장으로 출연한 숀 코네리를 비롯, 제임스 칸, 라이언 오닐, 로버트 레드포드 같은 배우들이 연합군 지휘관들로 출연하고 있다. 영화 제목 '머나먼 다리'는 영화 마지막 대사에 등장한다. 큰 희생을 치루고 돌아와 유감을 표하는 영국 공수사단장에게 작전을 지휘한 브라우닝 장군이 이렇게 말한다.

"우린 너무 머나먼 다리까지 가려 했소."

역사적인 노르망디 상륙작전이 성공한 후 연합군은 본격적인 독일 공격을 시작했다. 8월에는 파리를 수복했고 전 전선에 걸쳐 독일군을 압박하며 미군과 영국군이 베를린을 향해 진격하고 있었다. 팔레즈 포위망에서 괴멸적인 타격을 입은 독일군은 게르트 폰 룬트슈테트Gerd von Rundstedt(1875~1953) 원수를 다시 서부전선 독일군 사령관으로 기용했다.

그의 필사적인 방어작전에도 전선은 네덜란드까지 후퇴한 상태였다. 그런데 승승장구하면서 진격하던 연합군의 진격이 갑자기 멈추었다. 보급 문제 때문이었다. 그중에서도 연료 문제가 심각했다. 독일군이 후퇴하면서 북프랑스의 항구들을 철저히 파괴했다. 남은 것은 노르망디 항구 하나 뿐이었다. 하나의 항구로 보급품을 하역하다 보니 많은 양을 공급하지 못했다. 여기에 프랑스의 수송

'레드볼 익스프레스' 경로를 표시한 표지판. 최전선부대가 노르망디에서 더 멀어짐에 따라 연합군의 보급능력은 한계에 다다랐다.

망이 무너진 것도 한몫을 했다. 프랑스 철도는 레지스탕스의 파괴, 연합군의 공중폭격으로 거의 기능을 상실한 상태였다. 따라서 노르망디 해안에서 최전선까지의 보급은 '레드볼 익스프레스'라 불리는 흑인 운전병들이 운전하는 특별 보급대에 의존하고 있었다. 그러나 최전선부대가 노르망디에서 더 멀어짐에 따라 연료보급에 한계가 온 것이다. 미국과 영국의 지상군 지휘관들 사이에는 연료의 우선 공급을 놓고 심한 갈등과 반목이 일어났다. 특히 영국의 몽고메리 장군과 미국의 패튼 장군의 알력은 심각한 상태였다. 이런 상황에서 영국의 몽고메리 원수가 마켓가든 작전을 계획했다. 전사가들은 미국의 패튼George Smith Patton(1885~1945) 장군보다 먼저 베를린을 점령하겠다는 몽고메리의 조급한 욕심이 만든 작품이 마켓가든 작전이라고 말한다.

'마켓가든 작전'에서 '마켓Market'은 공수사단(미국 제82공수사단, 제101공수사단, 영국 제1공수사단)을, 가든Garden은 독일 본토로 진격할 기갑부대(영국 제30군단)를 뜻한다.

작전의 개요는 다음과 같다. 독일군이 벨기에를 포기하고 네덜란드에 집결해 있으니 네덜란드로 병력을 집중하자는 것이다. 네덜란드의 에인트호번-네이메헌-아른험의 요지에 공수부대를 투하시키고 주요 교량을 확보하면, 영국 제30군단 2만 대의 차량이 진격하여 네덜란드를 해방시킬 수 있고, 여세를 몰아 독일 본토를 공격하면 올해 안에 베를린을 점령할 수 있다는 것이었다. 작전이 성공하면 장병들을 크리스마스 이전에 고국으로 돌려보낼 수 있다는 장밋빛 낙관론에 따라 3만 5,000여 명 이상의 공수부대와 약 4,000대의 공중수송기, 약 1,500대의 전투기가 동원되었다.

몽고메리 장군은 기습적인 공수작전을 통하여 라인 강의 교량에 대한 교두보를 확보한 다음 영국의 기갑군단을 진격시켜 이들과 합류시킬 계획이었다. 1944년 9월 17일, 연합군 제1공수군 예하 영국군 제1공수사단, 미군 제82·101공수사단의 1만 9,000여 병력이 네덜란드 에인트호번Eindhoven에서 아른험Arnhem에 이르는 지역에 강하하면서 작전이 시작되었다. 총병력 3만 5,000여 명, 340문의 휴대용 화포, 500여 대의 소형 차량 등, 총 600여 톤 규모의 물자를 적재한 공수부대의 수송기와 글라이더가 영국 각지의 비행장에서 이륙했다. 오후 2시 15분, 벨기에-네덜란드 국경선에서 전투대기 중이던 영국 제30군단이 네덜란드로 진격을 개시했다. 그러나 작전 초기부터 조짐이 이상했다. 수송기의 고장 등으로 일부 기체가 본국, 또는 인근 연합군 비행장으로 복귀했다. 지상군 또한 작전 초부터 독일군의 대전차포 공격으로 진격이 지지부진했다.

가장 먼저 에인트호번에 미국 제101공수사단*이 공수되었다. 이들은

---

* 걸프전을 통해 미국이 세계를 놀라게 한 매우 신속한 기동성을 가진 공중강습전력 위주로 구성된 사단이다. 1942년 미국의 제2차 세계대전 참전 당시 창설될 때에는 비행기에서 직접 강하하는 공수부대였으나, 전후 재편성 과정에서 공중강습부대로 전환되었다. 또한 특수부대가 아닌 일반 정규군 부대로 분류된다.

다리 하나를 점령하는 데 성공하지만, 또 다른 다리를 점령하는 데는 실패했다. 두 번째는 미국 제82공수사단이 네이메헌Nijmegen에 투하되었다. 하지만 여기서도 독일군이 선수를 쳐 먼저 다리를 장악한다. 결국 다리를 두고 공수부대와 독일군이 대치하게 된다. 아른험에 투입된 영국 제1공수사단의 경우는 매우 심각했다. 아른험 주변엔 독일 기갑사단이 배치되어 있어서 순식간에 독일 기갑사단의 공격을 받았기 때문이다. 전쟁 후 평가에서 영국 제1공수사단이 자기들의 패배를 호도하기 위해 독일 기갑사단을 과대평가했다는 분석이 있다.*

9월 18일 오후, 작전 예정 시간보다 24시간이 넘어서면서 영국 제30군단이 에인트호번에 도달한다. 다리가 부서져 가교를 만들어 도하하는 바람에 또 다시 시간을 허비한다. 결국 영국 제30군단은 예정 시간보다 사흘이나 초과한 9월 19일에 네이메헌에 도착했다. 다리가 폭파되어 네이메헌에 묶인 영국 제30군단은 멈춘다. 결국 제82공수사단 병력이 상륙보트로 도하작전을 펼쳐 다리를 점령하기로 한다. 도하작전이 개시되었지만 독일군의 치열한 탄막 사격으로 인해 많은 장병들이 수중고혼水中孤魂이 된다. 수많은 희생으로 다리를 점령했지만 예정 시간을 훨씬 넘겼기 때문에 작전은 거의 실패와 다름없었다. 강을 도하하는 데 성공했지만 제30군단은 계속되는 독일군의 저항으로 결국 아른험에서 수십 킬로미터 밖에 떨어지지 않은 제방길에서 진격을 중단하게 된다.

아른험 시내에서는 영국 제1공수사단의 주력부대가 혼전에 들어가면서 사단과 제대간의 통신이 완전히 두절되었다. 9월 19일, 독일군은 영국군이 더 이상 항복할 것 같지 않자 영국군이 엄폐해 있는 민가에 대해

---

* 독일 기갑사단에 의해 큰 피해를 입은 것은 영국이 자군의 패배를 감추기 위한 핑계일 뿐이었으며, 실제로는 이 기갑사단들은 1개 보병사단만도 못한 전력을 가지고 있었다는 것이다. 미국 정보기관의 분석에 의하면 당시 아른험에 주둔했던 독일 기갑사단의 전력은 사단 총원 3,000명 이하로서 기갑사단은커녕 연대 전투단 정도 수준이었다고 한다.

무차별 포격을 퍼부었다. 이 포격에 영국군 병력이 괴멸적인 타격을 입게 된다. 9월 20일 스타니스와프 소사보프스키Stanisław Sosabowski 장군의 폴란드독립공수여단이 영국 공수부대를 지원하기 위해 아른험 지구에 투입된다. 하지만 이들도 독일의 맹공격으로 부대 전체가 괴멸하는 비극을 맞는다. 마침내 영국 제1공수사단은 퇴각을 결정한다. 9월 25일엔 오스테르베크Oosterbeek로 퇴각하면서 마켓가든 작전은 막을 내린다. 결국 작전 개시 9일째인 9월 25일 새벽 5시에 마켓가든 작전은 처절한 패배로 막을 내렸다.

'마켓가든' 작전에 가장 큰 영향을 주었던 것이 지형과 날씨였다. 1944년 9월 17일 미군과 영국의 낙하산부대가 에인트호번 등 5개의 교량을 점령하기 위해 공중 투하되었고, 이에 맞춰 에인트호번 남쪽에서는 영국 기갑군단의 진격이 시작되었다. 그러나 이 지역의 진흙땅을 고려하지 않았던 것이 큰 문제였다. 막상 진격을 시작하자 차량이 다닐 수 있는 곳은 운하와 배수시설 사이에 땅보다 2미터 이상 높게 만들어진 좁은 제방과 도로밖에 없었고, 구석구석에 적의 은폐를 도와줄 삼림지가 산재해 있었다. 영국 기갑군단은 엄호할 지형이 없는 도로상에서 숲 속에 숨어있던 독일군의 88mm 대전차포의 좋은 표적이 되었다. 게다가 앞의 전차가 파괴되면 뒤의 차량과 전차는 움직일 수 없었다. 진격속도는 갈수록 늦어만 갔고 결국 영국군 기갑부대는 독일군에 항복하고 말았다.

두 번째가 날씨 요인이다. 낙하장비가 엄청나게 발달한 현재도 공수작전에는 상층 바람이 결정적으로 작용한다. 그러나 '마켓가든' 작전에서는 상층 바람을 전혀 고려하지 않았다. 이날 강한 상층 바람이 불면서 계획했던 지역에 정확히 투하된 공수부대가 거의 없었다. 특히 가장 동쪽의 아른험에 투하되었던 영국 부대는 강한 상층풍으로 인해 교량으로부터 멀리 떨어진 지역에 투하되었고 고립되면서 거의 전멸하고 말았다. 또 작

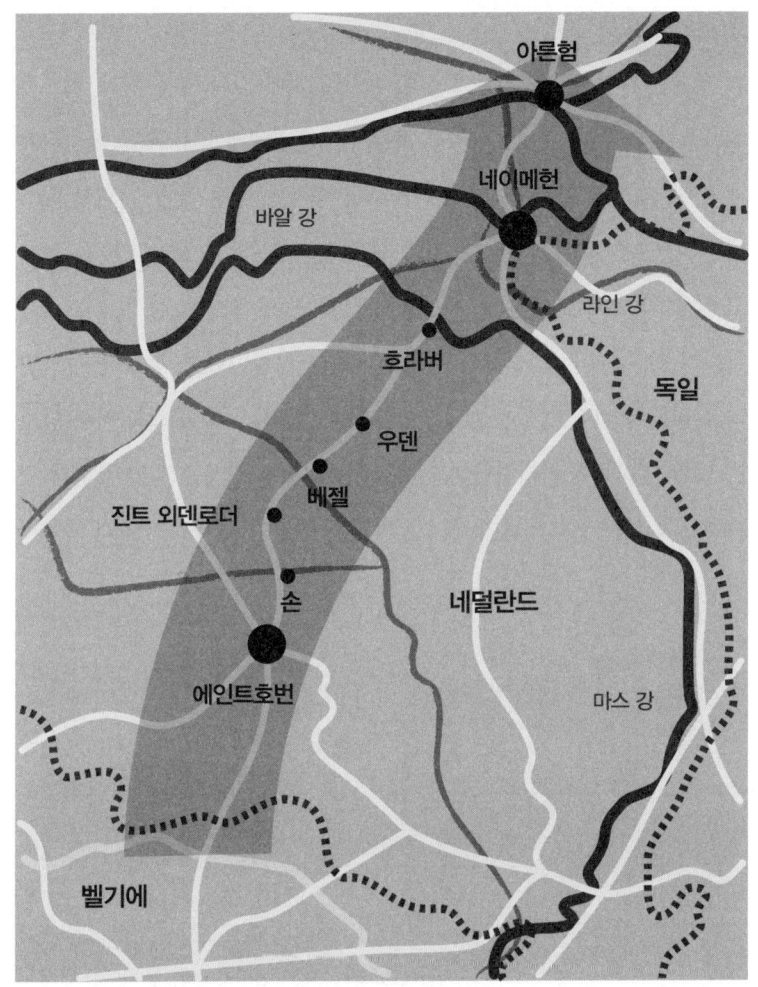

마켓가든 작전지역과 연합군 공격로

전의 성공을 위해 공군력의 지원이 필수적이었으나 계속되는 나쁜 날씨로 인해 공중지원은 불가능해졌고, 결국 영국의 연합군 기갑사단이 독일군에 밀리게 되는 원인이 되었다. 마지막으로 보급품의 공중투하에서도 날씨 요소가 중요하게 작용했다. 투하된 보급품 390톤 중 31톤만이 연합군 손에 들어갈 정도로 바람을 전혀 이용하지 못한 보급작전이 패배의

한 원인이 되었다.

"적절한 타이밍이 승리를 보장한다"라는 말이 있다. 좋은 예로 세르토리우스Quintus Sertorius(B.C. 122~72) 이야기는 우리에게 많은 것을 생각하게 해 준다. 게르만의 장수 세르토리우스는 병사들 앞에 말 두 마리를 끌어냈다. 한 놈은 늙고 병들었고, 다른 한 놈은 젊고 크며 활력이 넘쳤다. 늙고 약한 말 옆에는 힘센 장사가, 젊고 강한 말 옆에는 볼 품 없는 나약한 남자가 서 있었다. 말의 꼬리털을 빨리 뽑는 시합이었다. 힘센 장사는 말의 꼬리를 움켜쥐고는 온 힘을 다해 잡아당겼다. 이에 반해 나약한 남자는 말의 꼬리털을 하나하나 뽑기 시작했다. 힘센 장사는 힘만 쓰다가 털 뽑기를 포기해버렸다. 반면 나약한 남자는 순식간에 말 꼬리를 다 뽑아버렸다.

"여러분은 무식한 힘보다 끈질긴 노력이 더 효과적임을 보았다. 단번에 모든 걸 하려 해서는 안 되며, 조금씩 노력해야 많은 장애를 뛰어넘을 수 있다. 끈질긴 노력에는 무엇도 당할 수 없는 법이다. 지혜롭게 적절하게 나서는 자에게 시간은 좋은 친구이자 동맹군이지만, 때를 잘못 골라 성급하게 달려드는 자에게 시간은 가장 위험한 적이다."

- 플루타르코스의 『세르토리우스의 생애』 중에서

짧은 시간에 큰 공을 세우려던 몽고메리 장군의 욕심이 연합군의 처참한 패배를 불러온 것이다.

마켓가든 작전의 실패에는 여러 가지 원인이 있다. 그중 한 저술가가 본 마켓가든 작전의 실패 원인*은 주로 전술, 전략적인 분석을 기반으로 하고 있다. 내용이 좋아 소개해 보도록 하겠다. 첫째, 노르망디 상륙작전

1944년 9월 28일, 전투 후 네이메헌의 모습. 미국 제82공수사단의 네이메헌 다리 장악이 지연되고 지상군 전진이 늦어졌다.

이후 독일군의 회복력과 저항력을 과소평가했다. 단지 폴란드공수여단장인 소사보프스키 중장과 로이 어커트Roy Urquhart 소장만 여기에 의문을 제기했다. 둘째, 영국 제1공수사단에 2개 독일기갑사단의 존재를 명확하게 알려주지 않았다. 이 결과 충분한 대전차무기를 보유하지 못한 채 작전에 돌입하게 되어 치명적인 타격을 받았다. 셋째, 브라우닝 중장이 자

---

* Martin Middlebrook, *Arnhem 1944 : The Airborne Battle* (London : Penguin Books, 1995), pp. 443~444.

1944년 9월, 네덜란드에 강하하는 낙하산부대. 몽고메리가 "80퍼센트 이상의 목적을 달성했다"고 선전했지만 실제로 마켓가든 작전에서 연합군이 얻은 것은 아무것도 없었다.

신의 사령부를 네덜란드로 이동하기로 한 결정도 올바르지 못했다. 글라이더 38대를 사용하는 바람에 정작 전투 공수부대 수송에 차질을 빚었다. 넷째, 공수계획이 잘못되었다. 주요 목표인 아른험 다리에서 12킬로미터나 떨어진 곳에 제1공수사단을 강하시켜 기습의 효과를 상실하게 만들었고, 사흘에 걸친 공수로 인해 전력을 집중하지 못했다. 다섯째, 영국 제1공수사단장인 어커트 소장이 제1낙하산여단장에게 작전 초기에 아른험 다리로 신속하게 전진할 필요성을 주지시키지 못했다. 이 결과 중요한 작전 초기에 제1낙하산여단의 일부 부대가 전진을 중단하는 사태가 벌어졌다. 여섯째, 네덜란드 저항세력을 충분히 이용하지 못했다. 일곱째, 지상군 지원을 위한 공군력(제2전술공군)을 제대로 활용하지 못했다. 여덟째, 브라우닝이 미국 제82공수사단에 네이메헌 다리 장악의 중요성을 명확히 강조하지 않아 다리 장악이 지연되고 지상군 전진이 늦어졌다. 아홉째, 몽고메리 원수가 지상군 진격은 "측면에 무슨 일이 생기던 간에 신속해야 한다"고 강조했음에도 제30군단의 전진은 이에 부합하지 못했다. 이 결과 제30군단의 사상자는 1,500명인데 비해 제1공수사단과 폴란드독립공수여단의 사상자는 8,000여 명에 달했다. 제1공수사단장 어커트 소장과 참모들은 웨스터보웡 고지와 그 밑에 있는 페리 선착장의 중요성을 간과했다. 그곳을 계속 지키고 있었다면 아른험 다리가 상실된 후에도 제30군단이 그곳을 통해 라인 강을 도하하여 마켓가든 작전을 성공시킬 가능성이 존재했다.

전쟁이 끝난 뒤 영국군 사령관 몽고메리가 "80퍼센트 이상의 목적을 달성했다"고 선전했지만 실제로 마켓가든 작전에서 연합군이 얻은 것은 아무것도 없었다. 오히려 정예공수부대원을 포함해 1만 7,000명의 젊은 목숨만 희생되었다. 특히 영국 제1공수사단은 단지 2,163명만 간신히 살아서 돌아오는 괴멸적인 타격을 입었다. 역설적이게도 노르망디 상륙작전 후부터 전쟁에 패할 때까지 독일이 연합군에 거둔 유일한 승리가 마켓가든 작전이다.

폭염과 폭우가
가른 승패

38선을 넘어 파죽지세로 밀고 내려온 북한군은 1950년 8월 초에는 낙동강 방어선을 사이에 두고 유엔군과 대치했다. 그러나 보급선이 길어지면서 북한군은 병력뿐 아니라 각종 탄약이나 보급품 지원에 애로를 겪기 시작했다. 또한 북한군이 낙동강 방어선까지 진격하는 동안 가장 많이 사용했던, 부대와 부대 사이를 뚫고 유엔군의 후방으로 진출하고 후방 지역을 차단하여 공격하는 전술을 사용할 수 없게 되었다. 그 이유는 지금까지의 방어선과는 달리 낙동강방어선은 부대간의 간격이 없는 좌우가 연결된 방어선이었기 때문이다. 북한군도 이제는 가장 빠른 시간 안에 피해를 무릅쓰고라도 정면공격을 감행하는 수밖에 없었다.

북한군은 8월 5일을 전후하여 낙동강 전 전선에서 일제히 공격을 시작했다. 미 제24사단이 방어하고 있는 영산은 밤에 공격을 해온 북한군 제4사단에 의해 점령당했으나 미군은 재빨리 예비대를 투입하여 격퇴했다. 왜관-현풍 간을 지키는 미 제1기병사단 지역에서도 8월 9일 밤 북한군 제3사단이 도하渡河공격을 시도했으나 미군의 역습을 받고 섬멸되었다.

한편 국군이 방어하고 있던 낙동리-의성-청송-영덕 지역에서는 북한군의 공세에 방어선이 무너지는 상황이 자주 발생했다. 이는 낙동강의 천연방어선이 없는 120킬로미터의 넓은 지역을 방어하고 있었기 때문이다. 이러한 한국군의 취약점을 알고 있던 북한군은 그들의 주력을 이 지역으로 투입했고, 결국 국군은 8월 13일까지 일진일퇴의 혈전을 반복하면서 방어책임 지역을 왜관-다부동-신령-기계-포항을 연결하는 선으로 축소 조정했다. 마산 지역에서는 미 제25사단이 8월 9일부터 북한군 제6사단을 공격하여 진주-사천 일대까지 방어선을 확장함으로써 부산 지역의 서측면을 안정시키려는 '킨 작전'을 시도했다.

북한군 제6사단이 낙동강 방어선의 서남부로 진출하면서 마산 지역이 위기에 빠지자 미 제8군은 8월 3일 미 제25사단을 상주로부터 마산으로 이동 배치하여 북한군 제6사단의 위협을 차단했다. 하지만 정면에 있는 북한군 제6사단도 북한의 정예사단으로, 끊임없이 마산을 위협하고 있었다. 만일 마산이 무너지면 부산 함락과 연결되기에 피아간에 전략적 가치를 지닌 중요한 지역이었다. 이에 미 제8군은 북한군이 8월 공세의 주공主攻을 대구전선으로 집중시킬 것으로 보이자 선제공격에 나서게 된다. 즉, 마산에 배치된 미 제25사단으로 하여금 마산의 서쪽인 진주-사천을 연결하는 선까지 방어선을 확장함으로써 부산의 서측방 위협을 제거하고, 대구 정면에 집중된 북한군을 마산 지역으로 유인하여 대구 정면의 압력을 분산시킨다는 전략이었다.

6·25전쟁에서 유엔군이 북한군에 공격을 먼저 시도한 첫 전투가 바로 '킨 전투'이다. 이때 미 제25사단은 병력 2만 4,000여 명과 전차 101대로 특수임무부대를 편성하고 사단장의 이름을 따 '킨 특수임무부대Kean TF'로 명명했다. 이에 대적하는 북한군 제6사단은 병력 7,500명 정도에 전차는 없는 것으로 추정되었다. 객관적인 전투력에서는 미군에 비해 상당한 열세였으나 그들은 산악 능선의 주요 지점을 장악하고 있다는 유리함이 있었다.

미군의 공격은 8월 7일 06시 30분에 시작되었다. 그러나 산악 능선의 이점을 이용하여 주요 목을 차단하고 있던 북한군에게 도로를 따라 공격하는 미군은 좋은 표적이 되었다. 6·25전쟁에서의 중요한 특성 한 가지는 전차가 도로 외에서는 기동할 수 없었다는 것이다. 그러므로 공격하는 전차는 도로를 따라 진격하는 방법밖에 없었으며 방어 시에도 도로 양측에 4~5대의 전차를 배치할 수밖에 없었다. 미 군사고문단이 "한국에서는 전차를 사용할 수가 없다"고 단언한 것도 무리는 아니었다. 또한 장마가 끝나고 기온마저 섭씨 35도까지 상승하는 폭염이 계속되어 일사병으로 쓰러지는 병력이 전투손실의 6배나 되었다.

악전고투 끝에 미군의 선두 부대는 이번 작전의 목표인 사천-진주선 가까이에 있는 장천리-진주 고개를 연결하는 선까지 진출했다. 그러나 산악 능선에 매복해 있던 북한군은 선두 부대를 지원하는 후속부대를 곳곳에서 차단하고 기습적인 공격을 해왔다. 8월 12일 한밤중에는 봉암리에 주둔하고 있던 미군 지원포병 3개 대대가 북한군의 습격을 받아 거의 전멸하는 참사를 당하기도 했다. 지형의 이점을 최대한 활용하여 기습적인 공격을 퍼붓는 북한군의 게릴라 전술과 살인적인 무더위로 많은 손실을 입은 미 제25사단의 공격은 지지부진할 수밖에 없었다. 결국 미 8군은 '킨 작전'이 원래의 목적을 이룰 수가 없다고 판단하여 8월 13일 작전 중지 명령을 내린다. 한국전에서 미군의 최초 공격작전이 실패로 돌아가는 순간이었다.

"한국전쟁 초기에 미군은 적의 총탄 외에도 더위로 더 많은 목숨을 잃어야 했다."

최고 38도를 넘는 무더위 속에서 싸워야만 했던 전사가戰史家 풀러J. F. Fuller의 고백처럼 한국에서의 무더위는 전투에서의 승패를 가르는 주요한 요인이었다. '킨 작전'에서도 35도를 넘는 살인적인 무더위가 계속되었

열파지수

습도 기온	상대습도(퍼센트)								
	50	55	60	65	70	75	80	85	90
26.7	81	81	82	83	85	85	86	87	88
29.4	88	89	90	91	93	95	97	99	102
32.2	96	98	100	102	106	109	113	117	122
35.0	107	110	114	119	124	130	146		
37.8	120	126	132	138	144				

기온(℃)

고, 이로 인해 미군의 최초 공세작전은 실패로 끝나게 된 것이다. 한국의 기후특성상 8월 초는 북태평양고기압의 영향으로 연중 가장 무더울 때다. 또한 이해는 예년에 비해 평균 2~3도 이상 높은 고온현상을 보인 해였다.

더위가 인체에 얼마나 영향을 주는가를 지수로 나타낸 것이 '열파지수 Heat Index'다. 일반적으로 사람들은 온도와 습도가 함께 높을 때 더위를 느끼게 된다. 특히 군 작전에 있어 더위가 주는 영향은 상상을 초월한다. 열파熱波란 '비정상적이고 불쾌한 느낌을 주는 덥고 습한 날씨가 지속되는 기간'을 말하며, 열파지수란 습도와 기온이 복합되어 사람이 실제로 느낄 수 있는 기온을 표현한 것이다. 열파지수가 130 이상에서는 태양열에 지속적으로 인체가 노출되면 열사병이나 일사병의 위험이 매우 높고, 105~130 사이에서는 일사병이나 열경련의 위험이 높다.

한국에서 8월 낮 동안의 습도는 대체로 70퍼센트 이상으로, 매우 습한 날씨를 보인다. 따라서 '킨 전투'가 벌어질 당시 기온이 섭씨 35도 이상이라면 열파지수는 130 이상이 된다. 그렇다면 열사병熱射病*이나 일사병의 위험이 매우 높은 기상조건이었다는 얘기가 된다. 이러한 조건이었으니 총에 맞아 죽은 병력보다 더위로 죽은 병력이 6배 이상이었다는 기록은 사실에 가까운 것이다.

전사戰史에는 수적으로 열세한 병력임에도 무더위를 이용하여 빛나는 승리를 쟁취한 예가 있다. 바로 사라센 제국의 살라딘으로, 그는 십자군 전쟁에서 기독교도에 대한 빛나는 승리를 쟁취해 낸 명장이다.

병력이나 장비의 절대적인 열세에도 불구하고 경무장한 병력으로 게릴라전을 수행하면서 능선 등의 요충지에서 지친 미군을 괴롭혔던 북한군이 살라딘과 비슷했다면, 노출된 전차를 앞세우고 중무장한 채 도로를 따라 진군해 오는 미군은 십자군이나 다름없던 전투가 바로 '킨 전투'였다. 기후요소와 날씨를 아군에 가장 유리하게 이용하는 뛰어난 전략가의 모습은 고대전에서나 현대전에서나 크게 다르지 않을 것이라 생각해 본다.

미군이 주도해 북한군에게 공세를 퍼부어 실패했던 두 번째 전투가 '도살 작전'이다. 미군의 패배는 상식적으로 일어나기 힘든 겨울 호우가 원인이었다.

"아니, 세상이 거꾸로 뒤집힌 모양일세, 한겨울에 집중호우가 내리다니, 원."

1951년 2월 유엔군이 벌인 도살 작전Killer Operation 때 일어났던 기상이변이다. 지구온난화로 인해 지금에야 한겨울에도 심심하지 않게 비가 내리고는 하지만, 당시의 겨울은 예년 평균치를 넘어설 정도로 무척 추웠

---

* 일사병과 비슷하지만 강한 직사광선에 오랜 시간 노출돼 땀으로 체온을 방출하는 것이 불가능해질 때 발생하며 40도 이상의 고열, 신경정신이상 등의 증세를 보이고 심할 경우 사망률이 70퍼센트가 넘을 만큼 치명적이다.

다. 그런데 그 한겨울에 수백 밀리미터의 호우가 내린 것이다.

　유엔군의 기선을 제압하고자 중공군은 4차 공세를 펼쳤으나 1951년 2월 18일 유엔군이 지평리에서 승리하면서 공산군은 패주하기 시작했다. 미 제8군 사령관 리지웨이$^{\text{Mathew Bunker Ridgway}}$(1895~1993) 장군은 중공군의 4차 공세를 불과 1주일 만에 격퇴하고 유엔군이 다시 작전의 주도권을 장악하게 되자, 적이 정비할 시간을 주지 않고 남으로 많이 내려와 있던 제천-영월 지역의 적 주력 세력을 포위 섬멸하기 위해 반격작전을 계획했다. 작전의 명칭은 '적의 주력을 포위 섬멸하는데 있음'을 강조하기 위해 '도살 작전'으로 명명되었다.

　도살 작전의 강원도 지역에 투입된 병력은 무어 소장이 지휘하는 미 제9군단으로 예하에는 미 제24사단, 미 제1기병사단, 미 제2사단, 미 제1해병사단, 한국군 제6사단, 영국군 제28여단 등이 있었다. 1951년 2월 21일 10시, 미 제9군단은 횡성을 점령하기 위해 공격을 개시했다. 그러나 중공군의 저항이 만만치 않은데다가 낮은 구름으로 인해 공중지원이 이루어지지 않아 공격은 조금도 진전되지 않았다. 공격에 조바심을 낼 무렵 낮게 흐렸던 날씨는 밤이 되면서 이내 비를 뿌리기 시작했다. 시간이 갈수록 비의 강도는 더욱 강해져 마침내 하천과 강물이 범람하기 시작하면서 전투병력 뿐만이 아니라 차량도 물에 떠내려갈 지경이 되었다. 이 비는 거의 40시간이나 계속 내리면서 지금까지 흰 눈에 덮여있던 전장을 일시에 진창으로 바꾸어 놓고 말았다. 이런 호우는 수십 년 만에 발생한 기상이변이었다. 이 당시 유엔군은 모래가 많아 건조하다는 이유로 강의 하상^{河床}에 지휘소와 보급소를 설치했다. 그러나 호우가 내리면서 야간에 갑자기 하천이 범람하자 서둘러 피난을 시작했으나 때는 이미 늦어 버렸다. 불어난 강물로 인해 유선망은 단절되고, 보급품은 물에 떠내려갔다. 그리고 각 하천이나 강은 통과가 불가능해졌고, 한강에 가설해 놓았던 주교舟橋마저 떠내려가 사단의 보급로는 완전히 차단되고 말았다.

비는 23일 새벽 4시경에 겨우 멎었으나 호우와 함께 눈이 녹은 물로 도로와 하천이 범람하여 전장은 몸도 채 움직일 수 없을 정도의 진흙탕이 되고 말았다. 미 제5기병연대는 2월24일에 최초 목표였던 469고지를 천신만고 끝에 탈취했다. 그러나 바로 공격중지 명령이 군단으로부터 하달되었다. 이것은 보급두절의 우려와 진흙탕, 공산군의 완강한 저항과 함께 최초 작전목표를 달성할 가망성이 없다는 판단 때문이었다. 또 이 날 군단장인 무어 소장이 전선 시찰을 위한 비행 중 헬기가 한강의 탁류로 추락하여 전사한 사건이 발생한 것도 한 이유였다.

『미 제1기병사단사』에는 "군단이 사단의 공격을 허가했다면 많은 어려움이 있었겠지만 포위는 가능했을 것이다"라고 기술하면서 군단사령부의 판단을 비난하고 있다. 하지만 이 당시 사단의 주보급로였던 여주-곡수장-지평리 간의 전 교량, 특히 한강에 가설했던 주교까지 떠내려가 버렸다. 가능한 모든 수단을 동원하여 보급품 수송을 서둘렀으나 사단 전 장병들에게는 하루 겨우 두 끼의 급식밖에는 할 수 없는 실정이었다. 공중보급도 실시했지만, 다른 사단도 보급품의 결핍은 마찬가지였기 때문에, 일상 쓰는 소화기 탄약 정도만 간신히 보급되고 있는 상황에서 적에 대한 계속적인 공격은 무리가 아닐 수 없었다. 공병들의 노력으로 2월 25일 새벽 4시에 한강의 가교는 완성이 되었으나, 지휘소도 진지도 보급소도 도로도 진흙탕이 되어버려 며칠 동안 공격은 미루어지고 말았다.

호우로 고전하던 미 해병사단은 3월 4일에야 겨우 횡성을 점령했다. 한편 원주~횡성 축선의 우측에서 공격했던 미 제10군단과 국군 제3군단의 공격지역에서는 험준한 산악을 이용하여 제2전선을 형성한 북한군 유격대와 치열한 교전이 계속되고 있었다. 그러나 이곳에서도 폭설이 내리면서(산악지역이기에 비대신 눈이 내림) 유엔군의 기동은 극도로 제한 받게 되었다. 이에 따라 공격부대들의 진격은 지연되어 겨우 3월 6일에야 예정된 목표선에 도달했다.

미 제8군은 14일간(2.21~3.6) 계속된 '도살 작전'에서 퇴각하는 적의 주력을 포착 및 섬멸하기 위해 기동성이 우수한 미군사단 위주로 추격 작전을 펼쳤다. 그러나 예기치 못한 기상이변으로 후퇴하는 적을 포위 섬멸하지 못하고, 진흙탕위로 겨우 겨우 전진하여 적의 뒤를 쫓아가는 수준에 그치면서 작전을 종료하게 된다. 미군은 전사에서 이 전투를 '도살^{Killer} 작전을 죽인^{Kill} 호우전투'라고 부르고 있다.

도살 작전처럼 전투나 작전에서 비가 주는 영향은 무엇일까? 먼저 병력 및 장비의 기동제한을 가져오며, 병력의 사기와 능률에도 영향을 준다. 탄약으로는 소이탄 효과 저하가 있으며, 정보 및 전자전에서는 사진 및 적외선 수집 장비의 능력이 저하되며, 표적 반사파를 차징^{Charging}하여 레이더 교란현상이 발생한다. 화학전에서는 생물학 작용제와 화학 작용제의 효과를 감소시킨다. 비가 시간당 13밀리미터 이상 내리면 항공작전에서의 표적획득이 제한되며, 전자장비에서는 대기권 반사 송신방해와 함께 레이더 탐지거리 및 정확도가 감소하고, AM/FM 무선방해현상이 발생한다. 시간당 25밀리미터 이상 비가 내리면 청음감지기 및 레이더 효과가 감소하며, 12시간당 50밀리미터 이상의 비가 내릴 경우 병력·장비 이동속도가 지연되고 교통능력에 제한을 받는다.

전쟁에는 예측할 수 없는 사태가 자주 발생한다. 전투에 임하는 지혜로운 지휘관이라면 전투가 벌어질 지역의 토양조건과 날씨의 변화 및 특성을 미리 파악해야만 한다. 갑작스럽게 내린 비나 눈은 단 몇 분 만에 건조하고 마른 전쟁터를 진흙탕의 수렁으로 바꾸어 버릴 수 있기 때문이다. 어떠한 상황에서도 준비된 지휘관만이 승리할 수 있다는 것을 잘 보여준 것이 킨 작전과 도살 작전이었다.

참고문헌

강승일, 『최초의 문명인들의 신화와 종교』, 한신대학교출판부, 2011

고든 L. 리트먼 저, 김홍래 역, 『인천 1950』, 플래닛미디어, 2006

구본형, 『구본형의 그리스인 이야기』, 생각정원, 2013

그레고리 프리몬-반즈 · 토드 피셔, 『나폴레옹 전쟁』, 플래닛미디어, 2009

기상연구부, 『기상총감』, 공군 73기상전대, 1994

김광일, 『전쟁으로 읽는 한국사』, 은행나무, 2012

김도균, 『세계사를 뒤흔든 전쟁의 재발견』, 추수밭, 2009

김동완 · 김우탁, 『날씨 때문에 속상하시죠』, 좋은벗, 1998

김명섭, 『대서양문명사』, 한길사, 2001

김성남, 『전쟁으로 보는 삼국지』, 수막새, 2009

김소구, 『지진과 재해』, 기전연구사, 1996

김연옥, 『기후학 개론』, 정익사, 1987

김연옥, 『한국의 기후와 문화』, 이화여자대학교 출판부, 1985

김충영, 『전쟁영웅들의 이야기 : 고대 중앙아시아편』, 두남, 2010

김희보, 『역사 이전의 역사』, 가람기획, 2011

남경태, 『역사 : 사람이 알아야 할 모든 것』, 들녘, 2008

남경태, 『인간의 역사를 바꾼 전쟁이야기』, 풀빛, 2002

남경태, 『종횡무진 동양사』, 그린비, 2013

남도현, 『교과서는 못 가르쳐주는 발칙한 세계사』, 플래닛미디어, 2008

남도현, 『끝나지 않은 전쟁 6 25』, 플래닛미디어, 2010

남도현, 『전쟁, 그리고』, 플래닛미디어, 2012

남도현, 『히틀러의 장군들』, 플래닛미디어, 2009

노병천, 『도해세계전사』, 한원, 1989

『라이프 지구 재발견 시리즈』, 한국일보타임라이프, 1989

로널드 피어슨 저, 김준민 역, 『기후와 진화』, 민음사, 1987

로라 리 저, 박지숙 역, 『세계사 캐스터』, 웅진지식하우스, 2007

로먼 크르즈나릭 저, 강혜정 역, 『원더박스』, 원더박스, 2013

류평 편저, 김문주 역, 『인류의 운명을 바꾼 역사의 순간들 : 전쟁편』, 시그마북스, 2009

리처드 오버리 저, 류한수 역, 『스탈린과 히틀러의 전쟁』, 지식의 풍경, 2003

마이크 데이비스 저, 정병선 역, 『엘니뇨와 제국주의로 본 빈곤의 역사』, 이후, 2008

마이클 매클리어 저, 유경찬 역, 『베트남 10,000일의 전쟁』, 을유문화사, 2002

마크 네스빗 저, 김봉기 역, 『체임벌린의 남북전쟁』, 한스하우스, 2011

마크 힐리 저, 김홍래 역, 『미드웨이 1942』, 플래닛미디어, 2008

맥스 부트 저, 송대범 · 한태영 역, 『MADE IN WAR 전쟁이 만든 신세계』, 플래닛미디어, 2007

문승의, 『기상환경의 이해』, 지구문화사, 1987

박은식 저, 김태웅 역해, 『한국통사』, 아카넷, 2012

박태균, 『한국전쟁』, 책과함께, 2005

반기성, 『날씨 토픽』, 명진출판, 2000

버나드 로 몽고메리 저, 승영조 역, 『전쟁의 역사 (Ⅰ·Ⅱ)』, 책세상, 1995

변희룡, 『이야기로 간추린 天機天氣』, 정명당, 1994

브라이언 페이건 저, 남경태 역, 『기후, 문명의 지도를 바꾸다』, 예지, 2007

브라이언 페이건 저, 윤성옥 역, 『기후는 역사를 어떻게 만들었는가』, 중심, 2002

사이먼 윈체스터 외, 박영원 역, 『지구의 생명을 보다』, 휘슬러, 2005

스티븐 배시 저, 김홍래 역, 『노르망디 1944』, 플래닛미디어, 2006

실베스트르 위에 저, 이창희 역, 『기후의 반란』, 궁리, 2002

아노 카렌 저, 권복규 역, 『전염병의 문화사』, 사이언스북스, 2001

아서 브라이언트 저, 황규만 역, 『워 다이어리』, 플래닛미디어, 2010

안명복, 『태풍이야기』, 중앙일보사, 1981

안토니 비버 저, 조윤정 역, 『피의 기록, 스탈린그라드 전투』, 다른세상, 2012

앤터니 비버 저, 김원중 역, 『스페인 내전』, 교양인, 2009

얀 클라게 저, 이상기 역, 『날씨가 역사를 만든다』, 황소자리, 2004

양욱, 『그림자 전사, 세계의 특수부대』, 플래닛미디어, 2009

어네스트 지브로스키 Jr. 저, 이전희 역, 『잠 못 이루는 행성』, 들녘, 2002

에릭 두르슈미트 저, 방대수 역, 『날씨가 바꾼 전쟁의 역사』, 이다미디어, 2006

웨인 휴스 저, 조덕현 역, 『해전사 속의 해전』, 신서원, 2009

윌리엄 맥닐 저, 김우영 역, 『전염병의 세계사』, 이산, 2005

윌리엄 위어 저, 이덕열 역, 『세상을 바꾼 전쟁』, 시아출판사, 2009

윤선자 외, 『이야기 역사 시리즈』, 청아출판사, 2006

윤일희 편, 『현대 기후학』, 시그마프레스, 2004

윤일희, 『스토리 기상학』, 경북대학교출판부, 2006

윤일희, 『D-Day 예보에 참여한 기상학자들』, 북스힐, 2007

이다 무즈지로 저, 이면우 역, 『구름·바람으로 읽는 기상』, 아카데미서적, 1997

이동훈, 『전쟁영화로 마스터하는 2차세계대전 : 태평양 전선』, 가람기획, 2009

이영석·민유기 외, 『도시는 역사다』, 서해문집, 2011

이우진, 『일기도와 날씨해석』, 광교이택스, 2006

이우진, 『정보화 사회의 기상서비스』, 문예당, 1997

이우진, 『컴퓨터와 날씨예측』, 광교이택스, 2006

이유진, 『기후변화 이야기』, 살림출판사, 2010

이윤기, 『뮈토스』, 고려원, 1999

임용한, 『세상의 모든 전략은 전쟁에서 탄생했다』, 교보문고, 2012

임용한, 『한국고대전쟁사(1)』, 혜안, 2011

전윤재·서상규 공저, 『전투함과 항해자의 해군사』, 군사연구, 2009

정미선, 『전쟁으로 읽는 세계사』, 은행나무, 2009

정하명 외, 『세계전쟁사』, 일신사, 1976

정해은, 『고려, 북진을 꿈꾸다』, 플래닛미디어, 2009

제레드 다이아몬드 저, 김진준 역, 『총, 균, 쇠』, 문학사상사, 1998

제레미 블랙 편, 박수철 역, 『역사를 바꾼 위대한 장군들』, 21세기북스, 2009

제프리 메가기 저, 김홍래 역, 『히틀러 최고사령부 1933~1945년』, 플래

닛미디어, 2009

조석준, 『기상경제, 기온 1도의 변화를 읽는다』, 서운관, 1995

조석준, 『재미있는 날씨 이야기』, 해냄, 1992

조셉 캠벨·빌 모이어스 저, 이윤기 역, 『신화의 힘』, 고려원, 1992

조중화, 『다시 쓰는 임진왜란사』, 학민사, 1996

조지프 커민스 저, 채인택 역, 『별난 전쟁 특별한 작전』, 플래닛미디어, 2009

존 그리빈·메리 그리빈 저, 김웅서 역, 『빙하기』, 사이언스북스, 2006

존 린치, 이강웅·김맹기 공역, 『길들여지지 않는 날씨』, 한승, 2004

존 키건 저, 류한수 역, 『2차세계대전사』, 청어람미디어, 2007

존 키건 저, 조행복 역, 『1차세계대전사』, 청어람미디어, 2009

존 G. 스토신저 저, 임윤갑 역, 『전쟁의 탄생』, 플래닛미디어, 2009

주시후, 『戰爭史』, 한국학술정보, 2007

칼 스미스 저, 김홍래 역, 『진주만 1941』, 플래닛미디어, 2008

콜린 A. 로넌 저, 김동광·권복규 역, 『세계과학문명사(1·2)』, 한길사, 1997

크리스 비숍·데이비드 조든 공저, 박수민 역, 『제3제국』, 플래닛미디어, 2012

크리스터 외르겐젠 등 저, 최파일 역, 『근대 전쟁의 탄생』, 미지북스, 2011

크리스터 요르젠센 저, 오태경 역, 『나는 탁상 위의 전략은 믿지 않는다』, 플래닛미디어, 2007

타임라이프 북스, 『타임라이프 세계사 세트』, 가람기획, 2005

타챠나 알리쉬 저, 우호순 역, 『자연재해』, 혜원출판사, 2009

폴 콜리어·알라스테어 핀란·마크 J. 그로브 등 저, 강민수 역, 『제2차 세계대전』, 플래닛미디어, 2008

피에르 발로 저, 남윤지 역, 『아틀라스 20세기 세계전쟁사』, 책과함께,

2010

피터 심킨스 · 제프리 주크스 · 마이클 히키 공저, 강민수 역, 『모든 전쟁을 끝내기 위한 전쟁』, 플래닛미디어, 2008

필립 드 수자 · 발데마르 헤켈 · 로이드 루엘린-존스 공저, 오태경 역, 『그리스 전쟁』, 플래닛미디어, 2009

한국기상학회, 『대기과학개론』, 시그마프레스, 1999

해군대학, 『세계 해전사』, 해군대학, 1998

C. V. 웨지우드 저, 남경태 역, 『30년 전쟁』, 휴머니스트, 2011

H. H. 램 저, 김종규 역, 『기후와 역사』, 한울아카데미, 2004

Stephen Tanner 저, 김성준 · 김주식 · 류재현 공역, 『아프가니스탄』, 한국해양전략연구소, 2010

C. Donald Ahrens, *Essentials of Meteorology*, Wadsworth, 1998

David Pedgley, *Mountain Weather*, Cicerone Press, 1979

David H. Levy, *Skywatching*, Time Life Books, 1997

Erwin Rommel, *Infantry Attacks*, Combat Forces Press, 1956

Felix Gad Sulman, *Health, Weather and Climate*, S. Karger, 1976

Harold A. Winters, *Battling the Elements*, Johns Hopkins University Press, 1998

Howard C. Kunreuther, Erwann O. Michel-Kerjan, *At War with the Weather*, The MIT Press, 2009

Jan DeBlieu, *Wind : How the Flow of Air has Shaped Life, Myth, and the Land*, Houghton Mifflin Harcourt, 1998

J. F. C. Fuller, *A military History of the Western World* (Vol. Ⅲ), Funk & Wagnalls Co., 1954.

Joe. R. Eagleman, *Meteorology*, D. Van Nostrand Company, 1980

John E. Oliver, Rhodes W. Fairbridge, *The Encyclopedia of Climatology*, Van Nostrand Reinhold Company, 1987

John F. Fuller, *Thor's Legions : Weather Support to the U.S. Air Force and Army, 1937-1987*, American Meteorological Society, 1997

Karl von Clausewitz, Trans. O.J. Matthijs Jolles, *On War*, Random House, 1943

Lee Bennett Hopkins (Author), Melanie Hall (Illustrator), *Weather*, Harpercollins Childrens Books, 1994

Leonard Leokum and Paul Posnick, *Weather War*, Pinnacle Books, 2004

Mary Miller, Tom Murphree, *Watching Weather*, Owl Publishing Company, 1997

Michael Oard, *The Weather Book*, Master Books, 1998

T. A. Fitzpatrick, *Weather and War*, The Pentland Press Limited Edinburgh Cambridge Durham, 1998

T. E. Lawrence, *The Seven Pillars of Wisdom*, Garden City Publishing Co., 1938.

William James Burroughs, *Does the weather really matter?*, Cambridge University Press, 1997

William R. Cotton and Roger A. Pielke, Sr., *Human Impacts on Weather and Climate*, Cambridge University Press, 1994

William P. Crawford, *Mariner's Weather*, W. W. Norton & Company, 2003

William J. Burroughs, Bob Crowder, Ted Robertson, Eleanor Vallier-Talbot, Richard Whitaker, *Weather*, Time Life Books, 1997

Winston S. Churchill, *The World Crisis, (4 vols)*, Charles Scribner's Sons, 1932

W. J Maunder, *The Value of the Weather*, Methuen Co. Ltd, 1970

한국국방안보포럼(KODEF)은 21세기 국방정론을 발전시키고 국가안보에 대한 미래 전략적 대안을 제시하기 위해 뜻있는 군·정치·언론·법조·경제·문화 마니아 집단이 만든 사단법인입니다. 온·오프라인을 통해 국방정책을 논의하고, 국방정책에 관한 조사·연구·자문·지원 활동을 하고 있으며, 국방 관련 단체 및 기관과 공조하여 국방 교육 자료를 개발하고 안보의식을 고양하는 사업을 하고 있습니다.
http://www.kodef.net

KODEF 안보총서 64

날씨는 인류의 역사를 만들고 지배한다

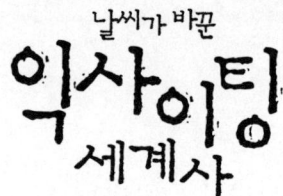
날씨가 바꾼 익사이팅 세계사

초판 1쇄 인쇄 2013년 8월 20일
초판 1쇄 발행 2013년 8월 26일

지은이 반기성
펴낸이 김세영

책임편집 김예진
편집 이보라
디자인 송지애
관리 배은경

펴낸곳 도서출판 플래닛미디어
주소 121-894 서울 마포구 서교동 381-38 3층
전화 02-3143-3366
팩스 02-3143-3360
블로그 http://blog.naver.com/planetmedia7
이메일 webmaster@planetmedia.co.kr
출판등록 2005년 9월 12일 제313-2005-000197호

ISBN 978-89-97094-41-7 03900